Isabell van Ackeren · Klaus Klemm

Entstehung, Struktur und Steuerung des deutschen Schulsystems

Isabell van Ackeren · Klaus Klemm

Entstehung, Struktur und Steuerung des deutschen Schulsystems

Eine Einführung

2., aktualisierte
und überarbeitete Auflage

VS VERLAG

Bibliografische Information der Deutschen Nationalbibliothek
Die Deutsche Nationalbibliothek verzeichnet diese Publikation in der Deutschen Nationalbibliografie; detaillierte bibliografische Daten sind im Internet über <http://dnb.d-nb.de> abrufbar.

1. Auflage 2009
2. Auflage 2011

Lektorat: Stefanie Laux

VS Verlag für Sozialwissenschaften ist eine Marke von Springer Fachmedien.
Springer Fachmedien ist Teil der Fachverlagsgruppe Springer Science+Business Media.
www.vs-verlag.de

Umschlaggestaltung: KünkelLopka Medienentwicklung, Heidelberg
Druck und buchbinderische Verarbeitung: Ten Brink, Meppel
Gedruckt auf säurefreiem und chlorfrei gebleichtem Papier
Printed in the Netherlands

ISBN 978-3-531-17848-6

Inhalt

Einführung

Deutschland zählt derzeit knapp 12 Millionen Schülerinnen und Schüler, die in etwa 42.000 Schulen von nahezu 800.000 Lehrerinnen und Lehrern unterrichtet werden. Dafür geben die öffentlichen Haushalte jährlich etwa 65 Milliarden Euro aus. Allein schon diese wenigen Daten verdeutlichen: Im Alltag von vielen Millionen Menschen ebenso wie in der Gesellschaft insgesamt nehmen Schulen einen zentralen Platz ein. Eine gründliche Auseinandersetzung mit ihnen ist unerlässlich, allemal für all die, die sich als angehende Lehrkräfte auf eine Tätigkeit in den Schulen vorbereiten, aber auch für den weit größeren Kreis derer, die als Lehrerinnen und Lehrer in Schulen unterrichten, die als Eltern täglich über ihre Kinder mit Schulen konfrontiert werden und die im öffentlichen Leben in irgendeiner Weise mit Schulen befasst sind.

Das hier vorgelegte Buch will diese Auseinandersetzung mit einer Einführung in die zentralen Fragen der Entstehung, der strukturellen Verfasstheit und der Steuerung des deutschen Schulsystems fachlich fundieren. Es wählt dazu ein Vorgehen, das zunächst in einer historischen Perspektive die Entstehungsgeschichte des deutschen Schulsystems vorstellt – in der Überzeugung, dass ein tieferes Verständnis der gegenwärtigen Gestalt des deutschen Schulsystems mit seinen Stärken und Schwächen nur auf der Folie seiner Geschichte möglich ist *(Kapitel 1)*. So vorbereitet wird *(in Kapitel 2)* ein Perspektivenwechsel vorgenommen: In diesem Kapitel wird die Struktur des Schulsystems (und weniger ausführlich: des Bildungssystems insgesamt) skizziert – unter Einschluss der aktuell voran getriebenen Veränderungen. Erst im Anschluss daran wird *(in Kapitel 3)* aus einer bildungssoziologischen Perspektive danach gefragt, welchen Nutzen dieses Schulsystem den Einzelnen und der Gesellschaft insgesamt bietet und: wem es mehr und wem weniger nutzt.

Mit Blick auf die Weiterentwicklung des deutschen Schulsystems leitet das dann folgende *4. Kapitel* zu der Frage über, wie Deutschlands Schulen und das Schulsystem des Landes gesteuert werden – in der Überzeugung, dass Steuerungsmodalitäten für die Entwicklungspotenziale von Schulsystemen mit ausschlaggebend sind. Für die Richtung, die Steuerleute bei der Entwicklung eines Schulsystems einschlagen, sind ihr Wissen über die Qualität des Schulsystems sowie ihr Qualitätsverständnis gleichermaßen wesentlich wie auch die Instrumente, mit denen sie zu sichern versuchen, dass die von ihnen angesteuerten

Zielmarken auch erreicht werden. Diesen Aspekten widmen sich das *Kapitel 5* mit seiner qualitätsorientierten und das *Kapitel 6* mit seiner entwicklungsorientierten Perspektive. Abschließend bietet der hier vorgelegte Einführungstext einen schultheoretisch geprägten Rückblick, in dem die Funktionen, die Schulen in entwickelten Gesellschaften übernehmen, mit Blick auf das in den vorangehenden Kapiteln Vorgestellte berichtet werden.

Für die Arbeit mit diesem Lehrbuch, das aus Einführungsvorlesungen für Lehramtsstudierende hervorgegangen ist, sollen, bevor die Leser und Leserinnen in ihr Studium ‚entlassen' werden, folgende Hinweise gegeben werden: Am Ende ausgewählter Abschnitte finden sich Reflexionsaufgaben, die eine Hilfe bieten wollen, wenn es darum geht, sich das Gelesene verstehend und vernetzt anzueignen. Wer bei der Durcharbeitung des Textes und beim ‚Üben' weitere Unterstützung oder Vertiefung wünscht, kann sich insbesondere auf die Titel, die im Literaturverzeichnis ‚fett' gedruckt sind, stützen.

1 Die historische Perspektive: Wie haben sich grundlegende Strukturmerkmale des Bildungswesens herausgebildet?

Das deutsche Bildungssystem, so wie es sich zu Beginn des 21. Jahrhunderts dem Betrachter darstellt, ist das Ergebnis einer Entwicklung, die sich im deutschsprachigen Raum insbesondere während der letzten dreihundert Jahre – vom 18. Jahrhundert bis in die Gegenwart hinein – vollzogen hat. Seine Darstellung bedarf daher, soll es richtig verstanden werden, einer historischen Rückerinnerung. Mit der historischen Perspektive wird eine Folie geboten, ohne die Besonderheiten des deutschen Bildungssystems über weite Strecken unverstanden bleiben müssen (vgl. dazu Fend 2006: 253).

Das Einlassen auf eine derartige Rückerinnerung birgt allerdings eine große Gefahr in sich: die Gefahr des sich Verlierens im historischen Geflecht der spannenden Vorgeschichte. Um diese Ausuferung zu meiden, wird in dieser Darstellung der Weg der Reduktion eingeschlagen, einer Reduktion auf den Bereich des Schulwesens, um den es im folgenden ja auch überwiegend gehen wird, auf – bis 1918 – die preußische und dann auf die deutsche Schulgeschichte sowie innerhalb der zunächst preußischen und dann deutschen Geschichte auf die Aspekte, die für die Behandlung des deutschen Schulsystems von herausragender Bedeutung sind.

Es wird in der folgenden Präsentation daher vorrangig gehen um die Herausbildung und Durchsetzung der Unterrichts- bzw. der Schulpflicht, um die Verankerung des Berechtigungswesens durch die Abiturreglements, um die großen Etappen der Verfestigung des gegliederten Schulwesens, um die Ablösung des Stände- durch das Leistungsprinzip zu Beginn der Weimarer Republik, um die *strukturelle Kontinuität* und die *inhaltlichen Brüche* während der Jahre des Nationalsozialismus sowie um Restauration und Reformversuche in der Bundesrepublik. Dabei werden schulstrukturelle Entwicklungen im Mittelpunkt stehen, nur an ausgewählten Stellen wird auf die pädagogische Ideengeschichte eingegangen.

1.1 Unterrichtspflicht: Der Weg von der Proklamation zur Durchsetzung war weit

In der Einleitung zu ihrer Darstellung der *Institutionalisierung* des deutschen Schulsystems schreiben Herrlitz, Hopf und Titze (1984: 56):

> „In der historischen Entwicklung der letzten 200 Jahre hat sich die Schule als öffentliche Einrichtung für Massenlernprozesse weltweit durchgesetzt. Diese Entwicklung legt den Schluss nahe, dass sie eine erfolgreiche gesellschaftliche Problemlösung für fundamentale Funktionsbedürfnisse moderner Gesellschaften darstellt. Die Entwicklung scheint unumkehrbar, da komplexe Gesellschaften die Lernprozesse der heranwachsenden Generation funktional verselbstständigt und durch die Ausdifferenzierung eines in seinen Grenzen und Funktionen identifizierbaren Bildungssystems auf Dauer gestellt haben."

Am Anfang dieser Entwicklung standen die *Proklamation* und schließlich die Durchsetzung der *Unterrichtspflicht* (vgl. dazu Leschinsky/Roeder 1976: 43 ff.). Von Unterrichtspflicht muss für diese Zeit – abweichend von dem Begriff der *Schulpflicht* – gesprochen werden, da mit der Unterrichtspflicht nur die Teilhabe an Unterricht, sei es an schulischem Unterricht oder am Unterricht, den Privatlehrer erteilten, vorgeschrieben wird. Erst wenn, wie es heute in allen deutschen Bundesländern rechtlich verankert ist, der vorgeschriebene Unterricht in dafür eingerichteten privat oder öffentlich getragenen Institutionen erteilt werden muss, spricht man von Schulpflicht.

Den ersten Versuch, in Preußen die Unterrichtspflicht rechtlich zu verankern, unternahm Friedrich Wilhelm I. mit dem von ihm erlassenen ‚*General Edict*' (1717). Die im Verlauf des 18. Jahrhunderts immer wieder erneuerten Bekräftigungen der Unterrichtspflicht belegen, dass es bei ihrer Durchsetzung haperte. Auch als 1794 im ‚Allgemeinen Landrecht für die preußischen Staaten' die Unterrichtspflicht erneut verkündet wurde (Titel XII § 43: „Jeder Einwohner, welcher den nötigen Unterricht für seine Kinder in seinem Hause nicht besorgen kann, oder will, ist schuldig, dieselben nach zurückgelegtem Fünften Jahr zur Schule zu schicken." – vgl. Michael/Schepp 1993: 72), war Preußen weit entfernt von der Durchsetzung der Unterrichtspflicht. Erst im Verlauf des 19. Jahrhunderts wurde erreicht, dass tatsächlich überall in Preußen die Kinder und Jugendlichen Unterricht erhielten. Leschinsky und Roeder berichten, dass zu Beginn des 19. Jahrhunderts (1816) etwa 60 Prozent der Kinder Schulen besuchten und dass erst gegen Ende des Jahrhunderts, zu Beginn der achtziger Jahre, die

Unterrichtspflicht tatsächlich für alle Kinder und Jugendliche durchgesetzt war (a.a.O., 143 f.). Der institutionelle Rahmen, in dem dies geschah, war durch das erwähnte ‚*Allgemeine Landrecht*' vorgezeichnet (Michael/Schepp 1993, 70 ff.): Es unterscheidet ‚niedere' und ‚höhere' Schulen: *Niedere Schulen*, auch ‚gemeine Schulen' genannt, sind „dem ersten Unterricht der Jugend gewidmet" (Titel XII § 12), *höhere Schulen*, auch als ‚Gymnasia' bezeichnet, bereiten die Jugend zu „höhern Wissenschaften, oder auch zu Künsten und bürgerlichen Gewerben" vor (Titel XII, § 54).

Die hier nur knapp skizzierte Durchsetzung der Unterrichtspflicht und die Etablierung eines staatlich organisierten, finanzierten und kontrollierten Schulsystems im Verlauf des 19. Jahrhunderts verdankt sich in Preußen und in ähnlicher Weise im gesamten deutschsprachigen Raum drei Faktoren (vgl. zu den im folgenden benutzten Funktionsbegriffen Kapitel 7):

- Eine wesentliche Triebkraft dieser Entwicklung lag im etatistischen Interesse: Der Staat Preußen nutzte in seinem nicht gewachsenen Herrschaftsgebiet Schulen als Mittel zur Herausbildung eines gemeinsamen Staats- und Nationalbewusstseins (Legitimationsfunktion der Schule).
- Daneben stand das wachsende ökonomische Interesse, die Entwicklung der Wirtschaft und vor allem die der staatlichen Verwaltung durch die Heranbildung qualifizierten Personals zu befördern (Qualifikationsfunktion der Schule).
- Schließlich trieb das emanzipatorische Interesse der Einzelnen, insbesondere das Interesse der Mitglieder des entstehenden Bürgertums, durch im Bildungssystem erbrachte Leistung die eigenen Lebensmöglichkeiten in Konkurrenz mit dem Adel zu erweitern (Selektions- und Allokationsfunktion der Schule).

1.2 ‚Höheres' Schulwesen: Das Berechtigungssystem verbindet sich mit dem Konzept allgemeiner Bildung

Die staatlich voran getriebene Entwicklung des preußischen Bildungssystems konzentrierte sich um 1800 zunächst vorrangig auf die höheren Schulen, die in Form von Gelehrtenschulen, Stadtschulen, Ritterakademien und Lateinschulen bestanden. Diese zumeist von Städten oder Stiften unterhaltenen Schulen boten, was Niveau und Schülerschaft anging, ein sehr heterogenes Bild. In vielen von ihnen, insbesondere in den *Lateinschulen*, standen Latein und Religion im

Mittelpunkt des Lehrplans (vgl. dazu exemplarisch die Stundentafel der Lateinschule in Emden, Tab. 1).

Bei der Neuordnung dieses ‚höheren' Schulwesens war das 1787 in Berlin begründete ‚*Oberschulkollegium*' die treibende Kraft. Es machte sich zunächst daran, dieses bis dahin unübersichtliche und qualitativ ungenügende höhere Schulwesen zu ordnen. Das zentrale Instrument dazu schuf es sich durch Regelungen zur Abschlussprüfung. Schon 1788 wurde das *1. Abiturreglement* erlassen, mit dem das Abitur zum Nachweis der Studierfähigkeit als Prüfung am Ende der ‚Höheren Schulen' eingeführt wird. Zu der Zeit stellte es allerdings noch keine verbindliche Voraussetzung zum Studium dar, war jedoch Voraussetzung für die Erlangung eines Stipendiums. Die Einleitungssätze des preußischen ‚Reglements für die Prüfung an den Gelehrten Schulen' (1. Abiturreglement) verdeutlichen die Absichten, die die preußische Regierung mit diesem Reglement verfolgte:

> „Es ist bisher vielfältig bemerkt worden, dass so viele zum Studieren bestimmte Jünglinge ohne gründliche Vorbereitung unreif und unwissend zur Universität eilen, wodurch selbige nicht nur sich selbst schaden, und sich selbst die gehörige Benutzung des academischen Unterrichts schwer, ja oft unmöglich machen, und daher nur zu oft eben dadurch zum Müßiggang und zu mancherley Unordnungen während ihres academischen Lebens verleitet werden... Es ist daher beschlossen worden, dass künftig alle von öffentlichen Schulen zur Universität abgehende Jünglinge schon vorher auf der von ihnen besuchten Schule in der weiter unten zu bestimmenden Form öffentlich geprüft werden, und nachher ein detailliertes Zeugniß über ihre bey der Prüfung befundene Reife oder Unreife zur Universität erhalten sollen, welches Zeugniß sie demnächst bey ihrer Inscription auf der Universität zu produciren haben, damit es dort ad Acta gelegt und künftig bey ihrem Abgang von der Universität in ihrem academischen Zeugniß resumiert werden könne. Es ist jedoch hierbey Unsere Absicht nicht die bürgerliche Freyheit in so fern zu beschränken, dass es nicht ferner jedem Vater und Vormund frey stehen sollte, auch einen unreifen und unwissenden Jüngling zur Universität zu schicken: dies soll vielmehr nach wie vor dem Ermessen eines jeden überlassen bleiben..." (wiedergegeben bei Kamp 1988: 266-269).

Die damit eingeführte Abschlussprüfung am Ende der gymnasialen Schulzeit, das Abitur, wurde im Verlauf der folgenden Jahre ausdifferenziert und in zwei Schritten verbindlich gemacht. Zunächst regelten das *2. Abiturreglement* von 1812 und nachfolgende Erlasse, dass eine an den Gymnasien absolvierte Abiturprüfung zwar noch nicht für den Eintritt in die Universitäten zur Voraussetzung wurde, dass die Abiturprüfung aber von all denen gefordert wurde, die sich einem Staatsexamen (für das höhere Lehramt oder auch für den Justizdienst) stellen wollten. Auch werden 1812 erstmalig die inhaltlichen Anforderungen, die bei der Abiturprüfung zu Grunde liegen sollten, detaillierter festgelegt.

Vollendet wurde die Entwicklung 1834 durch das *3. Abiturreglement*, das Abiturprüfungen zur Voraussetzung für alle universitären Studiengänge machte; lediglich die Studien in der philosophischen Fakultät, soweit sie nicht zu einem Staatsexamen führen sollten, konnten auch nach 1834 ohne Abitur aufgenommen werden.

Tab. 1: Stundentafel der Reformierten Lateinschule in Emden (1788)*

Unterrichtsfach	I	II	III	insges.	in %
Latein	10	14	21	45	60
Griechisch	2	3	0	5	7
Hebräisch	1	0	0	1	1
Rhetorik (Deutsch)	2	0	0	2	3
Religion	2	2	2	6	8
Logik	2	0	0	2	3
Geschichte	2	2	0	4	5
Römische Altertümer	1	0	0	1	1
Götterlehre	1	1	0	2	3
Geographie	2	2	2	6	8
Naturgeschichte	0	1	0	1	1
Insgesamt	25	25	25	75	100

*Quelle: Kamp 1988, 17

Parallel zu der institutionellen Etablierung des Gymnasiums entwickelt sich ein gymnasialer Lehrplan: Beeinflusst durch den *Neuhumanismus* und seinen wohl prominentesten Vertreter *Wilhelm von Humboldt*, der von 1809 bis 1810 die ‚Section für Kultus und Unterricht' im preußischen Innenministerium leitete (vgl. dazu Menze 1975), entsteht ein *Lehrplan*, der praktisch verwertbare Gegenstände aus der allgemeinen Schulbildung verbannte. So heißt es in Humboldts ‚Unmaßgeblichen Gedanken über den Plan zur Einrichtung des Litauischen Stadtschulwesens' (1809): „Alle Schulen aber, deren sich nicht ein einzelner Stand, sondern die ganze Nation, oder der Staat für diese annimmt, müssen nur allgemeine Menschenbildung bezwecken. Was den Bereich des Lebens oder eines einzelnen seiner Gewerbe erheischt, muss abgesondert, und nach vollendetem allgemeinen Unterricht erworben werden. [...] Denn beide Bildungen – die allgemeine und die specielle – werden durch verschiedene Grundsätze geleitet" (in: Michael/Schepp 1993: 104-108).

Maßgeblich für die *allgemeine Menschenbildung* in diesen Schulen war das Bildungskonzept der Neuhumanisten, die durch Schulbildung die Individualität jedes Einzelnen ohne Rücksicht auf gesellschaftliche und aktuelle Bedürfnisse entwickelt wissen wollten. Die Sprache, über deren formale Ausbildung der Mensch zu sich selbst gelange, steht im Mittelpunkt der neuhumanistischen Idee von allgemeiner Bildung. Insbesondere das Erlernen der alten Sprachen, vor allem des Griechischen, dient im Verständnis der Neuhumanisten diesem Zweck vorzüglich, weil sie die Strukturen von Sprache am reinsten repräsentieren könnten und weil über die alten Sprachen ein Zugang zu der als ideal gedeuteten Kultur der Antike eröffnet würde.

Dieses neuhumanistische Konzept setzte sich deutlich von der am *Nützlichkeitsdenken* orientierten *Aufklärungspädagogik* ab (vgl. dazu Blankertz 1985). Wie stark dieses Konzept *philologisch* geprägt war, macht die Stundentafel, die ab 1837 für preußische Gymnasien galt, deutlich: 46 Prozent aller Unterrichtsstunden eines Gymnasiasten werden den Fächern Latein und Griechisch gewidmet; lediglich 18 Prozent der Stunden beziehen sich auf Rechnen/Mathematik, Naturbeschreibung und Physik (vgl. Tab. 2).

Am Ende des Prozesses der Etablierung ‚höherer' Schulbildung hat sich bis zur Mitte des 19. Jahrhunderts ein – ausschließlich den Jungen vorbehaltenes – höheres Schulwesen herausgebildet, das durch drei Aspekte charakterisiert ist:

- Zum einen durch das *Berechtigungssystem.* Dieses System garantiert dem Absolventen einer unter staatlicher Kontrolle durchgeführten Abschlussprüfung den Zugang zu einer Ausbildung in der nachfolgenden Institution, in diesem Fall in der Universität.
- Des weiteren durch den *Leistungsgedanken.* Der Zugang zu Hochschulen war gekoppelt an das Erbringen von Schulleistungen, die in einer Prüfung nachgewiesen werden mussten.
- Schließlich ist die in einer Prüfung belegte und zu einer Berechtigung führende Schulbildung mit einem *Bildungskonzept* verbunden, das der Allgemeinbildung verpflichtet war und das sich durch eine strikte Abgrenzung von jeder berufsbezogenen ‚Spezialbildung' auszeichnete.

Tab. 2: Stundentafel für das preußische Gymnasium (1837)*

Lehrgegenstände	Sexta (1 Jahr)	Quinta (1 Jahr)	Quarta (1 Jahr)	Tertia (2 Jahre)	Sekunda (2 Jahre)	Prima (2 Jahre)	insges. (9 Jahre)	in %
Lateinisch	10	10	10	10	10	8	86	31
Griechisch	0	0	6	6	6	6	42	15
Deutsch	4	4	2	2	2	2	22	8
Französisch	0	0	0	2	2	2	12	4
Religion	2	2	2	2	2	2	18	6
Mathematik	0	0	3	3	4	4	25	9
Rechnen/geometrische Anschauungslehre	4	4	0	0	0	0	8	3
Naturbeschreibung	2	2	2	2	0	0	10	4
Physik	0	0	0	2	1	2	6	2
Phil. Propädeutik	0	0	0	0	0	2	4	1
Geschichte/Geographie	3	3	2	3	3	2	24	9
Zeichnen	2	2	2	0	0	0	6	2
Schönschreiben	3	3	1	0	0	0	7	3
Gesang	2	2	2	2	0	0	10	4
Wochenstunden	**32**	**32**	**32**	**32**	**30**	**30**	**280**	**100**
Hebräisch für künftige Theologen	0	0	0	0	2	2	288	

*Quelle: Reble 1975, Bd 2: 68

Erreicht wurde auf diesem Wege dreierlei: Die *Loyalität* der durch Bildung aufgestiegenen Beamtenschaft wurde erzeugt und gesichert. Die *Qualifikation* der ‚führenden' Schichten wurde in staatlichen Institutionen geleistet und durch den Staat kontrolliert. Die erfolgreiche Teilhabe an höherer Bildung ermöglichte den Söhnen des Bürgertums, in Konkurrenz zu denen des bis dahin privilegierten Adels zu treten und sich dadurch aus den bis dahin engen *Standesgrenzen* zu befreien.

Für die weitere Entwicklung der Schulen in Deutschland wurden die hier berichteten Weichenstellungen der Gründerzeit des Gymnasiums in vielfacher Weise prägend. So setzt sich die Abwendung von ‚nützlichen', unmittelbar auf das Berufsleben vorbereitenden Bildungsinhalten bis heute fort: in der Unterscheidung von allgemein bildenden und von berufsbildenden Schulen ebenso wie in der Tatsache, dass auch zu Beginn des 21. Jahrhunderts Unterrichtsfächer, die ihren zentralen inhaltlichen Bezugspunkt in den Rechts- oder in den Wirtschaftswissenschaften haben, an den allgemein bildenden Schulen nicht zu den Pflichtfächern, in der Regel nicht einmal zu den Wahlfächern zählen.

1.3 ‚Niederes' Schulwesen: Bildungsbegrenzung wird zum Prinzip

Da die breite Volksbildung ökonomisch zunächst weniger wichtig war als die qualifizierte Beamtenbildung, wurde dem ‚niederen' Schulwesen zunächst deutlich weniger Beachtung als dem ‚höheren' Schulwesen gewidmet. In ihm ging es vorrangig um das „landesherrliche Interesse" an einer „herrschaftskonformen Glaubenserziehung christlicher Untertanen" (Herrlitz/Hopf/Titze 1984: 63). Aus diesen unterschiedlichen Zielsetzungen – *Beamtenbildung* auf der einen und *Untertanenerziehung* auf der anderen Seite – lässt sich erklären, dass die niedere eine von der höheren Schule deutlich getrennte Institution darstellte. In den zwanziger Jahren des 19. Jahrhunderts formulierte von Beckedorff, der damalige Leiter des preußischen Volksschulwesens, die Begründung für diese institutionelle Trennung, die im Verlauf der weiteren Entwicklung zu einem Kennzeichen der deutschen Schulen wurde (zit. n. Michael/Schepp: 117 f.):

> „Um aller dieser Gründe willen aber bedürfen wir in der menschlichen Gesellschaft nicht gleichartiger Stufen-, …sondern nach bisheriger alter Weise, guter Bauern-, Bürger- und Gelehrtenschulen, worin diejenigen, welche diesen zwar verschiedenen, aber gleich ehrenwerten Ständen angehören, von Kindesbeinen an zu ihrer künftigen Bestimmung vorbereitet werden; nicht endlich einer künstlichen Gleichheit der Volkserziehung, sondern vielmehr einer naturgemäßen Ungleichheit der Standeserziehung; zwar allerdings einer übereinstimmenden Bildung zur Religion und Sittlichkeit, aber keineswegs einer gleichartigen Abrichtung in Kenntnissen und Fertigkeiten."

An dieser Vorstellung orientiert, war die preußische ‚Volksschule' in der ersten Hälfte des 19. Jahrhunderts vom Prinzip der *gewollten Bildungsbegrenzung* bestimmt: Sie war in der Regel einklassig, umfasste zumeist eine höchstens dreijährige Schulbesuchszeit, beschäftigte Lehrer, die über keine akademische Ausbildung verfügten, und war inhaltlich auf Rechnen, Lesen, Schreiben und Religion begrenzt.

Gegen diese Bildungsbegrenzung wehrten sich fortschrittliche Bürger wie der westfälische Industrielle F. Harkort und vor allem Lehrer wie der Leiter des Berliner Lehrerseminars F.A.W. Diesterweg. Zeitgleich mit dem Versuch einer bürgerlichen Revolution in Deutschland (Paulskirche 1848) wurden Ansätze einer Schulprogrammatik formuliert, die auch Schülern und Schülerinnen des ‚niederen Schulwesens' Bildungschancen hätte eröffnen können. Zentrale Elemente dieser schulpolitischen Forderungen waren die *öffentliche Trägerschaft* und Kontrolle der Schulen, die Durchsetzung der Schulpflicht, eine wissenschaftliche Ausbildung, eine feste Anstellung und eine hinreichende Bezahlung der Lehrer sowie ein breit angelegter *Fachunterricht*.

Nach dem Scheitern der bürgerlichen Revolution sah die preußische Krone in den Reformtendenzen unter den Volksschullehrern eine wesentliche Ursache der ‚Unruhen'. Der preußische König Friedrich Wilhelm IV äußerte sich 1849 in seiner „Ansprache an die Seminarlehrer", also an die Ausbilder der künftigen Volksschullehrer, folgendermaßen (in: Michael/Schepp 1993: 167-168):

> „All' das Elend, das im verflossenen Jahre über Preußen hereingebrochen, ist ihre, einzig Ihre Schuld, die Schuld der Afterbildung, der irreligiösen Menschenweisheit, die Sie als echte Weisheit verbreiten, mit der Sie den Glauben und die Treue in dem Gemüthe meiner Unterthanen ausgerottet und deren Herzen von Mir abgewandt haben. Diese pfauenhaft aufgestutzte Scheinbildung habe Ich schon als Kronprinz aus innerster Seele gehaßt und als Regent Alles aufgeboten, um sie zu unterdrücken. Ich werde auf dem betretenen Wege fortgehen, ohne Mich irren zu lassen; keine Macht der Erde soll Mich davon abwendig machen. Zunächst müssen die Seminarien sämmtlich aus den großen Städten nach kleinen Orten verlegt werden, um den unheilvollen Einflüssen eines verpesteten Zeitgeistes entzogen zu werden. Sodann muß das ganze Treiben in diesen Anstalten unter die strengste Aufsicht kommen. Nicht den Pöbel fürchte Ich, aber die unheiligen Lehren einer modernen frivolen Weltweisheit vergiften und untergraben Mir meine Bureaukratie, auf die bisher Ich stolz zu sein glauben konnte. Doch so lange Ich noch das Heft in Händen führe, werde Ich solchem Unwesen zu steuern wissen."

Der Charakter der preußischen Volksschule als eine Schule der Bildungsbegrenzung wurde – der königlichen Kritik folgend – nach dem Scheitern der bürgerlichen Revolution von 1848 noch einmal geschärft: In den drei *Stiehlschen Regulativen* von 1854 wurde der Volksschulunterricht auf die elementaren Kulturtechniken und auf Religion zurückgeführt (vgl. zu den Regulativen Nyssen 1974).

Tab. 3: Normallehrplan der einklassigen Elementarschule (1854)*

Lehrgegenstände	Wochenstunden
Religion	6
Lesen, deutsche Sprache, Schreiben	12
Rechnen	5
Gesang	3
zusätzlich, wenn örtliche Verhältnisse das zulassen:	
Vaterlands- und Naturkunde	3
Zeichnen	1
Insgesamt	**30**

*Quelle: Scheibe 1974, Bd. 2: 23ff

Der im preußischen Ministerium zuständige Referent Stiehl, der die Regulative verfasste, richtete auch die Volksschullehrerbildung darauf aus. Von den Volksschullehrerbildungsstätten, den Seminarien, erwartete er, dass sie „ihren wahren Beruf immer bestimmter und erfolgreicher erfüllen werden. Unpraktische Reflexion, subjektives, für die Zwecke einfacher und gesunder Volksbildung erfolgloses Experimentieren wird ihnen fernbleiben. Unter Festhaltung christlichen Grundes in Leben und Disziplin werden sie immer vollständiger zu dem sich ausbilden, was sie sein müssen, Pflanzstätten für fromme, treue, verständige, dem Leben des Volkes nahe stehende Lehrer, die sich in Selbstverleugnung und um Gottes Willen der heranwachsenden Jugend in Liebe anzunehmen Lust, Beruf und Befähigung haben" (Herrmann 1977: 145 f.).

Mitte des 19. Jahrhunderts war damit in Preußen ein ‚niederes' Schulwesen entstanden, das mit seinem Konzept volkstümlicher Bildung einen Gegenentwurf zum Konzept humanistischer Bildung im Gymnasium darstellte.

1.4 ‚Mittleres Schulwesen': Die Ausrichtung auf Nützlichkeit hat Vorrang

Zwischen beiden Konzepten angesiedelt waren die Versuche, ein stärker auf *Anwendbarkeit* hin orientiertes ‚mittleres' Bildungsangebot zu schaffen. Die frühen Lehrplanentwürfe, an denen sich das im 19. Jahrhundert entstehende *Mittelschulwesen* orientierte, stammten weitgehend aus dem Aufklärungsdenken des 18. Jahrhunderts, insbesondere aus dem an Nützlichkeit ausgerichteten Bildungsverständnis dieser Zeit. Anders als Gymnasien einerseits und Volksschulen andererseits spielten Mathematik, Mechanik, Ökonomie und moderne Fremdsprachen in ihren Lehrplänen eine herausgehobene Rolle. Einige ‚Leseproben' aus Schulplänen des späten 17. sowie des 18 Jahrhunderts verdeutlichen dies (vgl. Leschinsky/Roeder 1976):

> Auszug aus: E. Weigel: Kunst- und Tugendlehr von Trivial- und Kinderschulen (1681): „Die Tätigkeit des Geistes sag ich / die besteht im Rechnen: Rechnen aber heist / nicht nur mit Ziffern spielen oder nur mit Symbolen grüblen: sondern Rechnen heist aus vorgegebenen gewissen Posten und Wahrheiten, es seyn Innhalts- oder Zielungs Posten und Wahrheiten, ein verlangtes Facit mit Nachdencken forschen [...]. Denn Gott will haben, dass die Menschen keine Abergläuber, sondern Rechner seyn, und rechenschaftlich alles thun, auch endlich Rechenschaft von allen geben sollen. Derowegen müssen alle Schulen Rechen-Schulen seyn hauptsächlich, und das Sprechen nur als einen Werkzeug treiben" (ebd.: 176).

> Auszug aus: J. J. Hecker: Sammlung der Nachrichten von den Schulanstalten by der Dreyfaltigkeitskirche auf der Friedrichstadt in Berlin wie auch von gegenwärtiger Verfassung derselben (1749): „Unter den nützlichen Sachen, welche wir der Jugend wollen beibringen lassen, nennen wir zuerst die Mechanik. In dieser Klasse empfängt die Jugend einen Unterricht von Werkstätten, Instrumenten und Handwerksgeräten, von Kupfer-, Messing- und Eisenhämmern, von allerhand Arten der Uhren, von Getreide-, Papier-, Wasser-, Roß-, Wind-, Walk- und Handmühlen, vom Pfluge und von anderen zum Ackerbau erforderlichen Instrumenten etc. [...]. Wir werden zu diesem Zweck auch manchmal die künstlichen Handwerker und Professionen hierselbst besuchen, um zu sehen, was bei jeder Kunst und bei jedem Handwerk Ausnehmendes und Denkwürdiges zu beobachten ist [...]. Von den Sachen, die wir nicht wirklich sehen und betrachten können, werden wir uns allerhand Risse, Zeichnungen, Kupferstiche und Modelle zulegen. Eben zu diesem Zweck wird man der Jugend das bei so vielen Handwerkern höchst nötige Zeichnen und Reißen beizubringen suchen [...]" (ebd: 176 f.).

Auszug aus: J. G. Groß: Entwurf eines mit leichten Kosten zu errichtenden Seminarii oeconomico politici (1739): Damit „hat unsere Schule eigentlich nichts zu tun... Denn unser Zeck ist nur, unsere Jugend aus dem Status der Rohheit (status bestialitatis) in den Status der Menschlichkeit (status humanitatis) zu bringen [...] und sie so zu brauchbaren Menschen zu machen" (ebd.: 179).

Auszug aus: J. J. Hecker: Sammlung der Nachrichten von den Schulanstalten by der Dreyfaltigkeitskirche auf der Friedrichstadt in Berlin wie auch von gegenwärtiger Verfassung derselben (1749): „An Schulanstalten finden wir in Deutschland bis jetzt zwei Hauptarten, nämlich die eine in größeren Städten, wo man die Jugend, welche sich mit der Zeit auf Universitäten einer von den vier bekannten Fakultäten widmen will, in den dazu nötigen Vorbereitungswissenschaften unterrichtet, und die andere in kleineren Städten und auf dem Lande, wo man sich wegen der Umstände bloß begnügen muß, der Jugend die Gründe des Christentums beizubringen und sie zum Lesen und etwa auch zum notdürftigen Schreiben und Rechnen, wenn's hoch kommt, anzuweisen [...]" (ebd: 181).

Vermittelt wurde ‚mittlere Bildung' in Preußen vielfach an den Schulen, die im ersten Drittel des 19. Jahrhunderts nicht das Recht, ein Abitur zu vergeben, erworben hatten. Diese Schulen bildeten die institutionelle Basis der *Realschulentwicklung* im 19. Jahrhundert. Ihr praxisbezogenes Programm ermöglichte es ihnen, ihre Schüler einerseits nicht bewusst ‚dumm' zu halten, andererseits aber nicht auf akademische Karrieren hin zu orientieren. Sie bedienten damit vor allem in der zweiten Hälfte des 19. Jahrhunderts, in der sich in Deutschland der *Industrialisierungsprozess* stark beschleunigte, eine wachsende Nachfrage im Beschäftigungssystem.

1.5 Modernisierungstendenzen: Das Schulsystem folgt dem Prozess der Industrialisierung

Das allgemein bildende Schulwesen Preußens mit den auf Bildungsbegrenzung zielenden Volksschulen, den auf bürgerliche, aber nicht akademische Berufe vorbereitenden Mittelschulen und den auf akademische Beamtenkarrieren ausgerichteten neuhumanistischen Jungengymnasien erwies sich im letzten Drittel des 19. Jahrhunderts mehr und mehr als den aktuellen gesellschaftlichen und wirtschaftlichen Entwicklungen nicht mehr angemessen. Der allenthalben konstatierte *Modernitätsrückstand* dieses Schulsystems löste Modernisierungsbemühungen aus. Diese Bemühungen richteten sich auf die curriculare Ausrichtung der Gymnasien mit ihrer dominierenden neuhumanistischen Ausprägung, auf den Ausschluss der Mädchen aus höherer Schulbildung, auf die Bildungsbegrenzung in den Volksschulen sowie auf den Bereich der Berufsbildung.

1.5.1 Curriculare Modernisierung des höheren Jungenschulwesens

Im Rahmen dieser Modernisierungspolitik traten 1900 mit dem *‚Allerhöchsten Erlass‘* nach langen kontroversen Debatten neben das neuhumanistische Gymnasium mit seiner Sprachenfolge Latein, Griechisch, Französisch, wie es sich im ersten Drittel des 19 Jahrhunderts herausgebildet hatte, in einem allmählichen Aufstiegsprozess zwei weitere gymnasiale ‚Vollanstalten‘.

Tab. 4: Stundentafeln der Höheren Knabenschulen in Preußen (1901)*

	Unterrichtsstunden von Sexta (Jahrgangsstufe 5) bis Oberprima (Jahrgangsstufe 13)					
	Gymnasium		Realgymn.		Oberrealschule	
Lehrgegenstände	absolut	in %	absolut	in %	absolut	in %
Religion	19	7	19	7	19	7
Deutsch u. Geschichtserzählungen	26	10	28	11	34	13
Lateinisch	68	26	49	19		
Griechisch	36	14				
Französisch	20	8	29	11	47	18
Englisch			18	7	25	10
Geschichte	17	7	17	6	18	7
Erdkunde	9	3	11	4	14	5
Rechnen u. Mathematik	34	13	42	16	47	18
Naturwissenschaften	18	7	29	11	36	14
Schreiben	4	2	4	2	6	2
Zeichnen	8	3	16	6		
Freihandzeichnen					16	6
Insgesamt	**259**	**100**	**262**	**100**	**262**	**100**

*Quelle: Albisetti/Lundgreen 1991: 278

Beide erhielten das Recht der Vergabe der vollen *Studienberechtigung*: das *Realgymnasium* mit einer neusprachlichen Ausrichtung und der Sprachenfolge Latein, Französisch, Englisch sowie die lateinlose *Oberrealschule* mit einer mathematisch-naturwissenschaftlichen Ausrichtung und der Sprachenfolge Französisch und Englisch (vgl. Tab. 4).

1.5.2 Anschluss der höheren Mädchenbildung an das Berechtigungswesen

Ergänzt wurde die Modernisierung des höheren Jungenschulwesens nahezu zeitgleich dadurch, dass den Mädchen ein Zugang zu *abiturführenden Schulen* eröffnet wurde. Während es im niederen Schulwesen keine durchgängigen Unterschiede der Erziehung von Mädchen und Jungen gab (*koedukative* Schulen standen neben reinen Mädchen- bzw. Jungenschulen), wurde während des gesamten 19. Jahrhunderts im höheren Schulwesen sehr deutlich unterschieden: Die Gymnasien waren reine Jungenschulen, für die Mädchen, denen der Zugang zur Universität verwehrt blieb, gab es *höhere ‚Töchterschulen'*, an denen keine Berechtigung vergeben wurde. Die Funktion dieser Schulen bestand in der Bildung bürgerlicher Hausfrauen und Mütter. Tornieporth (1979: 46 f.) beschreibt dies so:

> „Die Kleinfamilie wurde verstanden als ‚intimer Binnenraum', als eine Gruppe, die nicht mehr – wie ehedem das ‚Haus' – auf gemeinsamen ökonomischen Interessen basierte, sondern auf der Liebesgemeinschaft der Gatten. Der ehelichen Gemeinschaft lagen nunmehr die Momente der Freiwilligkeit, der Neigung und der Bildung zugrunde. Der alte Zweckverband, dem sich jeder einzelne unterzuordnen hatte, war einer Gemeinschaft von Individuen gewichen, denen das Recht auf individuelle Entfaltung zugestanden wurde. Bildung wurde nicht nur das Kriterium für eine bürgerliche Lebensform, sondern auch die Basis der veränderten familialen Binnenbeziehungen. Daraus ergab sich die Notwendigkeit, auch der bürgerlichen Frau Zugang zu Bildungseinrichtungen zu verschaffen. Denn ‚für einen Mann von Bildung ist es nicht passend, eine Frau ohne Bildung zu nehmen', heißt es bei Rousseau (Emile, 5. Buch, 1963: 818)."

In die gleiche Richtung weist eine Erklärung, die 1872 von Lehrerinnen und Lehrern an höheren Mädchenschulen auf ihrer ersten Hauptversammlung in Weimar verfasst wurde: Es gilt, „dem Weibe eine der Geistesbildung des Mannes in der Allgemeinheit der Art und der Interessen ebenbürtige Bildung zu ermöglichen, damit der deutsche Mann nicht durch die geistige Kurzsichtigkeit und Engherzigkeit seiner Frau an dem häuslichen Herde gelangweilt und in seiner Hingabe an höhere Interessen gelähmt werde, dass ihm vielmehr das Weib mit Verständnis dieser Interessen und der Wärme des Gefühls für dieselben zur Seite stehe" (zitiert nach: Kraul 1991: 281).

Gegen diese Rollenfestlegung richten sich von der Mitte des 19. Jahrhunderts an Forderungen, Frauen verbesserte Bildungsmöglichkeiten zu bieten, nicht zuletzt auch deshalb, weil Veränderungen in Familie und Gesellschaft dazu führten, dass die Zukunft der bürgerlichen Frau als Hausfrau und Mutter ungesicherter wurde und weil Frauen daher auch auf die Ausübung eines bürgerlichen Berufs vorbereitet sein mussten.

In den darum kreisenden Diskussionen und Debatten engagierten sich die bürgerliche und die proletarische *Frauenbewegung*. Margret Kraul fasst die unterschiedlichen Positionen dieser beiden Richtungen treffend zusammen: „Während fortschrittlichere Frauenvereine sich für eine dem Vorbild der höheren Knabenschulen folgende Mädchenbildung stark machten und dabei auch nicht vor der Forderung nach Koedukation zurückschrecken, bleiben die gemäßigten bürgerlichen Frauen an weiblichem Geschlechtscharakter und geistiger Mütterlichkeit orientiert. Auf dieser Grundlage bevorzugen sie vorerst eine eigenständige Mädchenbildung, die den Frauen zwar die Universitäten öffnen, in Schulaufbau und Curriculum jedoch der weiblichen Natur Rechnung tragen soll" (1991: 283). Gegen Ende des 19. Jahrhunderts näherte sich dann in Preußen nicht zuletzt auf Druck der bürgerlichen Frauenbewegung – *Helene Lange* spielte dabei mit ihrer 1887 erschienenen Schrift ‚Die höhere Mädchenschule und ihre Bestimmung' eine zentrale Rolle – der Lehrplan eines Teils der höheren Mädchenschulen dem der Gymnasien an, aber erst zu Beginn des 20. Jahrhunderts wurde in Preußen ein Teil dieser Schulen den höheren Knabenschulen gleichgestellt und als ‚höhere' Schulen anerkannt.

Aufbauend auf einem zehnjährigen Lyzeum für die Sechs- bis Fünfzehnjährigen wurden in Preußen im Jahr 1908 *Oberlyzeen* für die allgemeine Frauen- und Lehrerinnenbildung sowie Studienanstalten, die die Universitätsreife vermittelten, angeboten. Seither können in Preußen Frauen eine Abiturprüfung ablegen und damit die Berechtigung zum Universitätsbesuch erlangen. Da die Errichtung der letztgenannten ‚Studienanstalten' aber nur genehmigt wurde, wenn die geschlechtsspezifische Mädchenbildung vor Ort mit ‚Oberlyzeen' gesichert war, kam es erst während der Weimarer Republik bei jungen Frauen zu einer auch quantitativ bedeutsamen Ausweitung des Erwerbs der allgemeinen Hochschulreife.

1.5.3 Abschwächung der Bildungsbegrenzung im niederen Schulwesen

Der Prozess der Anpassung der Schulen und Lehrpläne an die gesellschaftliche und insbesondere an die wirtschaftliche Entwicklung betraf auch das niedere Schulwesen. Die *Industrialisierung*, die die Entwicklung in den deutschen Staaten in der zweiten Hälfte des 19. Jahrhunderts mehr und mehr prägte, erforderte im wachsenden Maße Arbeiter und Arbeiterinnen, deren schulische Bildung über das hinaus ging, was die Schulen im Gefolge der Stiehlschen Regulative zu bieten vermochten. Die Politik der rigiden Bildungsbegrenzung wurde in diesem Kontext 1872 durch die in den *'Allgemeinen Bestimmungen'* verordnete Aufhebung dieser Regulative deutlich gelockert: *Mehrklassige* Volksschulen, kleinere Lerngruppen sowie ein fachlich im Vergleich zur Volksschule der Stiehlschen Regulative *ausdifferenzierter Lehrplan* (vgl. Tab. 5) passten auch das niedere Schulwesen an die Erfordernisse der entstehenden Industriegesellschaft an (vgl. Wenzel 1974).

Tab. 5: Stundentafel der mehrklassigen Volksschule (1872)*

Lehrgegenstände	Unterstufe	Mittelstufe	Oberstufe
Religion	4	4	4
Deutsch	11	8	8
Rechnen	4	4	4
Raumlehre	0	0	2
Realien	0	6	6(8)
Zeichnen	0	2	2
Singen	1	2	2
Turnen/Handarbeit	2	2	2
Insgesamt	22	28	30 (32)

*Quelle: Scheibe 1974, Bd. 2: 35

1.5.4 Entstehung eines eigenständigen Berufsschulwesens

Parallel dazu gelangte der Prozess der Herausbildung eines eigenständigen Berufsbildungssystems zu einem ersten Abschluss. Für seine Entwicklung waren zu Beginn des 19. Jahrhunderts drei voneinander unabhängige Voraussetzungen bedeutsam (vgl. zu der folgenden Passage insgesamt Georg/Kunze 1981):

- *Die Ausgrenzung ‚nützlicher' Inhalte* aus den Lehrplänen der allgemein bildenden Schulen, die der Neuhumanismus – der Unterteilung Humboldts in „allgemeine und specielle Bildung" folgend – schulpolitisch durchgesetzt hatte, eröffnete den ‚Raum' für eine eigenständige Schulentwicklung im Rahmen der Berufsausbildung.
- Des Weiteren löste die ‚Befreiungspolitik' der preußischen Reformer mit der *Bauernbefreiung* und der *Gewerbefreiheit* (Aufhebung des Zunftzwangs, Niederlassungsfreiheit) die berufliche Bildung aus dem Kontrollbereich der Zünfte.
- Schließlich führten *neue technologische Entwicklungen* dazu, dass die ‚imitatio majorum' (die Nachahmung des Gesellen oder Meisters) als Prinzip der tradierten Berufsbildung den Anforderungen nicht mehr genügte.

Begünstigt durch diese Rahmenbedingungen, darunter insbesondere durch die Gewerbe- und die damit verbundene Niederlassungsfreiheit, konnten ab 1811 in Preußen Lehrlinge nicht nur bei Mitgliedern einer Zunft, sondern auch bei sonstigen Gewerbetreibenden ausgebildet werden. Der damit zunächst entstehende relativ ungeregelte Zustand wurde 1845 in der preußischen Gewerbeordnung neu geordnet: Von da an erfolgte eine Ausbildung der Lehrlinge auf der Basis einer *vertraglichen Regelung*, im Rahmen einer *in der Regel dreijährigen Lehrzeit* und mit dem Ziel einer *Abschlussprüfung*. Die inhaltlichen Anforderungen bei diesen Abschlussprüfungen wurden nach 1845 durch die Beschreibung von ‚Gesellenstücken' nach und nach festgelegt.

Im Rahmen einer Novellierung der Gewerbeordnung ‚taucht' dann 1849 zum ersten Mal ein *schulischer Teil* der Berufsausbildung auf: Die dreijährige Lehrlingszeit kann auf ein Jahr verkürzt werden, wenn der Lehrling eine gewerbliche Lehranstalt besucht hat. 1869, wieder im Rahmen der Neufassung der preußischen Gewerbeordnung, wird die Möglichkeit geschaffen, regional begrenzt den Besuch einer Berufsschule verbindlich vorzuschreiben. In einer Novellierung der preußischen Gewerbeordnung wird dann 1897 festgesetzt, dass die Abschlussprüfungen für Lehrlinge grundsätzlich bei den Handwerkskammern abgelegt werden. Damit hat sich am Ende des 19. Jahrhunderts folgendes Gesamtbild ergeben:

- Die Ausbildung erfolgte im Handwerk, im Handel oder in Fabriken.
- Die Schule, die als Lernort neben der betrieblichen Ausbildung noch nicht verbindlich vorgeschrieben war, erhielt eine wachsende Bedeutung im Ausbildungsprozess.
- Die Ausbildung erstreckte sich in der Regel über drei Jahre.
- Der Ausbildungsabschluss bestand in einer Prüfung vor einer Handwerkskammer. Dies bedeutete, dass eine vom Handwerk kontrollierte Ausbildung auch die Basis der Facharbeiterberufe darstellte.

Das duale System, das sich auf diese Weise im Verlauf des 19. Jahrhunderts etabliert hat, gilt aber einstweilen nur für den – insgesamt kleinen – Teil der Jugendlichen, die einen Beruf erlernten. Der erheblich größere Teil aller Jugendlichen wechselte nach Beendigung der Volksschulzeit direkt in Erwerbsarbeit oder in häusliche Arbeit über. Damit waren diese Jugendlichen vom 14. Lebensjahr an der *staatlichen Beeinflussung entzogen*. Diese setzte bei den Jungen (nur diese wurden einmal wahlberechtigt) erst wieder mit dem Beginn der Wehrpflicht ein. Aus dem Kontext der sich entwickelnden Konfrontation zwischen Arbeiterschaft und Regierung ist es erklärbar, dass der Staat nach Möglichkeiten der Beeinflussung der Heranwachsenden suchte und dabei der Schule eine wichtige Rolle zuschrieb. Kaiser Wilhelm II hat diese Aufgabenübertragung in seiner ‚Kabinettsordre zur Bekämpfung sozialistischer und kommunistischer Ideen durch die Schule' (1889) sehr direkt vollzogen (in: Michael/Schepp 1993: 184-186):

> „Schon längere Zeit hat Mich der Gedanke beschäftigt, die Schule in ihren einzelnen Abstufungen nutzbar zu machen, um der Ausbreitung sozialistischer und kommunistischer Ideen entgegenzuwirken. In erster Linie wird die Schule durch Pflege der Gottesfurcht und der Liebe zum Vaterlande die Grundlage für eine gesunde Auffassung auch der staatlichen und gesellschaftlichen Verhältnisse zu legen haben. Aber Ich kann Mich der Erkenntnis nicht verschließen, dass in einer Zeit, in welcher die sozialdemokratischen Irrthümer und Entstellungen mit vermehrtem Eifer verbreitet werden, die Schule zur Förderung der Erkenntnis dessen, was wahr, was wirklich und was in der Welt möglich ist, erhöhte Anstrengungen zu machen hat. Sie muß bestrebt sein, schon der Jugend die Überzeugung zu verschaffen, dass die Lehren der Sozialdemokratie nicht nur den göttlichen Geboten und der schriftlichen Sittenlehre widersprechen, sondern in Wirklichkeit unausführbar und in ihren Konsequenzen dem Einzelnen und dem Ganzen gleich verderblich sind. Sie muß die neue und die neueste Zeitgeschichte mehr als bisher in den Kreis der Unterrichtsgegenstände ziehen und nachweisen, dass die Staatsgewalt allein dem Einzelnen seine Familie, seine Freiheit, seine Rechte schützen

> kann, und der Jugend zum Bewusstsein bringen, wie Preußens Könige bemüht gewesen sind, in fortschreitender Entwicklung die Lebensbedingungen der Arbeiter zu heben, von den gesetzlichen Reformen Friedrichs des Großen und von Aufhebung der Leibeigenschaft an bis heute. Sie muß ferner durch statistische Tatsachen nachweisen, wie wesentlich und wie konstant in diesem Jahrhundert die Lohn- und Lebensverhältnisse der arbeitenden Klassen unter diesem monarchischen Schutze sich verbessert haben."

Vor diesem Hintergrund versteht sich die ‚Preisfrage', die die ‚Königliche Akademie zu Erfurt' gestellt hat: „Wie ist unsere männliche Jugend von der Entlassung aus der Volksschule bis zum Eintritt in den Heeresdienst am zweckmäßigsten für die staatsbürgerliche Gesellschaft zu erziehen?". *Georg Kerschensteiner*, dessen Ausarbeitung 1901 den Preis erhielt, schlug vor, für die jungen Männer, die keine Berufsausbildung erhielten, eine *Pflichtberufsschule* einzuführen, um sie durch die gemeinsame Erziehungsleistung von Arbeitsstätte und Schule für „die staatsbürgerliche Gesellschaft zu erziehen". Die folgenden Auszüge aus seiner Preisschrift können helfen, die zentralen Überlegungen Kerschensteiners nachzuvollziehen: „Das erste Ziel der Erziehung für die aus der Volksschule tretende Jugend ist die Ausbildung der beruflichen Tüchtigkeit und Arbeitsfreudigkeit und damit jener elementaren Tugenden, welche die Arbeitstüchtigkeit und Arbeitsfreudigkeit unmittelbar zum Gefolge hat: der Gewissenhaftigkeit, des Fleißes, der Beharrlichkeit, der Verantwortlichkeit, der Selbstüberwindung und der Hingabe an ein tätiges Lebens" (Wilhelm 1979: 108). Und, so fährt Kerschensteiner fort: „Hier lernt der einzelne sich unterordnen unter andere, hier lernt er schwächere und weniger begabte Mitschüler unterstützen, hier lernt er zum ersten Male verstehen, dass die eigenen wohlverstandenen Interessen in den Interessen der Gesamtheit aufgehen können und sollen." Kerschensteiner fügt an, als ob zwischen Schule und Staat überhaupt kein Unterschied wäre: „Aus dieser gemeinsamen Arbeit (in der Arbeitsgemeinschaft) mit ihrem wohlüberlegten Plane und ihrer wohlgefügten Ordnung wachsen die staatsbürgerlichen Tugenden der Hingabe und Selbstbeherrschung, und in ihr wandeln sich im Dienste einer Gemeinsamkeit die bürgerlichen Tugenden der Sorgfalt, der Gewissenhaftigkeit, des Fleißes und der Ausdauer zu Tugenden der Hingabesittlichkeit" (Wilhelm 1979: 109). Arbeit hat, so erfahren wir weiter, vor allem deshalb einen so hohen erzieherischen Wert, weil sie „jene Willensbegabungen übt, welche die Grundlagen der wichtigsten bürgerlichen Tugenden sind: Fleiß, Sorgfalt, Gewissenhaftigkeit, Beharrlichkeit, Aufmerksamkeit, Ehrlichkeit, Geduld, Selbstbeherrschung" (Wilhelm 1979: 111).

Mit dieser Konzeption bahnte Georg Kerschensteiner den Weg für die *allgemeine Berufsschulpflicht*, die aber erst nach 1918 durchgesetzt wurde: 1919 in Artikel 145 der Weimarer Verfassung heißt es: „Es besteht allgemeine Schulpflicht. Ihrer Erfüllung dient grundsätzlich die Volksschule mit mindestens acht Schuljahren und die anschließende Fortbildungsschule bis zum vollendeten 18. Lebensjahr. Der Unterricht und die Lernmittel in den Volksschulen und Fortbildungsschulen sind unentgeltlich." Diese Fortbildungsschulen wurden jedoch bis in die dreißiger Jahre des 20. Jahrhunderts „eher als Institutionen zur Ergänzung, Erweiterung und Vertiefung der häufig von den Ausbildungsbetrieben und ihren Verbänden als ungenügend angesehenen Leistungen der Volksschule denn als Teil der gesamten Berufsausbildung betrachtet..." (Pätzold 1989: 262). Endgültig wird die Berufsschulpflicht für alle Zweige der Arbeiterausbildung im Reichsschulpflichtgesetz des Jahres 1938 verankert.

1.6 Schule im demokratischen Staat: Reformpädagogische Erneuerung und strukturelle Reformen werden eingeleitet

In der Folge der Modernisierung des Schulsystems verfügten Preußen und in ähnlicher Weise die übrigen deutschen Reichsländer am Ende des Kaiserreichs über ein für die damalige Zeit auch im internationalen Vergleich durchaus *modernes Schulsystem*: Die Unterrichtspflicht war durchgesetzt, sie wurde in Jungengymnasien bzw. in Lyzeen für Mädchen, in Mittelschulen oder in Volksschulen wahrgenommen, die Lehrpläne dieser Schulen waren auf die Anforderungen der entstandenen Industriegesellschaft ausgerichtet, auf die in dieser Gesellschaft geforderten beruflichen Qualifikationen bereitete das duale Berufsausbildungssystem vor. Die so zu charakterisierende Modernität ging jedoch einher mit einer *autoritär ausgerichteten Pädagogik* sowie mit einer unverkennbar *ständischen Struktur* der allgemein bildenden Schulen.

Der Schriftsteller Stefan Zweig hat im Rückblick auf seine Schulzeit im Österreich des ausgehenden 19. Jahrhunderts in seinem erinnernden Rückblick (‚Welt von gestern') geschrieben (Zweig 1972, 34 f.):

> „Nicht dass unsere österreichischen Schulen an sich schlecht gewesen wären. Im Gegenteil, der so genannte ‚Lehrplan' war nach hundertjähriger Erfahrung sorgsam ausgearbeitet und hätte, wenn anregend übermittelt, eine fruchtbare und ziemlich universale Bildung fundieren können. Aber eben durch die akkurate Planhaftigkeit und ihre trockene Schematisierung wurden unsere Schulstunden grauenhaft dürr und unlebendig, ein kalter Lernapparat, der sich nie an dem Individuum regulierte und nur wie ein Automat mit Ziffern ‚gut, genügend, ungenügend' aufzeigte, wie weit man den ‚Anfor-

derungen' des Lehrplans entsprochen hatte. Gerade aber diese menschliche Lieblosigkeit, diese nüchterne Unpersönlichkeit und das kasernenhafte des Umgangs war es, was uns unbewusst erbitterte." Und weiter: „Noch nach Jahren, wenn ich an diesem trüben, trostlosen Hause vorüberging, spürte ich ein Gefühl der Entlastung, dass ich diesen Kerker unserer Jugend nicht mehr betreten musste."

Es war diese Wahrnehmung der Schule des ausgehenden 19. Jahrhunderts, gegen die sich überall in Europa *Reformpädagogen* auflehnten: Maria Montessori in Italien, Berthold Otto in Deutschland, Ellen Key in Schweden oder Siegfried Bernfeld in Österreich (vgl. zur Reformpädagogik Oelkers 2005). Sie alle wendeten sich *gegen die Formalisierung des Unterrichts*, gegen seine intellektuelle Einseitigkeit, gegen die Passivität, in die Schülerinnen und Schüler durch den Unterricht gedrängt wurden. Die Arbeiten der Reformpädagogen, die Europa den Weg in – wie die Schwedin Ellen Key 1900 titelte (Key 1908) – das ‚Jahrhundert des Kindes' weisen wollten, haben ihr Ziel zwar nicht erreichen können, sie haben aber gleichwohl im Deutschland der Weimarer Republik dazu beigetragen, dass die Schulen begannen, sich zu wandeln. Unter ihrem Einfluss wurden curriculare Veränderungen durchgesetzt, wurde die *Demokratisierung des Schulalltags* – zumindest ansatzweise – eingeleitet, veränderte die *Humanisierung des pädagogischen Umgangs* zumindest ansatzweise die Schule von Innen her.

Gleichermaßen wurde die aus dem Kaiserreich überkommene ständische Struktur in der neu gegründeten Republik in Frage gestellt: Volksschulen mit ihrer bis zu achtjährigen Schulzeit, Mittelschulen mit ihrer neunjährigen Schulzeit (drei Jahre in Vorschulen, die ihnen zugeordnet waren, und weitere sechs Jahre in den eigentlichen Mittelschulen) sowie Gymnasien (bzw. die entsprechenden Mädchenschulen) mit ihrer zwölfjährigen Schulzeit (drei Jahre in Vorschulen, die ihnen zugeordnet waren, und weitere neun Jahre in den eigentlichen Gymnasien) waren vom ersten bis zum letzten Schuljahr voneinander getrennte Institutionen und daher – *verhaftet dem Ständeprinzip* – nicht mehr zeitgemäß (vgl. Abb. 1). Vor diesem Hintergrund leitete die frühe Weimarer Republik den, was das Schulsystem und seine Struktur angeht, Übergang vom Stände- zum Leistungsprinzip ein. Da es jedoch für einen völligen Umbau der aus dem Kaiserreich überlieferten Schulstruktur in der neu gewählten Nationalversammlung keine Mehrheit gab, kam es zum ‚*Weimarer Schulkompromiss*' (1919/20).

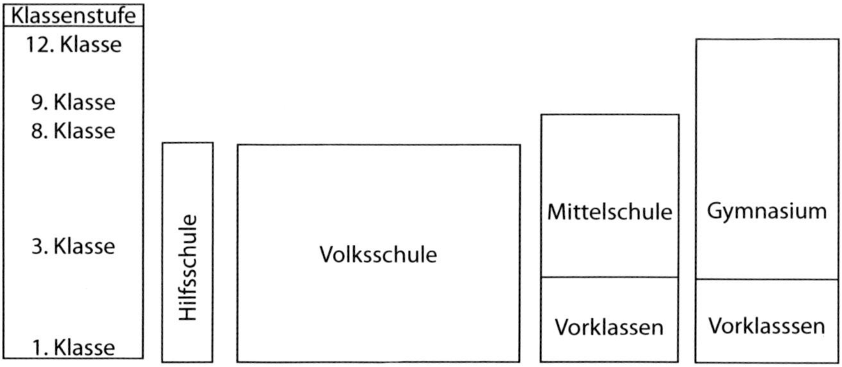

Abb. 1: Schulstruktur vor 1919

Die wesentlichen Regelungen dieses Kompromisses bezogen sich auf die ‚Bekenntnisschule' (also auf die *Konfessionsfrage*) und auf die ‚Einheitsschule' (also auf die *Strukturfrage*):

- Hinsichtlich der konfessionellen Erziehung einigte man sich auf die *‚Simultanschule'* als Regelfall (also auf Schulen mit Schülern unterschiedlicher Konfession), in der nur der Religionsunterricht nach Konfessionen getrennt erteilt werden sollte. Daneben konnten auch Bekenntnisschulen (in denen der gesamte Unterricht vom Geist eines Bekenntnisses geprägt war) und *bekenntnisfreie Schulen* (in denen Religion nicht unterrichtet wurde) betrieben werden.
- Hinsichtlich der strukturellen Gliederung des Schulsystems verständigte man sich darauf, die Schüler und Schülerinnen während der ersten vier Jahre (mit Ausnahme der ‚Hilfsschüler', wie damals die Gruppe der heutigen Sonder- bzw. Förderschüler bezeichnet wurde) gemeinsam zu unterrichten, so dass eine Trennung in niedere, mittlere und höhere Schulen erst nach der 4. Klasse auf Grund der bis dahin in der gemeinsamen Grundschule erbrachten schulischen Leistungen erfolgte. Alle Kinder verblieben von da an die ersten vier Jahre in der *Unterstufe der Volksschule* (der Grundschule), ein kleinerer Teil von ihnen verließ diese dann und wechselte in die Mittelschulen (Realschulen) bzw. in die Jungengymnasien und Mädchenlyzeen.

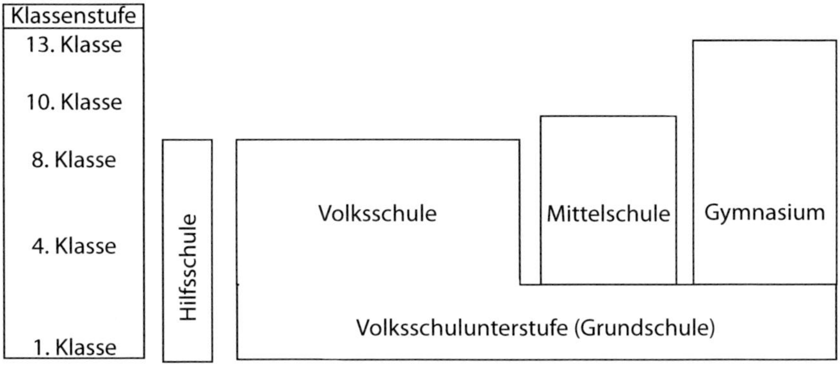

Abb. 2: Schulstruktur ab 1919

Da die Grundschule auf vier Jahre angelegt war und damit ein Jahr länger dauerte als die früheren Vorschulen der Mittelschulen und der höheren Schulen, diese aber ihr sechs- bzw. neunjähriges Programm nicht aufgeben wollten, dehnte sich die Schulzeit bis zum mittleren Abschluss auf zehn und bis zum Abitur auf dreizehn Jahre aus.

Die Tatsache, dass sich die Parteien der Weimarer Republik nicht darauf einigen konnten, alle Jugendlichen bis zum Ende ihrer Schulpflichtzeit in einer Schule gemeinsam zu unterrichten, hat dazu geführt, dass das Thema der gemeinsamen Bildung und Erziehung in einer Schule die deutsche Schulpolitik in den folgenden Jahrzehnten bis in die Gegenwart hinein immer wieder beschäftigt hat.

1.7 Schule im Nationalsozialismus: Ideologisierung dominiert

Mit dem Umbau des Schulsystems entlang der vom Weimarer Schulkompromiss vorgezeichneten Linie hatten die Weimarer Parteien ihre gestalterische Kraft in der Schulstrukturpolitik erschöpft. Nach der Machtergreifung konnte sich die nationalsozialistische Regierung daher auf eine nach wie vor am *Prinzip der Auslese* nach Klasse vier der Volksschule orientierte Schulstruktur beziehen. Ergänzt wurde die aus der Weimarer Republik übernommene Struktur lediglich durch zwei Schultypen, die in besonderem Maße der nationalsozialistischen Ideologie verpflichtet waren und die nationalsozialistisch geprägten ‚Führungsnachwuchs' hervorbringen sollten: durch die insgesamt kleine Zahl der *‚Nationalpolitischen Erziehungsanstalten'* und der *‚Adolf-Hitler-Schulen'*.

Vorrangig konzentrierte sich die nationalsozialistische Schulpolitik daher auf eine *Veränderung der inhaltlichen ‚Füllung‘* der übernommenen Strukturen. Die demokratischen Lehrpläne und Lehrbücher aus der Weimarer Republik wurden bis 1939 durchgängig im nationalsozialistischen Sinn überarbeitet (vgl. dazu insgesamt die Quellensammlung von Fricke-Finkelnburg 1989). Ein besonders drastisches Beispiel für die Indienstnahme der Schule zur Propagierung nationalsozialistischen Gedankengutes liefert die folgende Aufgabe aus einem Mathematikbuch (Dithmar 1989: 205):

> „Aufgabe 97: Ein Geisteskranker kostet täglich etwa 4 RM, ein Krüppel 5,50 RM, ein Verbrecher 3,50 RM. In vielen Fällen hat ein Beamter täglich nur etwa 4 RM, ein Angestellter kaum 3,50 RM, ein ungelernter Arbeiter noch keine 2 RM auf den Kopf der Familie. (a) Stelle diese Zahlen bildlich dar. – Nach vorsichtigen Schätzungen sind in Deutschland 300 000 Geisteskranke, Epileptiker usw. in Anstaltspflege. (b) Wieviel Ehestandsdarlehen zu je 1 000 RM könnten – unter Verzicht auf spätere Rückzahlung – von diesem Geld jährlich ausgegeben werden?“

Neben der curricularen Prägung des Schulunterrichts nutzte das nationalsozialistische Regime insbesondere das im deutschen Schulsystem verankerte Ausleseprinzip zur Durchsetzung der eigenen *Ideologie*, indem ihm eine zusätzliche *rassistische Dimension* angefügt wurde – vor allem durch die Vertreibung jüdischer Schülerinnen und Schüler aus den Schulen.

Das mit schulischer Auslese eng verbundene *Prinzip der Bildungsbegrenzung*, das in der Weimarer Republik zwar aufgebrochen, aber nicht aufgehoben worden war, richtete sich nicht nur gegen die Bildungsbeteiligung der jüdischen Bevölkerung, sondern – vor allem in den ersten Jahren der nationalsozialistischen Herrschaft – auch gegen Mädchen und Frauen (z.B. 1934 durch die Begrenzung der Studienanfängerinnenzahlen auf maximal 10 Prozent aller Erstsemester). Die Ausschlusspolitik wurde bereits 1933 mit dem „Gesetz gegen die Überfüllung deutscher Schulen und Hochschulen“ eingeleitet. Darin heißt es (Herrlitz u.a. 2005: 147 f.):

> „§ 1 Bei allen Schulen außer den Pflichtschulen und bei den Hochschulen ist die Zahl der Schüler und Studenten so weit zu beschränken, dass die gründliche Ausbildung gesichert und dem Bedarf der Berufe genügt ist.
>
> § 2 Die Landesregierungen setzen zu Beginn eines jeden Schuljahres fest, wie viele Schüler jede Schule und wie viele Studenten jede Fakultät neu aufnehmen darf.

§ 3 In denjenigen Schularten und Fakultäten, deren Besucherzahl in einem besonders starken Missverhältnis zum Bedarf der Berufe steht, ist im Laufe des Schuljahres 1933 die Zahl der bereits aufgenommenen Schüler und Studenten so weit herabzusetzen, wie es ohne übermäßige Härte zur Herstellung eines angemessenen Verhältnisses geschehen kann.

§ 4 Bei den Neuaufnahmen ist darauf zu achten, dass die Zahl der Reichsdeutschen, die im Sinne des Gesetzes zur Wiederherstellung des Berufsbeamtentums vom 7. April 1933 (RGBI. I, 175) nichtarischer Abstammung sind, unter der Gesamtheit der Besucher jeder Schule und jeder Fakultät den Anteil der Nichtarier an der reichsdeutschen Bevölkerung nicht übersteigt. Die Anteilszahl wird einheitlich für das ganze Reichsgebiet festgesetzt."

Die nationalsozialistische Schul- und Hochschulpolitik wurde – z.T. unter Inkaufnahme von Widersprüchen zur direkt nach 1933 verkündeten Programmatik – ab 1937 im Verlauf der beginnenden Kriegsvorbereitung modifiziert:

Die bildungsbegrenzenden Maßnahmen wurden gelockert (z.B.: Frauen wurde der Zugang zum Medizinstudium erleichtert), die Betonung der Legitimations- gegenüber der Qualifikationsfunktion (vgl. zu den hier angesprochenen Funktionen Kapitel 7) der Schule wurde abgeschwächt (z.B.: der direkte HJ-Einfluss wurde in den Schulen zurück gedrängt), die strukturellen Übernahmen aus der Weimarer Republik wurden modifiziert (z.B.: die Schulzeit in den Gymnasien wurde auf 8 Jahre verkürzt, um so einen zusätzlichen Jahrgang von Offiziersanwärtern zu gewinnen).

1.8 Schule nach 1945: Den frühen Jahren der Restauration folgt eine Reformphase

Nach dem Ende des Zweiten Weltkriegs diktierten die Siegermächte ihren vier Besatzungszonen eine *Demokratisierung* auch des Bildungswesen. Im ‚*Potsdamer Abkommen*' formulierten sie unter Punkt 7 der ‚Politischen Grundsätze': „Das Erziehungswesen in Deutschland soll so überwacht werden, dass die nazistischen und militaristischen Lehren völlig entfernt werden und eine erfolgreiche Entwicklung demokratischer Ideen möglich gemacht wird" (Michael/Schepp 2005: 331) Die amerikanische *Zook-Kommission* charakterisierte das deutsche Bildungswesen, das sie begutachten sollte, im gleichen Jahr so: „Dieses System hat bei einer kleinen Gruppe eine überlegene Haltung und bei der Mehrzahl der Deutschen ein Minderwertigkeitsgefühl entwickelt, das jene Unterwürfigkeit und jenen Mangel an Selbstbestimmung möglich machte, auf denen das autoritäre Führerprinzip gedieh" (Herrlitz./Hopf/Titze 2005: 161). Auch bei ihr stießen die weiteren Absonderungen und Abtrennungen innerhalb der höheren Schule auf Kritik: „Nirgends besteht die Möglichkeit eines gemeinsamen Schullebens noch eine andere Stelle für eine breite Grundlage einer gemeinsamen kulturellen und sozialen Erfahrung wenigstens für diejenigen, die zu akademischer Spezialisierung und zu höheren Berufen übergehen. Es ist augenscheinlich, dass das Erziehungssystem eines Landes die Grundlagen des ‚Klassengeistes' verstärken oder auch eine kulturelle Gemeinschaft aller Bürger aufbauen kann. Für eine demokratische Gesellschaft kommt nur die zweite Möglichkeit in Frage" (Herrlitz/Hopf/Titze 2005: 161).

Geprägt von dieser Einschätzung erließ der *‚Alliierte Kontrollrat'* 1947 seine ‚Grundsätze für die Demokratisierung des deutschen Bildungswesens' (Michael/Schepp 1993: 337 f.). Drei Aspekte rückte der Kontrollrat dabei in den Mittelpunkt:

- *Ökonomisch* ging es darum, den Zugang zu allen Schulen durch Schulgeld- und Lernmittelfreiheit sowie durch Unterstützungszahlungen jedermann zu eröffnen.
- Im *schulstrukturellen Bereich* wurde der vertikalen Gliederung des Schulsystems eine Absage erteilt: „Alle Schulen für den Zeitraum der Pflichtschulzeit sollten ein zusammenhängendes Bildungssystem (comprehensive educational system) darstellen. Die Abschnitte der Elementarbildung und der weiterführenden Bildung sollten zwei aufeinander folgende Stufen der Unterweisung bilden, nicht zwei Wege oder Abschlüsse der Ausbildung (nebeneinander), die teilweise übereinstimmen" (Michael/Schepp 1993: 338).
- *Inhaltlich* wurde angestrebt, die Neuordnung der deutschen Schule mit einer Revision der Curricula zu verknüpfen: „Alle Schulen sollten Nachdruck legen auf die Erziehung zu staatsbürgerlicher Verantwortung und demokratischem Lebensstil (democratic way of life) vermittelst des Lehrplans, der Lehrbücher und Lehrmittel und der Organisation der Schule selbst" (Michael/Schepp 1993: 338).

Die Umsetzung dieser Grundrichtung erfolgte *in der Ostzone und späteren DDR* völlig anders als in den Westzonen und in der späteren BRD. In der DDR wurden die unterschiedlichen Schultypen in drei größeren Gesetzen von 1946, 1959 und 1965 zu *‚Polytechnischen Oberschulen'*, in denen die Kinder von Klasse eins bis zehn gemeinsam unterrichtet wurden, und zu *‚Erweiterten Oberschulen'* mit den auf ein Hochschulstudium vorbereitenden Klassen elf und zwölf zusammengeführt.

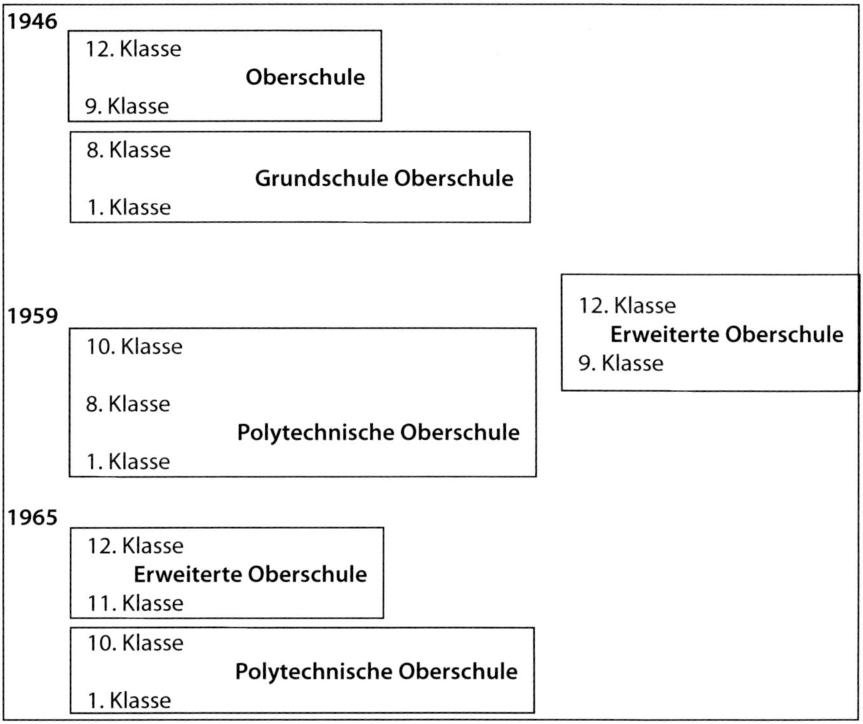

Abb. 3: Entwicklung der Schulstruktur in der DDR

Der Unterricht in der so gebildeten Einheitsschule orientierte sich eng an der die DDR bestimmenden *sozialistischen Ideologie*. Nach 1989 wurde dann das Schulsystem der DDR in seinen wesentlichen Zügen strukturell und inhaltlich dem der Länder der BRD angepasst.

In der westdeutschen Bundesrepublik setzten sich – auch unter dem Eindruck des entstehenden *‚Kalten Krieges'* – nicht die Reformansprüche der Besatzungsmächte, sondern die Politik der *Restaurierung* des gegliederten Schulwesens durch. Im *‚Düsseldorfer Abkommen'* (1955) wurde seitens der Konferenz der Kultusminister der Länder Deutschlands (KMK – vgl. dazu Kapitel 4.1.3) die aus der Weimarer Republik überlieferte Struktur mit der herausragenden Stellung des typisierten Gymnasiums festgeschrieben; zugleich wurde in den fünfziger Jahren die Trennung in höhere *(wissenschaftspropädeutische)* und in niedere *(volkstümliche)* Bildung beibehalten und – wie schon in der Vergangenheit – begabungstheoretisch wie ökonomisch begründet. Der *‚Deutsche Ausschuss'*, ein Gremium der Bildungsberatung, schrieb 1959 in seinem ‚Rahmenplan', einem

Vorschlag zur Reform des deutschen Schulsystems: „Die unterschiedlichen Bildungsanforderungen, die unsere arbeitsteilig entfaltete Gesellschaft an ihren Nachwuchs stellt, und die Unterschiede in der Bildungsfähigkeit dieses Nachwuchses zwingen dazu, an drei Bildungszielen unseres Schulsystems festzuhalten, die nach verschieden langer Schulzeit erreicht werden: an einem verhältnismäßig früh an Arbeit und Beruf anschließenden, einem mittleren und einem höheren" (Michael/Schepp 1993: 414 f.)

Noch etwas krasser liest sich die Begründung, die der in den fünfziger Jahren viel gelesene Psychologe Weinstock dem gegliederten Schulsystem 1955 in seinem Buch ‚Realer Humanismus' gab (Weinstock 1955: 121 f.):

> ‚Dreierlei Menschen braucht die Maschine. Den, der sie bedient und in Gang hält, den, der sie repariert und verbessert, schließlich den, der sie erfindet und konstruiert. Hieraus ergibt sich: Die richtige Ordnung der modernen Arbeitswelt gliedert sich, im großen und ganzen und in typisierter Vereinfachung, die natürlich zahlreiche Übergänge und mancherlei Zwischenglieder einschließt, in drei Hauptschichten: die große Masse der Ausführenden, die kleine Gruppe der Entwerfenden und dazwischen die Schicht, die unter den beiden anderen vermittelt [...] Offenbar verlangt die Maschine eine dreigegliederte Schule: eine Bildungsstätte für die Ausführenden, also zuverlässig antwortenden Arbeiter, ein Schulgebilde für die verantwortlichen Vermittler und endlich ein solches für die Frager, die so genannten theoretischen Begabungen."

Erst in den sechziger Jahren kam es in der Bundesrepublik aus ökonomischen Gründen wie auch aus demokratischen Ansprüchen zu einer erneuerten Diskussion um eine *grundlegende Reform des Bildungswesens* und insbesondere auch seiner strukturellen Verfasstheit. Mit Blick auf den Erhalt der internationalen Wettbewerbsfähigkeit der Wirtschaft der Bundesrepublik wurde in einem *ökonomisch ausgelegten Argumentationsstrang* (Picht 1964) eine Steigerung der ‚Bildungsproduktion' angemahnt. Parallel dazu wurde *bürgerrechtlich argumentierend* gefordert (Dahrendorf 1965), die Ungleichheit der Bildungschancen, die in der Kunstfigur des *‚katholischen Arbeitermädchens vom Lande'* als konfessions-, schicht-, geschlechts- und regionalspezifische Ungleichheiten beschrieben wurde, abzubauen.

Die Kombination der ökonomischen mit der bürgerrechtlichen Argumentation gab der Entwicklung des Bildungssystems der Bundesrepublik in den späten sechziger und in den frühen siebziger Jahre des vergangenen Jahrhunderts eine bis dahin kaum gekannte Dynamik. In ihrem Verlauf wurde – gestützt durch die 1969 vom *Deutschen Bildungsrat* vorgelegte Empfehlung zur ‚Einrichtung von Schulversuchen mit Gesamtschulen' – die Ersetzung des gegliederten Sekundarschulwesens durch ein *integriertes Gesamtschulsystem* gefordert. Damit wurde angeknüpft an die Debatten der frühen Weimarer Republik, in denen die gemeinsame Erziehung aller Kinder und Jugendlicher bis zum Ende der Pflichtschulzeit nicht durchgesetzt werden konnte, sondern die zu dem beschriebenen Weimarer Schulkompromiss mit der gemeinsamen Erziehung für die ersten vier Schuljahre der Grundschule geführt hatten.

Doch auch dieses Mal, in der geänderten Lage der prosperierenden Bundesrepublik, konnten sich die Anhänger einer grundlegenden Strukturreform des Schulwesens nicht durchsetzen. Zwar wurden – hierin den Vorschlägen des Deutschen Bildungsrates folgend – in allen Ländern der damaligen Bundesrepublik *Gesamtschulen als Versuchsschulen* eingerichtet, doch konnte sich kein Bundesland dazu entschließen, alle bestehenden Hauptschulen, Realschulen und Gymnasien in Gesamtschulen zu überführen. Selbst die Länder, in denen Parteien regierten, die sich vom Grundsatz her für eine gemeinsame Schule für alle Jugendlichen aussprachen, ersetzten durch die bei ihnen eingeführten Gesamtschulen nicht das gegliederte Schulsystem. Stattdessen *ergänzten* sie das bestehende gegliederte System durch ein weiteres Glied: Überall da, wo Eltern dies in genügend großer Zahl für ihre Kinder wünschten, ließen sie die Einrichtung von Gesamtschulen zu.

In der Folge davon kam es zwar dazu, dass in einzelnen Flächenstaaten der Bundesrepublik – wie in Hessen oder Nordrhein-Westfalen – etwa 17 Prozent der Schülerinnen und Schüler der Sekundarstufe I und in den Stadtstaaten Berlin und Hamburg knapp 30 Prozent von ihnen in Gesamtschulen lernen, dass aber in keinem der Bundesländer die Gesamtschul- die Gymnasialquoten auch nur annähernd erreichen. Bundesweit besuchen derzeit 35 Prozent der Schülerinnen und Schüler der Sekundarstufe I Gymnasien, weniger als 10 Prozent dagegen Gesamtschulen (vgl. Kapitel 3.1).

Die nicht erreichte Akzeptanz einer grundlegenden Strukturreform des Schulwesens führte zu verstärkten curricularen und strukturellen Reformanstrengungen innerhalb des strukturellen Rahmens, der durch das fortbestehende gegliederte Schulsystem gegeben war. Zwei für die Entwicklung der Schulstruktur bedeutsame Maßnahmen heben sich von anderen kleineren Veränderungen ab:

- Schon 1964 hatte sich die Kultusministerkonferenz im *'Hamburger Abkommen'* auf die *Schaffung der Hauptschule* verständigt, die fortan an die Stelle der Volksschuloberstufe treten sollte und die – gelöst von der Grundschule – als selbstständige weiterführende Schule der Sekundarstufe I neben Realschulen und Gymnasien treten sollte. Die dann Ende der sechziger Jahre (1969) vollzogene Umsetzung dieses Vorhabens war verbunden mit einer Ausdehnung der ehemals vierjährigen Volksschuloberstufe auf fünf, in einzelnen Bundesländern später auch auf sechs Hauptschuljahre, mit der Einführung des wissenschaftsorientierten Fachunterrichts durch Fachlehrer und mit der Hinzufügung der Unterrichtsfächer 'Englisch' und 'Arbeitslehre'.
- Die zweite der hier hervorgehobenen nachhaltigen strukturellen Veränderungen betrifft die Gymnasien: Nicht zuletzt auf Drängen der Universitäten, die die *Studierfähigkeit* der damaligen Abiturienten und Abiturientinnen nicht hinreichend gegeben sahen, veränderte die Kultusministerkonferenz 1972 mit ihrer 'Vereinbarung zur Neugestaltung der gymnasialen Oberstufe' die gymnasiale Oberstufe: An die Stelle unterschiedlicher gymnasialer Schultypen (wie sie z.B. die humanistischen, die neusprachlichen oder die naturwissenschaftlichen Gymnasien darstellten) traten *'enttypisierte' Gymnasien,* die in ihren Oberstufen im Rahmen eines Kurssystems von Grund- und Leistungskursen den Schülern und Schülerinnen Raum für individuelle Profilbildungen bieten. Auf diese Weise sollten sich die Schülerinnen und Schüler verstärkt auf ihre fachlichen Interessen konzentrieren und sich dabei zugleich besser auf die Arbeitsformen des Universitätsstudiums vorbereiten können. Die ursprüngliche Intention dieses Reformansatzes, weiten Gestaltungsspielraum für die individuelle Gestaltung des Bildungsweges zu bieten, wurde allerdings in den Jahren nach 1972 zusehends abgeschwächt. Inzwischen haben einzelne Bundesländer (wie Baden-Württemberg) das System der Grund- und Leistungskurse und der weitgehenden Wahlfreiheit sogar wieder völlig abgeschafft bzw. dessen Abschaffung angekündigt.)

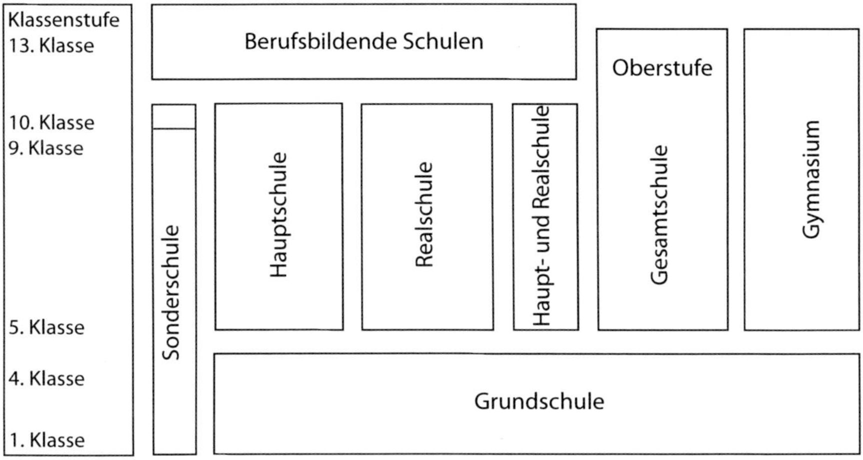

Abb. 4: Schulstruktur in der Bundesrepublik Deutschland ab 1969

Mit den hier skizzierten Reformen war die Kraft zu einschneidenden schulstrukturellen Veränderungen, die die Bundesländer in den Reformjahren der sechziger und siebziger Jahre aufbringen wollten oder konnten, erschöpft. Eine weitergehende Reform scheiterte an den unterschiedlichen Zielsetzungen der großen Parteien, die ihre je eigene Konzeptionen innerhalb der von ihnen regierten Länder durchzusetzen suchten, ebenso wie an den seit Mitte der siebziger Jahre heraufziehenden und sich verfestigenden wirtschaftlichen Krisen mit der erstmals seit den fünfziger Jahren entstehenden hohen Arbeitslosigkeit.

Als sich dann nach 1989 im Vereinigungsprozess der beiden deutschen Staaten die auf dem Gebiet der früheren DDR entstandenen neuen Bundesländer in das bundesrepublikanische Schulsystem einfügten, passten sie sich der damals im Bereich der alten Bundesrepublik bestehenden Schulstruktur mit länderspezifischen Variationen weitgehend an. Das dabei in Deutschland entstandene Bildungssystem ist mit seinen Strukturmerkmalen und -problemen Gegenstand des folgenden 3. Kapitels der hier vorgelegten Darstellung.

Tab. 6: Übersicht zu Ereignissen der allgemeinen Geschichte und der Schulgeschichte

Allgemeine Geschichte in Preußen	Schulgeschichte
1713-1740 Friedrich Wilhelm I. preußischer König und Begründer des preußischen Militär- und Beamtenstaates 1740-1786 Friedrich II. Aufgeklärter Absolutismus in Preußen 1789 Französische Revolution 1806/07 Krieg zwischen Frankreich (Napoleon) und Preußen 1810 Bauernbefreiung in Preußen 1811 Gewerbefreiheit in Preußen 1815 Wiener Kongress Restauration in Europa Einstellung der preußischen Reformpolitik 1848 Revolutionen in Paris, Wien und Berlin Erste deutsche Nationalversammlung (Paulskirche) 1870/71 Deutsch-französischer Krieg	1717 Erste Verkündung der Unterrichtspflicht 1763 Neuerliche Verkündung der Unterrichtspflicht 1787 Einrichtung des ‚Oberschulkollegiums' in Berlin 1788 1. Abiturreglement 1794 Verankerung der Unterrichtspflicht im allgemeinen Landrecht 1811 Ermöglichung der Lehrlingsausbildung außerhalb der Zünfte 1812 2. Abiturreglement 1834 3. Abiturreglement 1845 preußische Gewerbeordnung mit Bestimmungen zur Lehrlingsausbildung 1854 Stielsche Regulative 1872 Allgemeine Bestimmungen
Deutsches Kaiserreich	
1871 Gründung des deutschen Kaiserreichs Kaiserkrönung des preußischen Königs 1878 Sozialistengesetze im Deutschen Reich 1888-1918 Kaiser Wilhelm II. 1914-1918 1. Weltkrieg	1897 Novellierung der preußischen Gewerbeordnung (Einführung der Kammerprüfung für Lehrlinge) 1900 Allerhöchster Erlass 1901 Preisfrage der Erfurter Akademie (Kerschensteiner) 1908 Ermöglichung des Abiturs für Frauen in Studienanstalten
Weimarer Republik	
1919 Wahl der Nationalversammlung und deren Annahme der ‚Weimarer Verfassung' Unterzeichnung des Friedensvertags in Versaille 1929 Weltwirtschaftskrise	1919 Weimarer Schulkompromiss
Nationalsozialistische Herrschaft	
1933 Berufung Hitlers zum Reichskanzler 1939-1945 2. Weltkrieg	1933 Gesetz gegen die Überfüllung deutscher Schulen und Hochschulen bis 1939 Erlass neuer Lehrpläne
Nachkriegszeit	
1945 Bildung von 4 Besatzungszonen in Deutschland Potsdamer Konferenz 1948 Währungsreform in den drei westlichen Zonen (Einführung der Deutschen Mark)	1945 Potsdamer Abkommen 1947 Grundsätze für die Demokratisiserung des deutschen Bildungswesens
BRD, DDR, Deutschland	
1949 Gründung der Bundesrepublik Deutschland 1949 Gründung der Deutschen Demokratischen Republik 1961 Bau der Berliner Mauer 1968 Studentenunruhen 1973 Beginn einer weltweiten Ölkrise 1989 Öffnung der Berliner Mauer 1990 Beitritt der DDR zur BRD	1955 Düsseldorfer Abkommen 1969 Einrichtung von Hauptschulen 1969 Einrichtung von Schulversuchen mit Gesamtschulen 1972 KMK-Vereinbarung zur Reform der gymnasialen Oberstufe ab 1991 Umstrukturierung der Polytechnischen Oberschulen und der Erweiterten Oberschulen der DDR zu Schulen des gegliederten Schulwesens

1.9 Anregungen zur Wiederholung und Reflexion

1. Vergegenwärtigen Sie sich die Schritte zur rechtlichen und zur tatsächlichen Durchsetzung der Unterrichtspflicht im 18. und 19. Jahrhundert.

2. Überlegen Sie sich die Gründe dafür, dass Preußen (wie andere deutsche Länder auch) im ausgehenden 18. Jahrhundert sein Schulwesen zu ordnen begann.

3. Vergegenwärtigen Sie sich die Entwicklung des Gymnasiums vom ausgehenden 18. bis zum Ende des 20. Jahrhunderts.
   Konzentrieren Sie sich dabei
   - auf die Etablierungsphase am Ende des 18. und zu Beginn des 19. Jahrhunderts,
   - auf die Modernisierungsphase im ausgehenden 19. Jahrhundert und zu Beginn des 20. Jahrhunderts (berücksichtigen Sie dabei auch die Entwicklung des höheren Mädchenschulwesens) sowie
   - auf die Vereinbarung zur Reform der gymnasialen Oberstufe.

4. Erarbeiten Sie sich die unterschiedlichen Bildungskonzeptionen, die zu Beginn des 19. Jahrhunderts für die Gymnasien diskutiert wurden und stellen Sie einen Zusammenhang zu den gymnasialen Bildungskonzeptionen um 1900 her.

5. Machen Sie sich die Schritte der Entwicklung des niederen Schulwesens klar.
   Gehen Sie dabei insbesondere
   - auf die Stiehl'schen Regulative (Bildungsbegrenzung),
   - auf die Allgemeinen Bestimmungen (Modernisierung),
   - auf den Weimarer Schulkompromiss (Demokratisierung) und
   - auf die Einrichtung der Hauptschule (Wissenschaftsorientierung) ein.

6. Überlegen Sie sich die Antriebskräfte und Schritte, die im Verlauf des 19. und des beginnenden 20. Jahrhunderts die Entstehung des Dualen Berufsbildungssystems kennzeichnen.

7. Überlegen Sie sich die einzelnen Phasen der Schulentwicklung in Deutschland nach 1945.
   Achten Sie dabei auf die Phasen
   - der frühen Nachkriegsentwicklung (alliierte Schulpolitik),
   - der Restauration sowie
   - der Bildungsreform in der westdeutschen Bundesrepublik und
   - auf die Entwicklung in der DDR.

8. Das deutsche Bildungssystem hatte einen beachtlichen Anteil am Übergang von der Stände- zur Leistungsgesellschaft. Überlegen Sie sich vor dem Hintergrund dieser Feststellung insbesondere die Bedeutung der Abiturreglements und des Weimarer Schulkompromisses für diesen Übergang.

2 Die strukturelle Perspektive: Wie ist das Bildungswesen zu Beginn des 21. Jahrhunderts gestaltet?

Jede Darstellung der Struktur des deutschen Bildungssystems und seiner strukturellen Besonderheiten muss berücksichtigen, dass sich dieses System unter den Bedingungen des historisch gewachsenen Föderalismus und der damit verbundenen Kulturhoheit der Länder entwickelt hat und auch weiter entwickeln wird. Damit kann so umgegangen werden, dass Einzeldarstellungen der sechzehn Bundesländer gegeben werden oder so, dass das Gemeinsame aller Bundesländer herausgestellt wird und dass ausschließlich herausragende Besonderheiten einzelner Bundesländer exemplarisch behandelt werden. Dieser letztgenannte Weg wird im Folgenden beschritten.

Dabei wird so verfahren, dass zunächst der vorschulische Bereich knapp skizziert (Kapitel 2.1) und dass daran anschließend das allgemein bildende Schulwesen (Kapitel 2.2) präsentiert werden. An dessen ausführlichere Darstellung schließen sich dann knappere Skizzierungen der nicht akademischen Berufsausbildung, der Hochschulen und der Weiterbildung an (Kapitel 2.3).

2.1 Bildung vor der Schule: Vorschulische Bildung gewinnt an Bedeutung

Die Betreuung, die Erziehung und die Bildung von noch nicht *unterrichtspflichtigen* Kindern, also von Kindern, die das sechste Lebensjahr noch nicht vollendet haben, erfolgt in Deutschland – sofern sie institutionell angeboten wird – für Kinder unter drei Jahren in *Krippen* und für Dreijährige und ältere Kinder in *Kindergärten*. Der Besuch sowohl der Krippen wie auch der – vielfach nur halbtägigen – Kindergärten ist freiwillig und gebührenpflichtig. Im Bereich der Krippen, in dem ein auch nur annähernd *bedarfsdeckendes Angebot* fehlt, wurden 2009 in Deutschland 20% der unter Dreijährigen betreut (Autorengruppe Bildungsberichterstattung 2010: 235). Im Bereich der Kindergärten, in dem die Kommunen durch das Kinder- und Jugendhilfegesetz als Träger der Jugendhilfe seit 1996 verpflichtet sind, ein dem Bedarf entsprechendes Platzangebot zu machen, liegt die *Versorgungsquote* der Kinder im Alter von drei bis unter sechs Jahren bei 93% (Autorengruppe Bildungsberichterstattung 2010: 235).

Die Kindergärten haben – anders als die Krippen – im Verlauf der letzten Jahre neben ihrer Betreuungs- und Erziehungsaufgabe auch einen eigenständigen *Bildungsauftrag* übernommen. Die Jugendministerkonferenz (JMK) – sie und nicht die Schulminister und -ministerinnen sind in der Mehrheit der Bundesländer für die vorschulische Bildung zuständig – formulierte 2004 einen ‚Gemeinsamen Rahmen der Länder für die frühe Bildung in Kindertageseinrichtungen'. Die meisten Bundesländer haben inzwischen curriculare Rahmenpläne für ihre Kindertageseinrichtungen erarbeitet. Sie verabschiedeten sich damit, wenn auch zögerlich und im internationalen Vergleich spät, von der tradierten Kindergartenpädagogik, die „eher darauf gerichtet war, dem Kind einen Schonraum für eine ungestörte Entfaltung seiner Anlagen und Fähigkeiten zu bieten und es vor der ‚Reizüberflutung' durch die Umwelt zu bewahren" (Roßbach 2008: 308).

Die Verstärkung des Bildungsauftrags der Kindergärten hat durch die Debatten im Gefolge der internationalen Leistungsvergleichsstudien Unterstützung und neue Schubkraft gewonnen: zeigte doch die internationale Lesestudie IGLU, dass in allen Vergleichsländern die Leseleistungen der Kinder mit der Dauer der Kindergartenzeit ansteigen. Es besteht, so formulieren es die Autoren der IGLU 2006-Studie, „ein Zusammenhang zwischen der Dauer des Besuchs einer vorschulischen Einrichtung und den Werten im Lesetest" (Bos u.a., 2007a: 138).

Angesichts der verstärkten Wahrnehmung eines Bildungsauftrags durch die Kindergärten gewinnen die Ausdehnung des Anteils *ganztägiger Kindergartenangebote*, der *Abbau der Gebührenpflichtigkeit* des Kindergartenbesuchs zumindest im letzten Kindergartenjahr, die Zusammenarbeit zwischen Kindergärten und Grundschulen sowie die *Qualifizierung des Personals* an Bedeutung. Insbesondere die Tatsache, dass die Ausbildung – anders als in der Mehrheit aller europäischen Länder – nicht in Hochschulen erfolgt, wird vor dem Hintergrund des Bildungsauftrages der Kindergärten zunehmend kritisch gesehen. Forderungen nach dem Abitur als Eingangsvoraussetzung und nach der Ausbildung des Personals in Hochschulen nehmen zu (vgl. dazu: BMFSFJ 2005: 321). Derzeit (2009) ist es noch so, dass mit 72% der größte Teil des in Kindertageseinrichtungen (also in Krippen, Kindergärten und Horten) tätigen Personals über eine Ausbildung mit dem Abschluss als staatlich anerkannte Erzieherin (mehr als 95% des Personals ist weiblich) verfügt. Die übrigen haben eine Qualifikation als Kinderpflegerinnen, sind Praktikantinnen oder haben keine abgeschlossene Ausbildung; etwa 3% besitzen eine Fachhochschul- oder Universitätsausbildung (Autorengruppe Bildungsberichterstattung 2010: 240).

2.2 Das allgemein bildende Schulsystem: Konstanz und Reformen stehen im Widerstreit

Die nun folgende Darstellung des allgemein bildenden Schulsystems untergliedert sich in eine Darstellung seiner Strukturmerkmale, in eine anschließende Simulation des Durchlaufs durch dieses System und schließlich in Ausführungen zu den Bereichen ‚Durchlässigkeit und Entkopplung' von Schulformen und Abschlüssen sowie ‚Aktuelle Reformtendenzen'.

2.2.1 Vielgliedrigkeit im allgemein bildenden Schulsystem

Die *Schulpflicht* setzt in Deutschland mit Vollendung des sechsten Lebensjahres (in einer Reihe von Bundesländern neuerdings auch schon einige Monate früher) ein. Sie umfasst in der Mehrheit der Bundesländer zwölf Jahre: Neun dieser Jahre – in einigen Bundesländern auch zehn – müssen an allgemein bildenden Schulen absolviert werden, die danach noch verbleibenden Jahre als Teilzeitschuljahre im beruflichen Schulwesen. Der Besuch der Teilzeitschule kann durch den Besuch von Vollzeitschulen im allgemein bildenden oder im beruflichen Schulwesen ersetzt werden.

Die schulpflichtigen Kinder beginnen ihre schulische Laufbahn mit dem Eintritt in die für alle Kinder *gemeinsame Grundschule*, die in Berlin und Brandenburg sechs Jahre umfasst, in allen übrigen Bundesländern bisher noch vier. Diese Schule hat den Doppelauftrag, allen Kindern ein Basiswissen in den *grundlegenden Kulturtechniken* zu vermitteln und auf den im Anschluss zu wählenden Bildungsgang vorzubereiten.

Für die Kinder, die aufgrund einer geistigen oder körperlichen Behinderung dem Unterricht in den allgemein bildenden Schulen nicht folgen können, gibt es unterschiedliche *Typen von Förderschulen*. Kinder werden je nach Behinderung entweder unmittelbar an einer der unterschiedlichen Förderschulen angemeldet oder aber, wenn sie dem Unterricht der allgemein bildenden Schule, an dem sie zunächst teilnehmen, nicht gewachsen sind, von diesen Schulen unter Beteiligung der Schulbehörde und der Eltern an eine Förderschule überwiesen. Diese Schulen gibt es für die Förderschwerpunkte Lernen, Sehen, Hören, Sprache, körperliche und motorische Entwicklung, geistige Entwicklung, emotionale und soziale Entwicklung, für Behinderungen, die einzelne Förderschwerpunkte übergreifen, und für Kranke.

In den letzten Jahren werden Kinder und Jugendliche mit sonderpädagogischem Förderbedarf im wachsenden Maße nicht in je spezifischen Förderschulen, sondern *integrativ* gemeinsam mit Kindern ohne besonderen Förderbedarf in den allgemein bildenden Schulen unterrichtet.

Im Anschluss an die Grundschule stehen im Bereich der *Sekundarstufen I* (Klassenstufen 5 bis 10) und II (Klassenstufen 11 bis 13) je nach Bundesland bis zu fünf verschiedene Schulformen nebeneinander bereit: In einigen Ländern (so z.B. in Bayern) finden sich die drei tradierten Schulformen der Hauptschule, der Realschule und des Gymnasiums. In einer Reihe weiterer Länder (so z.B. in Hessen) werden diese drei Schulformen um die Gesamtschule ergänzt. Eine dritte Ländergruppe (darunter alle fünf neuen Bundesländer) bietet neben dem Gymnasium nur noch eine Schulform, die den Hauptschul- und den Realschulbildungsgang verbindet, an. In Rheinland-Pfalz findet sich neben den vier Schulformen Hauptschule, Realschule, Gymnasium sowie Gesamtschule noch eine weitere Schulform, in der der die Bildungsgänge von Haupt- und Realschule verbunden angeboten werden.

In dieser verwirrenden Fülle unterschiedlicher Schulformen des allgemein bildenden Sekundarbereichs findet sich damit über die Ländergrenzen hinweg – sieht man von den Förderschulen ab – mit dem Gymnasium nur eine Schulform, die überall angeboten wird.

Eine knappe Charakterisierung der *Strukturmerkmale der Schulformen* des allgemein bildenden Sekundarbereichs ergibt folgendes Bild:

- Die *Hauptschule* umfasst in der Mehrheit der Bundesländer die Klassenstufen 5 bis 9; in Berlin mit seiner sechsjährigen Grundschule die Klassenstufen 7 bis 10. In Berlin, Bremen und Nordrhein-Westfalen führt die Hauptschule bis zur Klassenstufe 10, in den übrigen Ländern bietet sie die zehnte Klassenstufe als Option an. Die Hauptschule hat, so beschreibt es die KMK, die Aufgabe, ihren Schülerinnen und Schülern eine grundlegende allgemeine Bildung zu vermitteln, sie führt mit dem Hauptschulabschluss zum ersten allgemein bildenden Schulabschluss
- Die *Realschule* reicht von der Klassenstufe 5 (bzw. in Berlin von der Klassenstufe 7) bis 10. Sie bietet ihren Schülerinnen und Schülern eine erweiterte allgemeine Bildung und führt mit dem mittleren Schulabschluss zur Fachoberschulreife.
- Das *Gymnasium* umfasst in der Regel die Klassenstufen 5 (bzw. in den Ländern mit sechsjähriger Grundschule 7) bis 12 oder 13. In einer Reihe von Bundesländern wird das Abitur bereits nach acht gymnasialen Jahrgangsstufen, also am Ende von Jahrgangsstufe 12, vergeben; inzwischen haben die meisten Länder, in denen das Abitur bisher nach dem Durchlaufen von neun Jahrgangsstufen vergeben wurde, die *Umstellung auf acht Schuljahre* vollzogen. In den Klassen der Sekundarstufe I (also in den Klassen 5 bis 10) wird in den Gymnasien wie in den anderen Schulformen auch nach dem Klassenprinzip unterrichtet, die Jahrgangsstufen der Sekundarstufe II (also die

Klassen 11 bis 12 bzw. 13) werden seit der Reform der gymnasialen Oberstufe als Kursstufe organisiert, in der überwiegend in Grund- und Leistungskursen unterrichtet wird. Das Gymnasium vermittelt seinen Schülerinnen und Schülern eine vertiefte allgemeine Bildung und führt zur allgemeinen Hochschulreife.

- Die *Gesamtschule* umfasst in der Regel die Klassenstufen der Sekundarstufen I und II, wobei die Oberstufe sich organisatorisch und curricular nicht von der des Gymnasiums unterscheidet. Sie ist eine ergänzende Schulform innerhalb des gegliederten Systems und vermittelt die Bildungs- und Erziehungsziele der Schulen des gegliederten Schulwesens. An Gesamtschulen sind im Prinzip die Abschlüsse aller Bildungswege des gegliederten Schulsystems erreichbar.
- Die Schularten mit mehreren Bildungsgängen umfassen die Klassenstufen 5 bis 10 (bzw. 7 bis 10) und vermitteln die Schulabschlüsse der Sekundarstufe I.

Neben diesen Angeboten des allgemein bildenden Schulwesens finden sich – von Land zu Land unterschiedlich stark vertreten – *Schulen des Zweiten Bildungsweges*, die als Abend- oder auch Tagesschulen Angebote zum nachträglichen Erwerb von Schulabschlüssen machen.

Die so strukturierten Schulen Deutschlands werden überwiegend als *Halbtagsschulen* angeboten: Im Schuljahr 2008/09 besuchten 24% aller Schülerinnen und Schüler der Primar- und Sekundarstufe I *Ganztagsschulen.* An den Gesamtschulen lag der Ganztagsanteil bei etwa 77%, an den Förderschulen bei etwa 42%, an den Hauptschulen bei 27% und bei Realschulen, Gymnasien und Grundschulen schwankt er zwischen 12 und 20% (Autorengruppe Bildungsberichterstattung 2010: 257). Dieser – im internationalen Vergleich – geringe Ausbaugrad ganztägiger Angebote ist in den letzten Jahren immer stärker Gegenstand der Kritik geworden, einer Kritik, die dazu beigetragen hat, dass neuerdings alle Bundesländer – finanziell darin vom Bund unterstützt – den Ausbau ihrer Ganztagsschulplätze betreiben.

Die Schulen Deutschlands sind überwiegend Schulen *in öffentlicher Trägerschaft*: Lediglich 9% aller Schülerinnen und Schüler der allgemein bildenden Schulen besuchten 2008 *privat getragene* Schulen. Der Anteil der Privatschulplätze ist im Bereich der Förderschulen mit etwa 19% am höchsten, gefolgt von Gymnasien (15%) und Realschulen (12%); im Bereich der Grundschulen liegt der Anteil der Schülerinnen und Schüler in privaten Einrichtungen bei nur 4% (Autorengruppe Bildungsberichterstattung 2010: 250).

2.2.2 Durchgang durch den Schulparcours von der Einschulung bis zum Schulabschluss

Im Anschluss an die Übersicht über die Struktur des deutschen allgemein bildenden Schulwesens, die im vorangegangenen Abschnitt gegeben wurde, soll nun versucht werden, den Weg nachzuzeichnen, den Schülerinnen und Schüler durch dieses System nehmen: von der Einschulung bis hin zu den unterschiedlichen Abschlüssen.

Einschulung: Kinder werden früher eingeschult

Dieser Weg beginnt – mit oder ohne vorangegangenen Kindergartenbesuch – in Deutschland für Kinder normalerweise (neuerdings gibt es hier in einzelnen Bundesländern davon abweichende Regelungen, die auf ein Vorziehen des Schulbeginns abzielen) mit dem sechsten Lebensjahr, von dem an die Kinder der *Schulpflicht* unterliegen. Eltern werden aufgefordert, ihre Kinder, sofern sie bis zum 30. Juni eines Jahres sechs Jahre alt geworden sind, mit Beginn des dann folgenden Schuljahres in einer Grundschule anzumelden. Diese Kopplung des Zeitpunktes der Einschulung an ein bestimmtes Lebensalter erfolgt, obwohl Kinder bei gleichem Lebensalter Entwicklungsunterschiede von mehreren Jahren aufweisen können. Um dem gerecht zu werden, existieren in allen Bundesländern Sonderregelungen zur *vorzeitigen Einschulung* wie auch zur *Zurückstellung*.

Tatsächlich wird auch von der Möglichkeit der *flexiblen Einschulung* Gebrauch gemacht: Die Quote derer, die vom Schulbesuch für zumeist ein Jahr – in Ausnahmefällen auch zwei Jahre – zurückgestellt werden, lag im Schuljahr 2008/09 bei etwa 6% – allerdings mit bemerkenswerten Schwankungen von Bundesland zu Bundesland. So wie es Zurückstellungen gibt, finden sich auch vorzeitige Einschulungen: Im Schuljahr 2008/09 wurden etwa 5% aller Kinder vorzeitig eingeschult. Auch hier finden sich starke Länderunterschiede (Autorengruppe Bildungsberichterstattung 2010: 244).

Zu den *Auswirkungen des Zurückstellens* auf den weiteren Schulerfolg liefert eine ältere Untersuchung von Kemmler, die sich auf Schülerinnen und Schüler bezieht, die zwischen 1960 bis 1964 die Grundschule besucht haben, einen ersten Hinweis (1975). Demnach erweisen sich sowohl vom Schulbesuch Zurückgestellte als auch Klassenwiederholer als im Verlauf der Grundschulzeit leistungsschwache Schülerinnen und Schüler. Dieser Befund aus den siebziger Jahren ist durchaus nicht überholt: Die Essener Schullaufbahnstudie (Bellenberg 1999) sowie auch die Untersuchung zur Lernausgangslage aller Hamburger Fünftklässler (Lehmann/Peek 1997) kommen übereinstimmend zu dem Befund, dass eine Zurückstellung vom Schulbesuch zwar eher zu einem unterdurchschnittlichen Vorkommen von *Klassenwiederholungen* führt, dass zugleich aber die zurückgestellten Kindern dauerhaft eine eher leistungsschwächere Gruppe darstellen. Lehmann/Peek belegen anhand von Leistungstests zu Beginn der fünften Klasse dies ebenso wie Bellenberg, die in ihrer Untersuchung zeigt, dass die Gruppe der vom Schulbesuch zurückgestellten Schülerinnen und Schüler eher einen *niedrig qualifizierenden Schulabschluss* erreicht und häufig die Sekundarstufe I im unteren Spektrum der Schulformen abschließt. Im Vergleich zu Schülerinnen und Schülern, die nach einer normalen Einschulung in der Grundschule eine Jahrgangsklasse wiederholen müssen, entwickeln vom Schulbesuch zurückgestellte Kinder allerdings ein günstigeres Leistungsbild (Lehmann/Peek 1997). Die Autoren resümieren: „So hat es den Anschein, dass die Entscheidung für eine Zurückstellung sachgerecht sein kann, wenn sie an die Stelle späterer Klassenwiederholungen tritt" (78).

Auch über den *Bildungsweg der vorzeitig eingeschulten Kinder*, von denen zunächst einmal eine eher überdurchschnittliche Leistungsfähigkeit erwartet wird, bietet die empirische Schulforschung gesicherte Informationen: Diese Schülerinnen und Schüler haben – eher erwartungswidrig – gegenüber ihren fristgemäß eingeschulten Klassenkameraden eine erhöhte Wahrscheinlichkeit, innerhalb der Grundschule und auch noch in der Sekundarstufe I eine Jahrgangsklasse wiederholen zu müssen. In der Essener Schullaufbahnstudie sind von den vorzeitig Eingeschulten bis zum Ende der zehnten Klasse 28% gegenüber 18% bei den fristgemäß eingeschulten sitzen geblieben (Bellenberg/Klemm 1998: 584); in der Hamburger Untersuchung sind von den vorzeitig Eingeschulten innerhalb der Grundschulzeit 13% einmal und weitere 2% zweimal sitzen geblieben, von den regulär eingeschulten hingegen 7% bzw. 0,2% (Lehmann/Peek 1997: 76). Gleichzeitig wird deutlich, dass die Wahrscheinlichkeit der Klassenwiederholung innerhalb dieser Gruppe steigt, je jünger die Kinder sind.

Die Gruppe der vor Erreichen des sechsten Geburtstages eingeschulten Schülerinnen und Schüler wächst derzeit an, da eine Reihe von Bundesländern inzwischen dazu übergegangen ist, den Stichtag für den Beginn der Unterrichtspflicht vorzuverlegen.

Überweisungen in Förderschulen: Schüler und Schülerinnen mit sonderpädagogischem Förderbedarf besuchen überwiegend eigene Schulen

Nicht alle Kinder beginnen ihre Schullaufbahn in den Grundschulen. Wenn bereits zum Zeitpunkt der beginnenden Unterrichtspflicht ein *sonderpädagogischer Förderbedarf* festgestellt wird, können Kinder unmittelbar in Förderschulen aufgenommen werden. Darüber hinaus werden Schülerinnen und Schüler im Verlauf ihrer Schullaufbahn aus den allgemein bildenden Schulen in die Förderschulen überwiesen. Im Schuljahr 2008/09 werden in Deutschland etwa 2% aller Einschulungen unmittelbar in Förderschulen vorgenommen.

Die danach noch erfolgenden Überweisungen führen dazu, dass knapp 5% aller Schülerinnen und Schüler der Klassen eins bis zehn in Förderschulen unterrichtet werden – etwa die Hälfte davon in Schulen mit dem Förderschwerpunkt ‚Lernen'. In den letzten Jahren verbleibt – mit deutlichen Unterschieden zwischen den Bundesländern – ein wachsender Anteil der Schülerinnen und Schüler mit sonderpädagogischem Förderbedarf in den allgemein bildenden Schulen und wird dort *integriert* betreut. Im Bundesdurchschnitt sind dies etwa 1% aller Schülerinnen und Schüler der Jahrgangsstufen eins bis zehn, so dass in Deutschlands Schulen insgesamt etwa 6% aller Kinder und Jugendlichen dieser Jahrgangsstufe sonderpädagogisch gefördert werden (vgl. zu den hier genannten Daten KMK 2010b).

Aus der Grundschule in weiterführende Schulen: Wenig leistungsbezogen und sozial ungerecht

Für alle Kinder, die in der Grundschule bis zum Ende der Klasse vier (bzw. in den Ländern mit sechsjähriger Grundschule bis zum Ende der sechsten Klasse) lernen, steht mit dem Wechsel in eine der weiterführenden Schulen eine wichtige *Schullaufbahnentscheidung* an. Bei dieser Entscheidung sind die Eltern je nach Bundesland unterschiedlich unabhängig vom Votum der abgebenden Grundschule. In einem Teil der Bundesländer gibt die Grundschule eine *Schullaufbahnempfehlung* ab, die für die Eltern einen Empfehlungscharakter hat, die diese aber nicht bindet. In einem weiteren Teil der Bundesländer beschränkt sich die Grundschule auf eine reine Beratung, in einer dritten Bundesländergruppe schließlich ist das auf Schulleistungen gestützte Votum der Grundschule nahezu bindend und nur durch die erfolgreiche Teilnahme an einem Probeunterricht oder an einer Aufnahmeprüfung seitens der aufnehmenden Schule ‚überwindbar'.

Empirische Analysen, die zuletzt im Kontext der jüngeren Leistungsstudien durchgeführt wurden, belegen durchgängig, dass der Übergang von der Grundschule in die weiterführenden Schulen und dass insbesondere die Empfehlungen der Grundschulen durchaus nicht ausschließlich oder wenigstens überwiegend von dem Leistungsvermögen der begutachteten Kinder bestimmt werden. Die IGLU-Studien, in denen der Zusammenhang zwischen der durch Tests gemessenen Lesekompetenz mit den Übergangsempfehlungen der abgebenden Grundschule untersucht wurde, weisen sehr weitgehende *Überlappungen* auf:

Schüler und Schülerinnen mit vergleichbarer Lesekompetenz erhielten Empfehlungen zur Hauptschule, zur Realschule oder zum Gymnasium (Bos u.a. 2007a: 279). Das Verfehlen eines den schulischen Leistungen angemessenen Übergangs aus der Grundschule in die unterschiedlich anspruchsvollen Schulformen der Sekundarstufe I hinterlässt seine Spuren bis zum Ende der Sekundarstufe I in allen weiterführenden Schulformen. In der TIMS-Mittelstufenstudie, in der die Leistungen in Mathematik und Naturwissenschaften der Achtklässler international verglichen wurden, heißt es bereits: Gut 40% der Realschüler erreichen den Kernbereich gymnasialer Mathematikleistungen und 25% liegen sogar in der oberen Leistungshälfte der Gymnasien (Baumert u.a. 1997: 133). Ähnliche Leistungsüberlappungen berichten die PISA-Studien der Jahre 2000, 2003 und 2006 ebenso wie die unterschiedlichen Leistungsstudien, die die einzelnen Bundesländer in den letzten Jahren durchgeführt haben.

Mit dem wenig den Schulleistungen der Kinder angemessenen Übergang aus der Grundschule in die Bildungswege der Sekundarstufe I geht eine immer noch stark ausgeprägte *soziale Auslese* einher. Die IGLU-Studien ebenso wie zahlreiche andere Untersuchungen zeigen, dass Kinder aus sozial schwächeren Familien für den Erhalt einer Gymnasialempfehlung deutlich bessere Leistungen erbringen müssen als Kinder aus sozial starken, *‚bildungsnahen'* Elternhäusern (Bos u.a. 2007a: 286).

Dies führt dann – im Verein mit anderen Kräften, wie z.B. den Schwellenängsten vor den Toren der höheren Schulen in *‚bildungsferneren'* Schichten – dazu, dass Schulen nicht nur nicht leistungsgerecht auslesen, sondern dass sie bei dieser Auslese schichtspezifisch begünstigen bzw. benachteiligen. So verwundert es auch nicht, dass sich bereits im ersten deutschen PISA-Bericht der unmissverständliche Satz findet: „Ein unerwünschter Nebeneffekt der frühen Verteilung auf institutionell getrennte Bildungsgänge ist die soziale Segregation von Schülerinnen und Schülern" (Baumert u.a. 2001: 458).

Das *Ergebnis der Aufteilung* der Jugendlichen auf die unterschiedlichen Bildungsgänge spiegelt sich in den Verteilungsquoten der Achtklässler: Im Bundesdurchschnitt besuchten 2008/09 von allen Schülerinnen und Schülern der achten Klassen 34% Gymnasien, 26% Realschulen, 19% Hauptschulen, 9% Gesamtschulen (darunter 0,8% Waldorfschulen), 6% Schulen mit mehreren (also mit Hauptschul- und Realschul-)Bildungsgängen und 5% Förderschulen (KMK 2010a: 55).

Klassenwiederholungen: Nach wie vor weit verbreitet

Die Verankerung der *Jahrgangsklasse* als gängiges Differenzierungsprinzip der Schule hat dazu geführt, dass Schülerinnen und Schüler, deren Lernleistungen am Ende eines Schuljahres mit ihren Leistungen dem definierten Klassenziel nicht entsprechen, eine Jahrgangsklasse wiederholen müssen, soweit sie nicht den Bildungsgang wechseln. Diese *Nichtversetzung* geht von der Annahme aus, dass mit der längeren Lernzeit, die dem Wiederholer zur Verfügung gestellt wird, eine Förderung verbunden ist, die dem Schüler bzw. der Schülerin beim Verbleib in der Jahrgangsklasse nicht zuteil werden würde.

Klassenwiederholungen sind im Schulsystem weit verbreitet, sie finden sich in allen Schulformen und in allen Schulstufen. Insgesamt wiederholten im Schuljahr 2008/09 2,2% aller Schülerinnen und Schüler allgemein bildender Schulen eine Klasse. Die Primarstufe ist die Schulstufe, in der Klassenwiederholungen insgesamt die geringste Bedeutung haben: Dort wiederholten lediglich 0,6% der Kinder eine Klasse. Im Bereich der Sekundarstufe I betrug die entsprechende Quote 3,1%, in der Sekundarstufe II 2,6% (Autorengruppe Bildungsberichterstattung 2010: 248).

Diese Quoten der Klassenwiederholungen zeigen noch nicht die kumulativen Effekte dieser Maßnahme. Schließlich wird daraus nicht ersichtlich, wie viele Schülerinnen und Schüler im Verlauf ihrer Schullaufbahn – also von der Einschulung bis zum Schulabschluss – Klassenwiederholungen durchlaufen haben. Da die offizielle Schulstatistik dazu keine Angaben macht, muss zur Abschätzung der Größenordnung der kumulativen Wirkung des Sitzenbleibens auf die Ergebnisse der Auswertung der PISA 2003-Studie zurückgegriffen werden:

> Von den Fünfzehnjährigen, die in dieser PISA-Studie untersucht wurden, haben je nach Bundesland zwischen 15% (in Brandenburg) und 43% in Schleswig-Holstein mindestens einmal eine Klasse wiederholt (Prenzel u.a. 2005: 169 ff.).

Durchlässigkeit: Viel Abstiegs- und wenig Aufstiegsmobilität

Eng verbunden mit dem deutschen Schulsystem eigenen Zwang, im Anschluss an die Grundschulzeit zwischen unterschiedlich anspruchsvollen Bildungswegen entscheiden zu müssen, ist die Korrekturmöglichkeit einer im Verlauf des Bildungswegs als unangemessen wahrgenommenen Entscheidung. Schülerinnen und Schüler können im Verlauf ihrer Schullaufbahn zwischen den Schulformen der Sekundarstufe I wechseln – und zwar aus anspruchsärmeren in anspruchsvollere Schulformen und von anspruchsvolleren in anspruchsärmere Formen. Diese Möglichkeit, die das gegliederte Schulsystem unter der Überschrift *‚Durchlässigkeit‘* bietet, dient der *Korrektur von Bildungsgangentscheidungen*, die sich als ‚falsch‘ herausgestellt haben. Von ihr wird in einem beachtlichen Umfang Gebrauch gemacht. Deutschlandweit wechselten im Schuljahr 2006/07 etwas mehr als 50.000 Schülerinnen und Schüler der Klassen sieben bis neun zwischen Gymnasien, Realschulen und Hauptschulen: Knapp 20% wechselten aus einem anspruchsärmeren in einen anspruchsreicheren Bildungsgang, gut 80% gingen den umgekehrten Weg (z.B. aus einer Real- in eine Hauptschule). Dies zeigt:

In Deutschland sind etwas weniger als ein Fünftel der Auf- und Abstiege im gegliederten System Aufstiege, mehr als vier Fünftel aber Abstiege (vgl. zu diesen Daten Autorengruppe Bildungsberichterstattung 2008: 255).

Abschlüsse: Starke regionale Unterschiede

Der Weg durch den Parcours des allgemein bildenden Schulsystems zielt auf Schulabschlüsse, die – zumal im deutschen Berechtigungssystem – die Eintrittskarten in anschließende Bildung und Ausbildung darstellen. Die Betrachtung der durch die Heranwachsenden erreichten Abschlüsse zeigt, dass das angestrebte Ziel unterschiedlich gut erreicht wird. Das Spektrum vom Verfehlen des Hauptschulabschlusses bis hin zum Erreichen der Allgemeinen Hochschulreife ist breit gespreizt: Im Jahr 2008 verließen 7,5% des entsprechenden Altersjahrgangs die Schulen ohne einen, 28,5% mit einem *Hauptschulabschluss*; 51% der Altersgruppe, die im entsprechenden Alter ist, erreichte den *mittleren Bildungsabschluss*, 14% die *Fachhochschulreife* und 32% der entsprechenden Altersgruppe die *Allgemeine Hochschulreife* (vgl. Autorengruppe Bildungsberichterstattung 2010: 89). Da bei der Berechnung der Quoten Absolventen mit den unterschiedlichen Abschlüssen nicht auf einen gemeinsamen, sondern auf die unterschiedlichen jeweils typischen Altersjahrgänge bezogen werden, ergibt die Summe der Quoten niemals 100%.

Bei einer genaueren Betrachtung der *länderspezifischen Ausprägung* von Abschlussverteilungen fallen beachtliche Unterschiede auf: So findet sich 2008 bei den Absolventen ohne Hauptschulabschluss eine Spannweite von 5,6% in Baden-Württemberg bis hin zu 16,8% in Mecklenburg-Vorpommern (Autorengruppe Bildungsberichterstattung 2010: 269). Auch bei den anderen Schulabschlüssen sind die regionalen Spreizungen bemerkenswert: So reichen die Werte bei der Fachhochschulreife von 5% in Mecklenburg-Vorpommern bis hin zu 25% im Saarland, bei der allgemeinen Hochschulreife liegt der niedrigste Wert in Bayern bei 24% und der höchste bei den Flächenstaaten in Baden-Württemberg bei 35%, im Stadtstaat Berlin sogar bei 37% (vgl. KMK 2010: 365 f.).

Korrektur ‚falscher' Laufbahnentscheidungen: Durchlässigkeit und Entkopplung

Der im vorangehenden Abschnitt skizzierte Durchgang durch das deutsche Schulsystem mit seiner Vielfalt von Verzweigungen von der Einschulung über den Übergang in das gegliederte Sekundarschulwesen und die Überweisung in die Sonder- bzw. Förderschulen sowie den Ab- und Aufstiegen zwischen den Sekundarschulen als Folge von oder zur Vermeidung von Klassenwiederholungen hat deutlich gemacht: Dieser Weg birgt ein hohes Risiko, auf Irrwege und damit auch in Sackgassen zu geraten. Das Angebot, das Einschlagen ‚falscher' Wege mit dem Instrument der ‚Durchlässigkeit' des Schulsystems zu korrigieren, hält kaum das, was es verspricht. Die Analyse der Durchlässigkeitsdaten hat gezeigt, dass die Korrektur eingeschlagener Schulwege überwiegend von den anspruchsvolleren in Richtung zu den weniger anspruchsvollen Bildungswegen erfolgt, kaum aber in die umgekehrte Richtung.

Angesichts dieses Befundes wird in letzter Zeit vermehrt darauf verwiesen, dass die partielle Undurchlässigkeit des gegliederten deutschen Schulsystems gleichwohl die Heranwachsenden nicht in Sackgassen zwänge, da es zu einer *‚Entkopplung'* von Schulformen und Schulabschlüssen gekommen sei. So heißt es etwa in den Empfehlungen der Bildungskommission der Länder Berlin und Brandenburg: „Die Entkopplung von Schulform und Schulabschluss erhöht die Vielfalt der Bildungsgänge, die formal zu denselben Zielen führen. Dies ist ein wünschenswerter Prozess, da individuelle Entwicklungschancen durch die Erweiterung des Angebotsspektrums und die Öffnung des Abschlusssystems verbessert werden" (Bildungskommission der Länder Berlin und Brandenburg 2003: 194).

In allen Schulformen der Sekundarstufe I sind, darauf wird verwiesen, mittlere Schulabschlüsse erreichbar, so dass auch alle Schulformen dieser Schulstufe die Option zum Erlangen der Fachhochschulreife und auch der Allgemeinen Hochschulreife böten – sei es im allgemein bildenden Schulwesen oder sei es in den beruflichen Schulen. Da dies so sei, so wird vorgebracht, verlöre die Aufteilung der Grundschulabsolventen auf die Schulformen der weiterführenden Schulen ihren den weiteren Lebensweg der Betroffenen bestimmenden Charakter.

2.2.3 Exkurs: Von den Wirkungen der Entkopplung

In der Tat gilt: Die Zuordnung von Schulformen zu Schulabschlüssen hat sich gelöst. Diese Entkopplung zeigt sich zum einen darin, dass Schulabschlüsse, die traditionell in allgemein bildenden Schulen erworben werden, im wachsenden Maße in beruflichen Schulen erlangt werden können. Im Jahr 2008 wurden 14% aller Hauptschulabschlüsse, 20% aller mittleren Abschlüsse, 14% aller allgemeinen Hochschulberechtigungen und 89% aller Zugangsberechtigungen zu Fachhochschulen im beruflichen Schulsystem erworben (eigene Berechnungen nach KMK 2010: 59). Auch innerhalb des allgemein bildenden Schulsystems ist die einst klare Zuordnung von Schulabschlüssen zu Schulformen auf dem Rückzug: So erwarben 2008 von den Absolventen mit mittlerem Abschluss, die diesen Abschluss im allgemein bildenden System erhalten haben, nur noch 57% diesen Abschluss an Realschulen, die übrigen Abschlüsse werden in Hauptschulen, Gesamtschulen, Schulen mit mehreren Bildungsgängen und Gymnasien erworben. Auch die allgemeine Hochschulreife, soweit sie an allgemein bildenden Schulen erworben wurde, wurde nur zu 89% an Gymnasien erlangt (eigene Berechnungen nach BMBF 2010 – Webseiten, Tabelle 2.4.6).

Die Durchmusterung der hier angeführten Indikatoren zeigt deutlich: Das deutsche Schulsystem verändert durch eine weitere Systemausdifferenzierung in einigen Bundesländern ebenso wie durch das Zusammenführen von Teilsystemen in anderen Ländern seine strukturelle Gestalt. Der *Prozess der strukturellen Zerfaserung des Systems* ist dabei unverkennbar. Obwohl dieses System den Anspruch der Sortierung von Schülerinnen und Schülern nach vermuteter Leistungsstärke in je besonderen Schulformen keinesfalls aufgegeben hat, überlappen sich die Leistungsfähigkeiten der Schüler und Schülerinnen unterschiedlicher Schulformen in einem Ausmaß, das erst durch die großen Leistungsstudien der letzten Jahre deutlich geworden ist. Der Prozess der *leistungsmäßigen Entgrenzung* der einzelnen Schulformen des Gesamtsystems ist unübersehbar. Verbunden damit ist – was die Vergabe von Schulabschlüssen angeht – eine *Entmonopolisierung der einzelnen Schulformen.* Der Prozess der Entkopplung von Schulformen und Schulabschlüssen ist daher mehr als deutlich

Angesichts dessen stellt sich die Frage danach, welche Bedeutung die strukturelle Verfasstheit des Systems noch hat. Wenn die hier skizzierte Entwicklung richtig gesehen und wenn sie sich – wie zu erwarten ist – auf dem eingeschlagenen Weg fortsetzen wird, wenn sich das tradierte Schulsystem zwar nicht auf dem Wege der Zusammenführung der Schulformen, wohl aber auf dem der fortschreitenden Zerfaserung in Auflösung befindet, dann könnte unter die tradierte und fest gefahrene Strukturdebatte endlich ein Schlussstrich gezogen werden.

Diese Schlussfolgerung ist allerdings übereilt. Denn: Trotz all der hier vorgestellten Entwicklungen lebt in den Schulformen des gegliederten deutschen Sekundarschulwesens mit ihren *differenziellen Entwicklungsmilieus* ein zentrales Element der deutschen Schulstruktur fort. Die einzelnen Schulformen, die in sich trotz all der Überlappungen leistungshomogener als die Schulen nahezu aller anderen Länder sind, zeichnen sich durch Milieus aus, die den Schülern und Schülerinnen systemspezifisch unterschiedliche Entwicklungsmöglichkeiten bieten. Diese differenziellen Milieus wirken sich doppelt aus: beim Aufbau von Aspirationen (eine zielgerichtete Hoffnung oder eine Bestrebung) hinsichtlich der Bildungsabschlüsse sowie bei der Leistungsentwicklung.

Schülerinnen und Schüler werden, ebenso wie ihre Eltern, bei der Herausbildung von Bildungsabschlusserwartungen nicht nur von ihren erworbenen und in schulischen Leistungsfeststellungen belegten Kompetenzen, sondern ebenfalls stark von der Schulform, in der sie lernen und leben, geprägt. Im Rahmen einer Auswertung des deutschen PISA-Materials wurde diesem Zusammenhang nachgegangen (vgl. zu den folgenden Ausführungen: Klemm 2004).

Da in der PISA 2000-Studie die Schülerinnen und Schüler ebenso wie deren Eltern nach ihren Bildungsabschlusswünschen bzw. nach den Abschlusswünschen für die Kinder gefragt wurden, boten die dabei gewonnenen Daten die Möglichkeit der Betrachtung des Zusammenhangs von Abschlusswünschen, kognitiven Kompetenzen und der jeweiligen Schulformzugehörigkeit. Um diesen Zusammenhang zu analysieren, wurde die in Mathematik leistungsstärkste Gruppe der Hauptschüler mit gleich leistungsstarken Schülern aus Realschulen und Gymnasien verglichen. Ziel dieses Vergleichs war es, den Zusammenhang zwischen Abschlusswünschen von leistungsmäßig vergleichbaren Schülergruppen unterschiedlicher Schulformen zu untersuchen. Dabei zeigte sich: 34% der Hauptschüler, 38% der Realschüler und 8% der Gymnasiasten streben in dieser Leistungsgruppe einen Abschluss im Rahmen der Dualen Berufsausbildung (‚Lehre') an. Umgekehrt zielen in dieser Leistungsgruppe 5% der Hauptschüler, 8% der Realschüler und 38% (!) der Gymnasiasten auf einen universitären Bildungsabschluss. Die Milieus der einzelnen Schulformen, dies wird deutlich, wirken sich bei der Herausbildung von *Abschlussaspirationen* differenziell aus.

Differenzielle Auswirkung der Schulmilieus, wie sie zumindest für die Schulformen der Sekundarstufe I beobachtet werden können, sind nicht nur für den Aufbau von Abschlussaspirationen bedeutsam, sondern auch – darauf wurde schon in der ersten PISA-Publikation (Baumert u.a. 2001) hingewiesen – für die Entwicklung kognitiver Kompetenzen. Vergleicht man Schülerinnen und Schüler gleicher sozialer Herkunft und ausgestattet mit gleichen kognitiven Grundkompetenzen, so findet man Unterschiede bei der Entwicklung ihrer Kompetenzen in Abhängigkeit von der besuchten Schulform: Jugendliche im Gymnasium übertreffen Jugendliche in den Hauptschulen, die über einen identischen sozioökonomischen Status und gleiche kognitive Grundfähigkeiten verfügen, in ihrer Mathematikkompetenz um 49 Testpunkte. Dieser Unterschied ist größer als die Differenz von 46 Testpunkten, die zwischen dem Durchschnitt aller deutschen und dem aller finnischen Schülerinnen und Schüler liegt (vgl. Baumert u.a. 2001: 174).

Den hier deutlich werdenden Wirkungen der differenziellen Lernmilieus unterschiedlicher Schulformen sind Baumert u.a. weiter nachgegangen. Auf der Grundlage der BIJU-Daten (BIJU: ‚Bildungsverläufe und psychosoziale Entwicklung im Jugend- und jungen Erwachsenenalter') zeigen sie, dass sich die Mathematikleistungen vom Beginn der siebten bis zum Ende der 10. Klasse unter Kontrolle der Mathematikleistungen, der *kognitiven Grundfähigkeiten* und der *Sozialschichtzugehörigkeit* zu Beginn der siebten Klasse in Abhängigkeit von der besuchten Schulform entwickeln. Sie fassen ihre Untersuchung so zusammen: „Diese Befunde weisen darauf hin, dass die in PISA nachgewiesene, im internationalen Vergleich ungewöhnlich große Leistungsstreuung am Ende der Vollzeitschulpflicht zu einem nicht unerheblichen Teil in der Sekundarstufe I institutionell erzeugt oder zumindest verstärkt wird." (Baumert u.a. 2003: 288). Es sind nicht zuletzt diese differenziellen Lernmilieus und ihre Effekte, die – wie bereits dargestellt – die *Aufstiegsdurchlässigkeiten* im gegliederten Schulsystem so deutlich begrenzen. Wenn ein eigentlich ‚gymnasiales' Kind – was immer das sein mag – in der Hauptschule ‚landet', wird es dort bei der Entfaltung seiner Potenziale so ausgebremst, dass es den Anschluss an gymnasiale Klassen nur noch schwer findet. Mit jedem Tag, den es länger in dem seine *Potenzialentfaltung ausbremsenden Lernmilieu* lernt, vergrößert sich sein Rückstand zu den Kindern und Jugendlichen, die in Realschulen oder Gymnasien lernen können.

Zusammenfassend kann festgestellt werden, dass in der zerfaserten und entgrenzten Schulformenlandschaft die historisch verwurzelten und über die Jahrzehnte und Jahrhunderte weiter gegebenen charakteristischen Unterschiede zwischen ‚niederer' und ‚höherer' Bildung fortleben: ‚Niedere' Schulbildung begrenzt Entwicklungsmöglichkeiten und orientiert auf kognitiv weniger anspruchsvolle Bildungs- und Berufsabschlüsse.

Das Scheitern der Bemühungen der späten sechziger und frühen siebziger Jahre des 20. Jahrhunderts, das gegliederte Schulwesen durch ein integriertes, vom gemeinsamen Lernen aller Kinder und Jugendlichen geprägtes Schulsystem zu ersetzen, ebenso wie die Verkümmerung des Durchlässigkeitskonzepts zur überwiegend von Abstiegbewegungen geprägter Durchlässigkeit zwischen den Schulformen und auch das Auskühlen von Bildungserwartungen würde in dem Maße weniger schwerwiegend sein, in dem die Entkopplung von Schulform und Bildungsabschluss gelänge.

Die Tragweite dieses Arguments steht und fällt mit der Beantwortung der Frage, ob hinter *formal gleichen Bildungsabschlüssen* unterschiedlicher Schulformen tatsächlich vergleichbare Leistungen stehen, ob also – um ein Beispiel zu geben – der mittlere Bildungsabschluss einer Hauptschule dem einer Realschule oder dem eines Gymnasiums hinsichtlich der Schülerleistungen, für die er vergeben wird, gleichwertig ist. Für die Beantwortung dieser Frage kann nicht auf einschlägige Studien zurückgegriffen werden, wohl aber können Befunde einzelner Leistungsstudien, die gleichsam als ‚Abfallprodukt' Hinweise für die Beantwortung dieser Frage liefern, zusammen getragen und interpretiert werden. Solche Hinweise finden sich in den Analysen der Ergebnisse der Tests für medizinische Studiengänge (TMS – 1997), in der Untersuchung zu ‚Bildungsverläufe und psychosoziale Entwicklung im Jugend- und jungen Erwachsenenalter' (BIJU 1999), in der TIMS-Studie zu mathematisch-naturwissenschaftlicher Grundbildung beim Übergang von der Schule in den Beruf (TIMSS III 2000) sowie in der Untersuchung zu ‚Wegen der Hochschulreife' in unterschiedlichen Gymnasialtypen Baden-Württembergs (2004).

Die erste der hier herangezogenen Quellen, der Mediziner-Test, spricht eine eindeutige Sprache und steht zugleich exemplarisch für die Tendenz, die sich in den herangezogenen Studien insgesamt abzeichnet. Bezogen auf das Testjahr 1997 berichtet Blum (1997), dass Absolventen von Abendgymnasien, Gesamtschulen und Fachgymnasien bei gleicher Abiturdurchschnittsnote beim Medizinertest signifikant schwächer als die Absolventen der ‚normalen' Gymnasien waren.

Einen vergleichbar bedeutsamen Unterschied der erreichten Kompetenzen der Schülerinnen und Schüler belegt die BIJU-Studie (Köller u.a. 1999). Im Rahmen der Auswertungen dieser materialreichen Untersuchung wurden die mathematischen Leistungen in den Grund- und Leistungskursen von Gymnasien und Gesamtschulen aus Nordrhein-Westfalen verglichen. Die Befunde sprachen eine deutliche Sprache: In den Grund- wie auch in den Leistungskursen unterschieden sich die Testleistungen der Gesamtschüler und -schülerinnen bemerkenswert. Die Schülerinnen und Schüler der Leistungskurse an Gesamtschulen erreichten im Durchschnitt nicht das Leistungsniveau ihrer Altersgenossen der gymnasialen Grundkurse.

Die Unterschiede der kognitiven Leistungen von Lernenden, die auf verschiedenen Wegen in den einzelnen Schulformen auf gleiche Abschlüsse zusteuern bzw. bereits gleiche Abschlüsse erlangt haben, finden sich auch in den Auswertungen der TIMS-Oberstufen-Studie. In dieser auf das Ende der Pflichtschulzeit bezogenen Analyse mathematisch-naturwissenschaftlicher Kompetenzen wurde der Frage nachgegangen, ob sich Schülerinnen und Schüler mit gleichwertigen Abschlusszertifikaten hinsichtlich ihres erreichten Grundbildungsniveaus systematisch nach den den Abschluss vergebenden Institutionen des allgemein bildenden Systems unterscheiden.

Einschränkend muss der Analyse dieser Ergebnisse der Hinweis vorangestellt werden, dass sich die Untersuchungsteilnehmer zum Testzeitpunkt am Ende der Schulzeit der Sekundarstufe II befanden und somit das allgemein bildende System der Schulen der Sekundarstufe I zwei bis drei Jahre zuvor verlassen hatten. Daher bleibt offen, inwieweit die berichteten Befunde durch Bildungsprozesse während der Schulzeit in der Sekundarstufe II erhöht oder reduziert wurden. Wenn es darum geht, Aussagen zur Vergleichbarkeit formal gleicher Schulabschlüsse aus unterschiedlichen Schulformen zu vergleichen, können die im folgenden referierten TIMSS-Befunde daher nur unter Vorbehalt herangezogen werden. Gleichwohl werden sie hier berichtet – nicht zuletzt auch deshalb, weil sie sich mit ihrer Grundaussage in das Bild, das die anderen hier analysierten Studien vermitteln, einfügen.

Sie zeigen: Den in unterschiedlichen Schulformen vergebenen Abschlüssen stehen, bei einer Betrachtung der durchschnittlich erreichten Kompetenzen, erheblich variierende Grundbildungsleistungen gegenüber. Baumert u.a. beschreiben dies so: „Am leichtesten – wenn man dies nur unter Bezugnahme auf Mathematik und Naturwissenschaften sagen darf – erwirbt man die Abschlüsse an Gesamtschulen, am strengsten geht das Gymnasium mit seinen Frühabgängern um…“ (Watermann/Baumert 2000: 206).

Eine neuere Studie, die Informationen zum Leistungsniveau vergleichbarer Bildungsgänge in Abhängigkeit von Schulformen bietet, ist die für das Land Baden-Württemberg vorgelegte Untersuchung zu den Schülerleistungen in den unterschiedlichen zur allgemeinen Hochschulreife führenden Gymnasialtypen Baden-Württembergs (Köller u.a. 2004). Diese Studie, die Mathematik- und Englischleistungen in den allgemeinen Gymnasien Baden-Württembergs sowie in den unterschiedlichen fachlichen Zweigen der dortigen beruflichen Gymnasien misst und vergleichend betrachtet, wiederholt den BIJU-Befund. In Mathematik unterscheiden sich die Leistungen, die im Durchschnitt aller Schüler aus Grund- und Leistungskursen der tradierten Gymnasien erzielt werden, von denen, die an den beruflichen Gymnasien erreicht werden, deutlich. Dieses Bild ergibt sich auch bei einer vergleichenden Betrachtung der Englischleistungen. Die Englischleistungen der Schülerinnen und Schüler der Grundkurse der Gymnasien überschreiten die Leistungen der Leistungskursteilnehmer aller Typen der beruflichen Gymnasien.

Mit Blick auf die hier ausgebreiteten Befunde darf festgestellt werden: Im Gefolge der Entkopplung von Bildungsabschlüssen und Schulformen bildet sich eine Rangfolge formal gleicher Schulabschlüsse in Abhängigkeit von der vergebenden Schulform heraus. Es kommt zu einer *Hierarchisierung gleicher Abschlüsse*. Indem die nationalen und internationalen Leistungsstudien derartige Leistungsunterschiede zwischen formal gleichwertigen Abschlüssen aus unterschiedlichen Schulformen schon jetzt öffentlich machen und in dem Maße, in dem dies durch die in der Mehrheit der Bundesländer vorbereiteten Vergleichsarbeiten und zentralen Abschlussprüfungen (vgl. Kapitel 6) noch sichtbarer werden wird, heben sie die Entkopplungswirkungen tendenziell wieder auf. Sie führen damit über den Weg der Hierarchisierung eigentlich gleicher Abschlüsse zu einer Rehierarchisierung in der soeben erst gewonnenen strukturellen Vielfalt.

Wie begründet die Vermutung einer derartigen Entwicklung ist, deutet eine Entwicklung bei den nordrhein-westfälischen Förderschulen mit dem Förderschwerpunkt Lernen an: Schüler und Schülerinnen dieser Schulen erhalten, sofern sie den Hauptschulabschluss nach der neunten Klasse erreichen, ihr Zeugnis nicht auf einem Formular der jeweiligen Förderschule mit dem erkennbaren Schulformbezug dieser Schule, sondern auf einem Formular des jeweiligen kommunalen Schulamtes. So soll offenbar vermieden werden, dass der Hauptschulabschluss durch das Etikett ‚Förderschule' für mögliche Abnehmer, etwa für Ausbildungsbetriebe, von vorneherein entwertet wird.

Angesichts dieser Entwicklung bieten sich *zwei Reaktionsmuster* an: Das der Sicherung von Vergleichbarkeit gleichwertiger Abschlüsse durch Standards und zentrale Tests, die das Ausmaß des Erreichens der gesetzten Standards festhalten, und das der Aufgabe des Berechtigungssystems. Wenn der Entkopplungsprozess nicht durch die hier skizzierte Rehierarchisierung formal gleicher Abschlüsse gleichsam konterkariert werden soll, muss die Gleichwertigkeit dieser Abschlüsse durch *Formen externer Überprüfung* gesichert werden. Die schon herangezogene Bildungskommission der Länder Berlin und Brandenburg formuliert dies so: „Als Pendant dieser Ausdifferenzierung werden zwangsläufig Standardsicherung und Rechenschaftslegung notwendig" (2003: 194). Das Instrument der zentralisierten Testierung ist hinsichtlich seiner Vergleichbarkeit sichernden Kraft allerdings mit Skepsis zu betrachten: Gerade die Ausdifferenzierung kognitiver Leistungsfähigkeiten bei den Schülerinnen und Schülern gleicher Schulformen in Bundesländern mit hoch zentralisierter Leistungsüberprüfung sowohl am Ende der Sekundarstufe I wie auch am Ende der Sekundarstufe II lässt erhebliche Zweifel hinsichtlich der normierenden Kraft zentralisierter externer Evaluation aufkommen: In Baden-Württemberg können die landesweit durchgeführten Zentralprüfungen am Ende der Bildungsgänge der Sekundarstufe I – also am Ende der Hauptschulzeit, der Realschulzeit und nach Klasse 10 der Gymnasien – eine große Leistungsstreuung in diesen Schulformen nicht verhindern. In der für die Länderauswertung der PISA-2000-Daten genutzten Landesmetrik mit einem Mittelwert von 100 und einer Standardabweichung von 30 unterscheidet sich das schwächste vom stärksten Gymnasium in Baden-Württemberg um 30 Testpunkte, also um eine Standardabweichung. Die entsprechenden Werte liegen bei den dortigen Realschulen mit 26 leicht unter und bei den Hauptschulen des Landes mit 36 deutlich oberhalb einer Standardabweichung (Baumert u.a. 2003: 304 f.).

Wenn aber die Unterschiede im Bereich der kognitiven Leistungen bei Schulabsolventen mit gleichen Abschlüssen in Abhängigkeit von der vergebenden Institution fortbestehen und zugleich öffentlich sind, bleibt nur eine ‚gerechte' Reaktion: nämlich die *Verabschiedung vom Berechtigungssystem*, jenem System, das den Absolventen der einen Bildungsstufe die Übernahme in die nächste Bildungsstufe gleichsam garantiert. Dass das Berechtigungssystem in Folge des Misstrauens gegenüber dem ‚Wert' zertifizierter Abschlüsse längst brüchig geworden ist, zeigt sich bereits heute darin, dass die sich abnehmenden Einrichtungen mehr und mehr ihre Anfänger und Anfängerinnen aussuchen können (z.B. im Rahmen einer Hochschuleingangsprüfung, für die das Abitur eine notwendige, beileibe aber keine hinreichende Voraussetzung ist).

2.2.4 Aktuelle Reformen vertrauter Strukturen und Verfahren

Die Kritik an Mängeln des deutschen Schulsystems, die insbesondere im Gefolge der ersten Veröffentlichungen der PISA-Studie aufgekommen ist, hat im deutschen Diskurs über Bildungspolitik Veränderungsbereitschaft und auch konkrete politische Entscheidungen angestoßen und ausgelöst. Einige wichtige Bereiche der eingeleiteten Neuerungen werden in diesem Abschnitt knapp skizziert.

Gestaltung des Schulanfangs: Schulfähigkeit als Aufgabe der Schule
Neben der bereits erwähnten Flexibilisierung beim Einschulungsalter hat eine Reihe von Bundesländern mit einer Neugestaltung des Schulanfangs begonnen bzw. grundsätzlich neue Verfahren angekündigt. Die Grundstruktur dieser Neugestaltungen ist dadurch gekennzeichnet, dass alle unterrichtspflichtigen Kinder und die Kinder, die vorzeitig eingeschult werden sollen – soweit als möglich auch solche mit sonderpädagogischem Förderbedarf – gemeinsam in die Grundschule aufgenommen werden; auf eine Zurückstellung wird dabei grundsätzlich verzichtet. Die *Schuleingangsdiagnostik* dient dazu, allen Kindern eine stärker *differenzierende und individualisierte Förderung* unter Einbezug von sozial- und sonderpädagogischen Maßnahmen zu geben. Die ersten beiden Grundschulklassen werden zu einer pädagogischen Einheit zusammengefasst und die Verweilzeit in ihnen wird so flexibel gestaltet, dass sie je nach Entwicklungsstand des Kindes ein, zwei oder drei Jahre ausmacht. Insgesamt weisen die Entwicklungen in Richtung einer stärkeren *Flexibilisierung der Einschulung* und einer individualisierten Gestaltung der Schuleingangsphase (Einsiedler/Martschinke/Kammermeyer 2008).

Struktur der Sekundarstufe I: Ein zweigliedriges System ist im Entstehen
Am Ende der Grundschulzeit wechseln die Kinder in der Mehrheit der Bundesländer – dies wurde bereits dargestellt – je nach Bundesland mehr oder weniger frei in eine der weiterführenden Schulformen. Deren strukturelle Ausgestaltung ist in den vergangenen Jahren in den Ländern der Bundesrepublik Deutschland in Bewegung geraten:

- Während sich in den *neuen Ländern* – mit länderspezifischen Zwischenschritten – aus der Polytechnischen Oberschule ein gegliedertes Sekundarschulwesen entwickelt hat, das aus Gymnasien und einer weiteren Sekundarschule (mit unterschiedlichen Bezeichnungen wie Regel-, Mittel-, Sekundar- bzw. Oberschule oder Regionale Schule), aus Förderschulen sowie zumeist nur vereinzelt angebotenen Gesamtschulen besteht,

- haben einzelne der *alten Länder* begonnen, ihr gegliedertes Sekundarschulwesen stärker zusammenzufassen. Neben den Gymnasien wird dort ebenfalls eine zweite Sekundarschule (als *Gemeinschaftsschule*, als *Stadtteilschule*, als *Regionale Schule*) angeboten, auch hier ergänzt um Gesamt- und Förderschulen. Insgesamt hat sich damit in elf der sechzehn Länder – in Rheinland-Pfalz, Berlin, Hamburg, Schleswig-Holstein, im Saarland, in Bremen und in fünf neuen Ländern – der Tendenz nach eine (neben den fortbestehenden Förderschulen) zweigliedrige Struktur des allgemein bildenden Sekundarschulwesens durchgesetzt.

In weiteren Ländern wird eine solche Struktur intensiv diskutiert. Die auf diese Weise sich entwickelnde Sekundarschulstruktur schließt in der Mehrheit der Länder an die vierte Klasse der Grundschule an; lediglich in Berlin und Brandenburg wechselt die Mehrheit der Schülerinnen und Schüler nach der sechsten Klasse der Grundschule in eine der weiterführenden Schulen des Sekundarbereichs. Begründet wird diese Entwicklung zur Zweigliedrigkeit im Kern durch drei sich ergänzende *Argumentationsstränge*:

- Zum einen wird darauf verwiesen, dass die *demografische Entwicklung* insbesondere im Gebiet der neuen Länder, abgeschwächt aber auch in dem der alten Länder, einem vielfach gegliederten Schulwesen die demografische Basis entzieht. Schulstandorte der Sekundarschulen sind infolge zurückgehender *Übergangszahlen* aus den Grundschulen vielerorts gefährdet.
- Zum zweiten wird angeführt, dass diese Entwicklung in den Ländern, in denen es Hauptschulen gibt, besonders ins Gewicht fällt, denn die demografisch bedingte Reduktion der Übergangszahlen geht einher mit einer zunehmenden *Abwendung von der Hauptschule.*
- Zum dritten schließlich – durch die Befunde der PISA-Studien gestützt – zielt die Argumentation darauf, dass in der Hauptschule in dem Maße, in dem die Übergangsquoten in diese Schule gesunken sind, eine Schülergruppe gemeinsam lernt, die sich beim schulischen Lernen – bedingt durch ihren sozialen und ethnischen Hintergrund – schwer tut. Das *anregungsärmere Entwicklungsmilieu* dieser Schulart führt immer mehr dazu, dass sich die Schülerinnen und Schüler dieser Schule weniger günstig entwickeln als sie es täten, wenn sie in einem anregungsreicheren Milieu lernen könnten.

Das Gymnasium: Zeitliche Verdichtung und Rückbau der reformierten Oberstufe

Die Struktur aller weiterführenden Schulen, in die Schüler und Schülerinnen nach der Grundschule überwechseln, wird durch eine Veränderung in einer dieser Schulformen des gegliederten Systems, durch die *Verkürzung der gymnasialen Schulzeit*, tangiert. Dadurch, dass die Schulzeit bis zum Abitur vom Eintritt in die Grundschule an in allen Ländern (mit Ausnahme von Rheinland-Pfalz) nur noch 12 Jahre dauern wird, ändert sich das Gefüge der Sekundarschulen insgesamt: In den Ländern, in denen die gymnasiale Oberstufe weiterhin mit der Klasse elf beginnt, wird das Programm der Oberstufe – gestützt auf ein erhöhtes Unterrichtsvolumen in den Jahrgangsstufen fünf bis zehn – auf zwei Jahre verdichtet. Dies erschwert den Wechsel aus nicht gymnasialen Schulformen in die gymnasiale Oberstufe, da die Anpassungsphase, die die Jahrgangsstufe elf gerade auch ‚Seiteinsteigern' z.B. aus Realschulen bisher noch bietet, entfällt. Die Länder aber, die den Beginn der gymnasialen Oberstufe in die Jahrgangsstufe zehn vorverlegen, zwingen die Schülerinnen und Schüler, die z.B. aus der Realschule mit dem mittleren Schulabschluss ihre Schulkarriere in einer gymnasialen Oberstufe fortsetzen möchten, zu einem Wiederholen der Klasse zehn. In beiden Varianten werden die Gymnasien wieder deutlicher von den übrigen Sekundarschulen abgesetzt.

Begleitet wird die Verkürzung der gymnasialen Schulzeit in einer wachsenden Zahl von Bundesländern durch eine Zurücknahme tragender Elemente der 1972 eingeleiteten Reform der gymnasialen Oberstufe (vgl. Kapitel 1.8). Nach dem Muster des in dieser Entwicklung eine ‚Vorreiterrolle' einnehmenden Landes Baden-Württemberg schaffen diese Länder die Unterscheidung von Grund- und Leistungskursen wieder ab und verstärken *die Verbindlichkeit von Fächern und Fächerkombinationen*. Die neue gymnasiale Oberstufe Baden-Württembergs, die hier wegen ihrer Leitbildfunktion skizziert wird, ist gekennzeichnet durch insgesamt fünf vierstündige und durch eine weitere Reihe zweistündiger Fächer. Zu den vierstündigen und durchgängig zu belegenden Fächern gehören unabwählbar Deutsch, Mathematik und eine aus der Sekundarstufe I fortgeführte Fremdsprache. Dazu kommt ein vierstündiges Profilfach aus den Profilbereichen Naturwissenschaft, Sprache und eventuell Kunst oder Musik oder Sport. Vervollständigt wird die Gruppe der vierstündigen Fächer durch ein Neigungsfach, das aus der Gruppe der ansonsten zweistündigen Fächer gewählt wird. Diese Fächer sind (sofern sie nicht als Profil- oder Neigungsfach gewählt werden): zwei Naturwissenschaften (aus den drei Fächern Biologie, Chemie, Physik), Musik oder Bildende Kunst, Geschichte, Gemeinschaftskunde und Erdkunde (jeweils zwei Halbjahre), Religionslehre/Ethik sowie Sport.

Die mit dieser *Neustrukturierung* verbundenen Ziele sind, folgt man den Beschreibungen des zuständigen Ministeriums, eine *vertiefte Allgemeinbildung* (durch die verstärkten Fachbindungen), eine wie auch bisher *individuelle Profilierung* sowie gegenüber der ‚alten' Oberstufe eine stärkere Betonung *fächerübergreifendes, selbstständiges und projektorientiertes Lernen.* Mehr fächerübergreifendes Arbeiten und Lernen verspricht sich das Ministerium insbesondere davon, dass die Schülerinnen und Schüler wieder in einer größeren Zahl von Unterrichtsfächern gemeinsam lernen.

Abschlussprüfungen: Zentrale Verfahren sollen Qualität und Vergleichbarkeit sichern

In Reaktion auf die im internationalen Vergleich eher mittelmäßigen Leistungen deutscher Schülerinnen und Schüler sowie auf die Leistungsunterschiede zwischen den Jugendlichen der einzelnen Bundesländer, die sich bei innerdeutschen Leistungsvergleichen gezeigt haben, setzt eine wachsende Zahl von Bundesländern auf *zentrale Abschlussprüfungen* am Ende der unterschiedlichen Bildungsgänge – in der Hoffnung darauf, auf diesem Wege die Qualität zu steigern und die Vergleichbarkeit der Abschlüsse zwischen den Schulen in den Ländern und zwischen den Ländern zu sichern. Am weitesten ist diese Entwicklung beim Abitur fortgeschritten: Bis 2008 hatten mit Ausnahme von Rheinland-Pfalz alle Bundesländer, wenn auch mit sehr unterschiedlichen Ausprägungen, das *Zentralabitur* eingeführt. Auch beim Hauptschulabschluss und beim Mittleren Bildungsabschluss setzt eine wachsende Zahl der Länder inzwischen auf das Instrument der Zentralprüfung (vgl. dazu Kapitel 6.2.3).

Ausweitung der Ganztagsschulangebote: Verbesserung der Förderung und Erleichterung elterlicher Erwerbsarbeit

Diese Übersicht über aktuelle Veränderungstendenzen im allgemein bildenden Schulwesen Deutschlands macht deutlich, dass die geplanten Neuerungen vor keiner Schulstufe und auch vor keiner Schulform halt machen. Verbunden sind sie in allen Schulen mit einer Ausweitung der *ganztagsschulischen Angebote.* Auch wenn derzeit niemand prophezeien kann, in welchem Tempo sich Ganztagsschulen ausbreiten werden, besteht ein bundesweiter und Ländergrenzen überschreitender Konsens darüber, dass es mehr Ganztagsbetreuung geben muss:

- um Schülerinnen und Schüler besser fördern zu können und auch,
- um Männern und Frauen gleichermaßen zu ermöglichen, Kinder zu bekommen und zugleich auch erwerbstätig sein und bleiben zu können.

Dass die 2008/09 verfügbaren Ganztagsschulplätze – im allgemein bildenden Bereich waren dies in der Primarstufe und in der Sekundarstufe 24% aller Schulplätze – dazu nicht ausreichen, ist unstrittig. Die Frage, welches Ausbauziel bis wann erreicht werden soll, ist nicht eine Frage der pädagogischen Zielsetzung, sondern eine solche der finanziellen Prioritätensetzung.

Selbstständigkeit der Schulen: Die einzelnen Schulen gewinnen neue Kompetenzen

All die Veränderungen, zu denen die Schulen Deutschlands ermutigt, gedrängt oder auch verpflichtet werden, müssen sich derzeit noch in – im internationalen Vergleich – weitgehend unselbstständigen Schulen vollziehen. Deutschlands Schulen sind in ihren Gestaltungsmöglichkeiten eingeschränkter als die Schulen der meisten anderen Länder. In einer der OECD-Veröffentlichungen zu den PISA-Studien findet sich eine aufschlussreiche Übersicht über Aspekte der Schulpolitik und Schulverwaltung, in denen die Schulen der OECD-Mitgliedsländer ‚eine gewisse Verantwortung' tragen (OECD 2001: 349). Aufgeführt werden dabei insgesamt zwölf Indikatoren:

- solche der *Personalwirtschaft* (Einstellung, Entlassung, Bestimmung der Besoldung und Beförderungen von Lehrkräften),
- solche der *Ressourcenbewirtschaftung* (Festlegung des Schulbudgets und Verwendungsentscheidungen in den Schulen),
- *schülerbezogene Indikatoren* (Auswahl aufzunehmender Schülerinnen und Schüler, Festlegung von disziplinarischen Regeln, Festlegung der Kriterien der Beurteilung) und – nicht zuletzt –
- Indikatoren der *curricularen Selbstständigkeit* (Auswahl der Lehrbücher und der Lehrinhalte sowie Entscheidung über Fächer- und Kursangebote).

Betrachtet man das Ausmaß schulischer Selbstständigkeit, das nach dieser Übersicht anzutreffen ist, so bleibt Deutschland in neun der zwölf indikatorisierten Bereiche zum Teil deutlich unterhalb der im OECD-Durschnitt an den Schulen anzutreffenden Selbstständigkeit. In drei Bereichen erreicht Deutschland den OECD-Durchschnitt: bei der Verwendung der den Schulen zur Verfügung stehenden Mittel (angesichts der Tatsache, dass die Schulbudgets in Deutschlands Schulen ausgesprochen klein sind, ist dies kaum bemerkenswert), bei der Auswahl der Schulbücher (eine leicht gewährte Selbstständigkeit, da die zur Auswahl stehenden Schulbücher zuvor von den zuständigen Ministerien genehmigt werden müssen) und bei der Festlegung von disziplinären Regeln für Schüler und Schülerinnen.

Dieses geringe Ausmaß schulischer Selbständigkeit (oder, wie es gelegentlich heißt: schulischer Autonomie) ist aus internationaler Sicht deshalb bemerkenswert und auch problematisch, weil für die Autoren der genannten OECD-Studie zu den internationalen PISA-Ergebnissen der Zusammenhang zwischen der Selbstständigkeit der Einzelschule und der *Leistungsentwicklung* in ihr unstrittig gegeben ist. Im OECD-Text heißt es, „dass eine größere Autonomie der Schulen und stärkere Einbeziehung der Lehrkräfte in die Entscheidungsprozesse in der Regel, zumindest im Ländervergleich, in einem positiven Zusammenhang mit den durchschnittlichen Ergebnissen im Bereich der Lesekompetenz stehen." (OECD 2001: 209 – Der Bezug zur Lesekompetenz wird hier gewählt, weil ‚Leseverständnis' im Mittelpunkt der Studie PISA 2000 stand.)

Nicht zuletzt angestoßen und angetrieben durch solche Hinweise werden in Deutschland ältere Ansätze, die auf eine Stärkung der Selbstständigkeit der einzelnen Schulen setzen, wieder aufgenommen und verstärkt. Das Land Nordrhein-Westfalen spielt dabei eine Vorreiterrolle: Gestützt auf die Erfahrungen eines Modellversuchs *‚Selbstständige Schule'*, in dessen Rahmen zwischen 2002 und 2007 knapp 300 Schulen – von Grund- bis zu Berufsschulen – in den Bereichen Personalentwicklung, Ressourcenbewirtschaftung, Unterrichtsorganisation und innerschulische Partizipation eine ihnen neu zugestandene Selbständigkeit erprobten (vgl. Holtappels/Klemm/Rolff 2009), wurde den Schulen im Schulgesetz des Landes der Weg zu mehr Selbstständigkeit und Eigenverantwortung gewiesen. Schulversuche mit einer ähnlichen Stoßrichtung werden auch in einer Reihe anderer Bundesländer durchgeführt.

2.3 Nach der allgemein bildenden Schule: Vielfältige Übergangsmöglichkeiten bestimmen das Bild

Schülerinnen und Schüler haben – je nach Bundesland – ihre Vollzeitschulpflicht im allgemein bildenden Schulsystem nach neun bzw. in einigen Bundesländern nach zehn Schulbesuchsjahren erfüllt. Sie setzen danach ihre Bildung und Ausbildung entweder im allgemein bildenden Schulsystem fort, also in den gymnasialen Oberstufen der Gymnasien bzw. der Gesamtschulen, oder sie wechseln in die unterschiedlichen Angebote der teilzeit- und der vollzeitschulischen Berufsausbildung. Aus den gymnasialen Oberstufen sowie aus einzelnen Bildungswegen der beruflichen Schulen führt sie der Weg in die Hochschulen. Alle gemeinsam, die Absolventen und Absolventinnen der allgemein bildenden und der unterschiedlichen beruflichen Schulen sowie der Hochschulen haben die Möglichkeit, das breite Spektrum der Weiterbildungsangebote wahrzunehmen.

Die folgenden kleineren Abschnitte versuchen nun, die strukturellen Merkmale und besonderen Problembereiche der Bildungs-, Ausbildungs- und Weiterbildungsangebote zu skizzieren.

2.3.1 Duales Ausbildungssystem und vollzeitschulische (Berufs-)Bildungsangebote: Anspruchsvolle Ausbildung und ‚Aufbewahrung'

In Deutschland findet die Vermittlung einer beruflichen Qualifikation oder die weitere Vorbereitung darauf – sofern dies nicht in den Hochschulen geschieht – in der *dualen Berufsausbildung*, in deren Rahmen die Lernorte Schule und Betrieb zusammenwirken, vollzeitschulisch im Schulberufssystem sowie im gleichfalls vollzeitschulischen Übergangssystem, das keine berufliche Qualifikation vermittelt, statt. 2008 verteilten sich die Neuzugänge auf diese drei großen Sektoren so, dass 48% in das duale System, 34% in das Übergangssystem und 18% in das Schulberufssystem einmündeten (vgl. zu den folgenden Abschnitten insgesamt: Autorengruppe Bildungsberichterstattung 2010: 96).

Die duale Berufsausbildung

Die Jugendlichen, die eine berufliche Ausbildung im Rahmen der dualen Berufsausbildung aufnehmen, verteilen sich auf 349 *anerkannte Ausbildungsberufe* (vgl. BIBB 2010: 107). Im Rahmen der dualen Berufsausbildung findet die praktische Ausbildung im Lernort Betrieb statt – häufig ergänzt durch weitere nicht schulische Lernorte, z.B. durch überbetriebliche Ausbildungsstätten. Ergänzt wird der betriebliche Teil der Ausbildung durch fachtheoretischen und allgemein bildenden *Teilzeitunterricht* in den Berufsschulen. Die Ausbildungsdauer liegt je nach Beruf zwischen zwei und dreieinhalb Jahren. Die Ausbildungsordnungen für die einzelnen Berufe werden auf der Grundlage des *Berufsbildungsgesetzes* (BBiG) bundeseinheitlich geregelt, wohingegen die Lehrpläne des schulischen Teils der dualen Ausbildung im Zuständigkeitsbereich der Länder liegen und von ihnen landesspezifisch festgelegt werden. Die Ausbildung wird durch eine Abschlussprüfung beendet. Die Kosten für die betriebliche Ausbildung einschließlich der Ausbildungsvergütung werden von den Betrieben getragen, die für den schulischen Teil von den Bundesländern sowie von den Schulträgern (den Städten oder Kreisen).

Berufsausbildung im Schulberufssystem

Das Schulberufssystem, das neben der Dualen Berufsausbildung besteht und vollzeitschulisch arbeitet, übernimmt – bei vergröbernder Betrachtung – zwei unterschiedliche Funktionen: die der vollen Berufsausbildung sowie die der Vorbereitung auf einen Abschluss, der ein Studium an Hochschulen eröffnet. Im Feld der Berufsausbildung bietet es Ausbildungsberufe an, die traditionell vollzeitschulisch vermittelt werden (z.B. im Bereich der Gesundheits- und Krankenpflegeberufe oder dem der Ausbildung von Erzieherinnen und Erziehern sowie Kinderpflegerinnen und Kinderpflegern), und solche, die auf Grund des Ausbildungsplatzmangels im Dualen System die dort traditionell vermittelte Ausbildung substituieren (z.B. im Bereich der Elektroberufe oder einzelner Büroberufe).

Ausbildungsvorbereitung im Übergangssystem

Das Übergangssystem hat in dem Maße seine derzeitige quantitative Bedeutung gewonnen, in dem das Duale System und das Schulberufssystem die Schulabsolventen nicht vollständig aufnehmen konnten. Die Qualität der in diesem Teilsystem zusammen gefassten Bildungsangebote ist, was die Perspektiven angeht, die es den jungen Erwachsenen bietet, sehr unterschiedlich. Zum einen bietet das System, das prinzipiell dadurch gekennzeichnet ist, dass es *keine auf dem Arbeitsmarkt verwertbaren Ausbildungsabschlüsse* vermittelt, einem Teil der Jugendlichen und jungen Erwachsenen neben dem Erwerb beruflicher Grundkenntnisse die Gelegenheit, allgemein bildende Schulabschlüsse (wie z.B. den Hauptschulabschluss) nachzuholen. Zum anderen bietet das Übergangssystem durch berufsvorbereitende Maßnahmen seinen Teilnehmern und Teilnehmerinnen die Möglichkeit, individuelle Voraussetzungen für die *Aufnahme einer Berufsausbildung* zu verbessern. Zur Bewertung des Übergangssystems heißt es in ‚Bildung in Deutschland 2008': „Vor dem Hintergrund der hier präsentierten Daten fällt die Bewertung des Übergangssystems eher kritisch aus: Zwar gelingt es, mit viel Zeit- und Personaleinsatz etwa der Hälfte der Teilnehmerinnen und Teilnehmer am Übergangssystem eine qualifizierende Ausbildungsperspektive zu vermitteln. Auf der anderen Seite steht der nicht erfolgreiche Teil derjenigen, für die aller Zeit- und Lernaufwand vergeblich war" (Autorengruppe Bildungsberichterstattung 2008: 168).

2.3.2 Berufsausbildung in Hochschulen: Das System wird umgebaut

Im Studienjahr 2009 nahmen 43% eines Altersjahrgangs ein Hochschulstudium auf: an Universitäten, an Technischen Universitäten oder Hochschulen, an Pädagogischen Hochschulen, an Kunst- und Musikhochschulen sowie an Fachhochschulen. Auch wenn es in den letzten Jahren eine wachsende Zahl (mit allerdings kleinen Studierendenzahlen) von Hochschulen in nicht öffentlicher Trägerschaft gibt, sind diese Hochschulen überwiegend staatliche Einrichtungen der Länder.

Mit der Unterteilung der Hochschulen in die beiden – quantitativ – gewichtigsten Gruppen der *Fachhochschulen* und der *Universitäten* setzt das deutsche

Hochschulsystem die strukturelle Untergliederung des allgemein bildenden Schulsystems fort: Auf der einen Seite stehen zeitlich kürzer angelegte und weniger anspruchsvolle (Eingangsvoraussetzung ist die *Fachhochschulreife*) praxisorientierte Fachhochschulen, auf der anderen Seite finden sich die anspruchsvolleren (Eingangsvoraussetzung ist die *allgemeine Hochschulreife*) sowie theoretischer ausgelegten und zeitlich aufwändigeren Universitäten.

Beide Haupttypen der Hochschulen, die Fachhochschulen und mehr noch die Universitäten, sind in den vergangenen Jahren in die Kritik geraten. Die wesentlichen *Kritikpunkte* sind die folgenden:

- Die *Studienabbruchsquoten* sind mit 24% (2008) sehr hoch (Autorengruppe Bildungsberichterstattung 2010: 128).
- Die *Studienzeiten* sind sehr lang: Das durchschnittliche Alter der Studienanfängerinnen und -anfänger liegt bei 21,9, das Abschlussalter bei 27,5 (Statistisches Bundesamt 2010).
- Der Anteil der jungen Erwachsenen, der die Hochschulen mit einem Hochschulabschluss verlässt, an der jeweiligen Altersgruppe ist gering: In Deutschland liegt er bei 26% (2008), im Durchschnitt aller OECD-Länder dagegen bei 38% (vgl. OECD 2010).
- Die Hochschulen sind *unterfinanziert* und gehen mit den finanziellen Ressourcen, die ihnen zur Verfügung stehen, verschwenderisch um.

Auf diese Kritik reagiert die Hochschulpolitik der einzelnen Bundesländer bei allen landesspezifischen Variationen zum einen mit der *Einführung von Studiengebühren* – in der Erwartung, die Ressourcen der Hochschulen zu erhöhen und in der Hoffnung, dass ein kostenbewussteres Verhalten der Gebühren zahlenden Studierenden von den Hochschulen eine verbesserte Ausbildungsqualität einfordert. Die Politik der Länder, die Gebühren erheben, nimmt dabei in Kauf, dass der Zugang zur Hochschule noch stärker *sozial selektiv* erfolgen wird. Stipendienprogramme, die dies verhindern könnten, werden bisher kaum initiiert. Zum anderen – und dies ist die strukturell einschneidendere Maßnahme – haben sich die Länder in Ausführung von Beschlüssen der zuständigen europäischen Minister und Ministerinnen *(‚Bologna-Prozess')* darauf verständigt, in Deutschland eine in Bachelor- und Master-Studiengänge gestufte Studienstruktur einzuführen. Davon erhoffen sich die Bundesländer eine gestrafftere Studienstruktur, die im Bereich des Bachelorstudiums höhere Erfolgsquoten sichern soll und die in dem des Masterstudiums, an dem nur noch leistungsfähigere Studierende teilnehmen dürfen sollen, eine gesteigerte Qualität der Ausbildung bringen soll.

Diese neue Strukturierung der Studien in ein Bachelor- und in ein anschließendes Masterstudium bestimmt auch – derzeit noch nicht in allen Bundesländern gleich weit entwickelt – die *universitäre Lehrerbildung*. Während des dreijährigen Bachelorstudiums, das zu einem ersten berufsqualifizierendem Abschluss führen soll, sind die Studierenden noch nicht ausschließlich auf das Berufsziel ‚Lehrer/in' festgelegt; erst mit dem Übertritt in die bis zu zweijährige Phase des Masterstudiums legen sie sich auf den Beruf als Lehrer/in fest. Mit dieser – im Vergleich zur bisherigen Lehrerinnen- und Lehrerbildung – späten Festlegung auf den angestrebten Beruf wird angestrebt, den Studierenden während des Bachelorstudiums die Möglichkeit zu bieten, die persönliche Eignung für den Lehrberuf im Rahmen von verstärkten praktischen Ausbildungselementen zu überprüfen, bevor dann eine endgültige Festlegung im Masterstudium erfolgt. Ob Absolventen des Bachelorstudiums, die für sich entscheiden, ihr Studium nicht mit einem Masterstudium und dem Ziel eines Lehramtes fortzusetzen, tatsächlich eine auf dem Arbeitsmarkt gefragte Qualifikation erworben haben werden, bleibt allerdings abzuwarten.

Exkurs: Selektive Wirkungen der neuen Studienstruktur?
Da diese Umstrukturierung der Hochschulen, die der Fachhochschulen ebenso wie die der Universitäten, sehr weit reichende Folgen haben wird und da die damit eingeschlagene Hochschulpolitik im Kontrast zu der vorherrschenden strukturellen Entwicklung der allgemein bildenden Schulen steht, soll den Folgen dieser Strukturmaßnahme noch etwas nachgespürt werden:

Zwei gegenläufige Tendenzen zeichnen die Entwicklung des deutschen Bildungswesens derzeit aus: Die *vertikal gegliederte* Schulstruktur wird eher gestärkt denn abgebaut; zugleich bahnt sich im Hochschulbereich der Wechsel einer vertikal organisierten Strukturierung mit unterschiedlich wertigen Fachhochschulen und Universitäten zu einem in Bachelor- und Masterstudiengänge gestuften System an. Dies koppelt und doppelt die Selektivität von zwei unterschiedlichen Ansätzen. Und: Dies kann in eine verschärfte Mangellage auf dem künftigen Akademikermarkt führen.

Das Grundmuster des deutschen Schulsystems konnte bisher alle Anstürme überdauern: Nach Abschluss der Grundschulzeit werden die Heranwachsenden in Bildungswege ‚eingefädelt', die ihrer Leistungsfähigkeit und ihren Interessen entsprechen (sollen). Die *systemimmanenten Ausleseprozesse*, die diesem Bildungsparcours eigen sind, sorgen dafür, dass von den Schulpflichtigen, die gemeinsam zur Grundschule kommen, gut 40% eine Hochschulzugangsberechtigung erwerben. Da von diesen wiederum nur ein Teil ein Studium aufnimmt und von denen wiederum nur knapp 80% ihr Studium abschließen, erwerben in Deutschland derzeit (2006) nur 22% einen Hochschulabschluss – 13,5% darunter an Universitäten und ihnen vergleichbaren Einrichtungen, 8,5% darunter an Fachhochschulen.

Anders als Deutschland organisieren die meisten Industrieländer ihr Bildungssystem *stufenförmig* – ohne innerhalb der einzelnen Bildungsstufen strukturell gegeneinander abgeschottete Bildungswege. Das ‚Herausfiltern' und Bilden von besonders leistungsfähigen jungen Menschen leisten sie beim Übergang von Stufe zu Stufe. So kennt z.B. das Bildungssystem der USA den Weg über Elementarschulen, High Schools und Hochschulen, die in einer ersten Bildungsstufe zum Bachelor- und in einer zweiten Stufe zum Master-Abschluss führen. Auf diesem Weg erreichen derzeit 73% der jungen USA-Bürger eine Hochschulzugangsberechtigung. Auch von ihnen studieren nicht alle, die dazu berechtigt wären, auch dort finden wir eine sehr niedrige Erfolgsquote, aber in Folge der so deutlich höheren Berechtigtenquote gelangen in den USA 37% eines Altersjahrgangs bis zu einem ersten akademischen (Bachelor-)Abschluss. Erst danach wird dieses System wirklich selektiv: Nur noch 13% eines Altersjahrgangs erreichen im anschließenden Masterstudium einen Abschluss (2006 – eigene Berechnungen nach OECD 2008: 93).

Vergleicht man die akademischen Abschlussquoten der USA (als Beispiel eines Landes mit einem gestuften System) mit denen Deutschlands, so fällt auf: Die Quoten derer, die ein akademisches Langzeitstudium absolvieren (in Deutschland mit dem Abschluss Staatsexamen, Diplom oder Magister sowie neuerdings Master, in den gestuften Ländern mit dem Master-Abschluss), liegen dicht beieinander. Im Jahr 2006 lag diese Quote in den USA wie in Deutschland bei 13%. Generell lässt sich beobachten: Die wichtigeren Industrieländer finden sich dicht beieinander, sie unterscheiden sich hinsichtlich des Weges dahin allerdings deutlich: Deutschland schließt große Jahrgangsanteile früh aus, in vielen anderen Ländern geschieht dies erst deutlich später.

Wenn Deutschland nun das gestufte Bachelor-/Master-Hochschulsystem auf das vertikal gegliederte Schulsystem aufpfropft, so wird das für die ‚Qualifikationsproduktion' schwerwiegende Folgen haben: Wer deutschen Lehrenden mit der Bachelor-/Masterstruktur ein weiteres Ausleseinstrument in die Hand gibt, muss gewärtig sein, dass dieses Instrument exzessiv genutzt wird. Schließlich verbinden doch gerade viele Befürworter des gestuften Systems mit dessen Einführung die Erwartung, dass der berufsqualifizierende Bachelor-Abschluss die Möglichkeit bieten wird, als weniger leistungsfähig erachtete Studierende aus der Hochschule auf den Arbeitsmarkt zu entlassen und dann das Masterstudium nur noch den ‚wirklich' geeigneten Studierenden anzubieten. Es ist kein Zufall, dass in den hochschulinternen Debatten die Frage der *Quotierung des Übergangs* aus dem Bachelor- in den Masterstudiengang einen zentralen Stellenwert hat. Vielerorts ist eine Quote von nicht über 50% im Gespräch.

Würde mit der Einführung der Bachelor-/Masterstruktur in Deutschlands Hochschulen eine zusätzliche Selektionsschwelle eingeführt, so ergäbe sich nahezu zwangsläufig eine Absolventenquote der Langzeitstudiengänge, die deutlich hinter internationale Werte zurückfiele. Orientiert man sich an der aktuellen Summe von Fachhochschul- und Universitätsabschlüssen, die bei 24% liegt, und unterstellt einmal in einem Gedankenexperiment, dass diese Gruppe in einem gestuften System zumindest den Bachelor-Abschluss erreichen wird, so würde eine Quotierung auf 50% für den Masterstudiengang die schon jetzt eher niedrige deutsche Absolventenquote der Langzeitstudiengänge auf 12% drücken. Ein Abbau der Auslese im ‚zuliefernden' Schulsystem, der die zusätzlich in das System eingebauten selektiven Effekte gestufter Bildungsgänge kompensieren könnte, ist nicht in Sicht. Der Frühindikator der Bildungsbeteiligung, die Quote der Gymnasiasten in der achten Klasse, signalisiert keinen Wandel: Diese Quote ist in den letzten Jahren nur leicht auf 34% gestiegen.

Zu erwarten ist also: Die Aufpfropfung eines Selektionssystems aus Ländern, die sehr hohe Jahrgangsanteile bis in ihre Hochschulen führen, um erst vor der letzten Stufe des Bildungssystems wirklich hart auszuwählen, auf das deutsche Schulsystem, das diese Selektion bereits als ‚Vorleistung' erbringt, wird die wahrlich beachtliche (soziale) Selektivität des deutschen Bildungssystems noch verschärfen. Eine solche Entwicklung hin zu einer Absolventenquote der Langzeitstudiengänge von nicht deutlich über 10% würde zudem zu schwerwiegenden Mangelerscheinungen im Beschäftigungssystem führen. Deutschland benötigt bei seiner demografischen Entwicklung nicht weniger, sondern mehr akademisch qualifizierte Menschen, wenn das Land mit den entwickelten Industriestaaten Schritt halten will.

2.3.3 Weiterbildung: Allgemeine und berufliche Weiterbildung gewinnen an Bedeutung

Der Bereich der Weiterbildung ist der am wenigsten strukturierte Bildungsbereich: Auch wenn Weiterbildung in der Regel erst nach der Lebenszeit, die der allgemeinen Unterrichtspflicht unterliegt, stattfindet, entzieht sie sich der Zuordnung zu einer bestimmten Lebensphase Heranwachsender und Erwachsener: Weiterbildung findet lebensbegleitend statt. Auch lässt sich dieser Bereich nicht einem Träger oder einer Trägergruppe zuordnen: Weiterbildungsangebote machen – um nur die wichtigsten Anbieter zu nennen – Betriebe, Volkshochschulen, private Institute, Kammern, Kirchen und deren Einrichtungen, Wohlfahrtsverbände, Gewerkschaften, Arbeitgeberverbände und auch Hochschulen. Mit insgesamt 55% aller Angebote sind die drei stärksten Anbieter (2003 – vgl. Faulstich 2008: 654) die Arbeitgeber/Betriebe (30%), die Volkshochschulen (14%) und die privaten Institute (11%).

Schließlich ist dieser Bereich nicht über eine inhaltliche Bestimmung ein- und abgrenzbar: Da Weiterbildung den unterschiedlichen gesellschaftlichen, individuellen und wirtschaftlichen Interessen gerecht zu werden versucht, findet sich ein breites inhaltliches Angebotsspektrum, das nahezu alle Bereiche der allgemeinen, politischen sowie der betrieblichen Weiterbildung umfasst. Weiterbildung dient damit dem Erhalt der individuellen *beruflichen Kompetenzen* ebenso wie der individuellen Fähigkeit zur *gesellschaftlichen Mitwirkung*, sie befördert die Weiterentwicklung der *wirtschaftlichen Leistungsfähigkeit* von Unternehmen, von Regionen und auch von Ländern insgesamt. Sie stützt schließlich das kulturelle und politische Leben und Zusammenleben einer Gesellschaft.

An diesem inhaltlich und strukturell breit gefächerten Angebot formalisierter Weiterbildung haben sich im Jahr 2007 in Deutschland insgesamt 44% aller Erwachsenen im Alter von 19 bis unter 65 Jahren beteiligt (vgl. zu den folgenden Ausführungen Autorengruppe Bildungsberichterstattung 2010: 300). Dies bedeutet, dass in diesem Jahr etwa 22 Millionen Menschen Weiterbildungsangebote genutzt haben – wobei dabei nur die Teilnahme an *formalisierter Weiterbildung* erfasst ist. Nicht einbezogen ist dabei der gesamte unüberschaubare Bereich der *informellen Weiterbildung* – etwa auf dem Wege persönlicher Lektüre in der Freizeit. Eine differenziertere Betrachtung zeigt, dass 29% der Menschen an betrieblicher Weiterbildung teilgenommen haben und dass weitere 13% sich individuell berufsbezogen weitergebildet haben. Dazu kommen 10%, die an nicht berufsbezogener Weiterbildung teilnahmen. Die Tatsache, dass einzelne Personen sowohl an allgemeiner als auch an berufsbezogener Weiterbildung teilgenommen haben, erklärt, dass die Summe der drei Teilnehmerquoten größer als die Gesamtquote von 44% ist.

Der gesamte Bereich der allgemeinen und insbesondere auch der beruflichen Weiterbildung wird in den kommenden Jahren dadurch einen Bedeutungszuwachs erfahren, dass die im Bildungs- und Ausbildungssystem Deutschlands hergestellten Qualifikationen in wichtigen Teilgruppen im wachsenden Maße nicht mit den vom Beschäftigungssystem des Landes *nachgefragten Qualifikationen* übereinstimmen werden. Alle verfügbaren Signale deuten darauf hin, dass in entwickelten Wirtschaften wie der deutschen die Nachfrage nach qualifizierten und hoch qualifizierten Arbeitskräften kontinuierlich ansteigen, während zugleich das verfügbare Beschäftigungsvolumen für gering Qualifizierte von Jahr zu Jahr sinken wird.

2.4 Anregungen zur Wiederholung und Reflexion

1. Vergegenwärtigen Sie sich die wesentlichen strukturellen Elemente des deutschen Schulsystems, so wie es sich zu Beginn des 21. Jahrhunderts darstellt.
2. Bieten ‚Durchlässigkeit' und ‚Entkopplung' eine Korrekturmöglichkeit für ‚falsche' Schullaufbahnentscheidungen?
3. Erarbeiten Sie sich eine Einschätzung der Auswirkungen der auf das Gymnasium bezogenen Reformen (Schulzeitverkürzung, Rückbau der Oberstufenreform, Zentralabitur).
4. Was spricht aus Ihrer Sicht für und was gegen eine zweigliedrige Struktur der Sekundarstufe I?
5. Welche Probleme ergeben sich aus Ihrer Sicht aus der quantitativ starken Stellung des ‚Übergangssystems'?
6. Erläutern Sie, warum die Bereiche der allgemeinen und der beruflichen Weiterbildung an Bedeutung gewinnen werden.

3 Die bildungssoziologische Perspektive: Wer nutzt das Bildungssystem und welchen Nutzen bietet es?

Unbeeinflusst von allen Schwankungen der Bildungspolitik ist die Entwicklung der Bildungssysteme nach 1945 in den beiden deutschen Staaten, wenn auch unterschiedlich akzentuiert, durch den Prozess der *Bildungsexpansion* gekennzeichnet. Dem Satz ‚Schick Dein Kind länger auf bessere Schulen', in den sechziger Jahren in der Bundesrepublik plakatiert, folgten Eltern im Osten wie im Westen Deutschlands lange schon, bevor er formuliert war.

Der Versuch, diesen hier angesprochenen Expansionsprozess darzustellen und in seinem Ertrag und in seiner Bedeutung für die Individuen zu würdigen, soll im Folgenden in Schritten erfolgen: Zunächst wird dieser Prozess in seinem Verlauf dargestellt (Kapitel 3.1), sodann soll die Skizzierung der expansiven Entwicklung des Bildungssystems zum einen durch einen Blick auf ihren Ertrag (Kapitel 3.2) und zum anderen durch die Frage nach der *Chancenverteilung* innerhalb des sich grundsätzlich expansiv entwickelnden Bildungssystems analysiert werden (Kapitel 3.3); abschließend soll die Bedeutung der *Teilhabe an Bildung* für den weiteren Lebensweg exemplarisch vorgestellt werden (Kapitel 3.4).

3.1 Bildungsexpansion: Mehr und mehr Jugendliche haben länger an Bildung und Ausbildung teil

Die Bildungsexpansion vollzog und vollzieht sich in Deutschland in *zwei Bahnen*: zum einen, dies wird in der Regel unterschätzt, in den Bildungswegen des ‚niederen' und auch ‚mittleren' Schulwesens und zum anderen, daran wird in der Regel beim Begriff ‚Bildungsexpansion' gedacht, in den höheren Bildungswegen.

Im Bereich des *‚niederen' Schulwesens* hat sich die Expansion in erster Linie in der *Verlängerung der Pflichtschulzeit* niedergeschlagen: In Westdeutschland geschah dies im Verlauf der sechziger Jahre in allen Bundesländern durch die Einführung des verpflichtenden neunten Schuljahres der Hauptschulen (nach der

Trennung der Volksschulen in Grund- und Hauptschulen) und durch die Angebote freiwilliger zehnter Hauptschuljahre in den meisten Bundesländern sowie die Einführung des zehnten Pflichtschuljahres in einer Reihe von Ländern. Diese Ausdehnung der Schulzeit fand ihre Fortsetzung in der beruflichen Bildung, und zwar insbesondere in der Dualen Berufsausbildung: durch die zeitliche *Ausdehnung der Ausbildungszeit* auf bis zu dreieinhalb Jahre sowie dadurch, dass Berufsausbildung immer mehr zum Normalfall wurde. Dieser letzte Aspekt lässt sich sehr gut durch die vergleichende Betrachtung unterschiedlicher Altersjahrgänge verdeutlichen. Im Gebiet der alten Bundesländer erhielten aus den Geburtsjahrgängen 1906 bis 1910, die ihre Berufsausbildung in der Weimarer Republik absolvierten, 51% keine formal abgeschlossene Berufsausbildung. Von den Jahrgängen 1936 bis 1940, die während der fünfziger Jahre beruflich ausgebildet wurden, blieben 25% ohne abgeschlossene Ausbildung. Von den Jahrgängen 1974 bis 1978 schließlich, die in den neunziger Jahren ausgebildet wurden, sind ‚nur' noch 15% ohne Berufsausbildung geblieben (vgl. Bellenberg/Klemm 2000: 71). In Ostdeutschland bestand seit der Verabschiedung des ‚Gesetzes über die sozialistische Entwicklung des Schulwesens in der DDR' (1959) die zehnjährige Vollzeitschulpflicht. Lediglich ein kleiner Anteil (weniger als 10 %) aller Jugendlichen eines Altersjahrgangs verließ die Polytechnische Oberschule vor dem zehnten Schuljahr (vgl. Anweiler u.a. 1990, 172). Auch in der DDR setzte sich die Ausdehnung der allgemein bildenden Schulzeit in eine Expansion der Teilhabe an Berufsausbildung fort.

Im Bereich der *‚mittleren' Bildung* ist die Entwicklung im Gebiet der ehemaligen Bundesrepublik dadurch gekennzeichnet, dass parallel zum Ausbau der Volksschuloberstufe zur Hauptschule eine Verlagerung der ‚Schülerströme' zu mittleren Bildungsgängen, zur Realschule also, erfolgt ist: Während 1952 erst 6% der Schülerinnen und Schüler aller siebten Klassen Realschulen besuchten, taten dies 1990 bereits 27% (vgl. Imhäuser/Rolff 1992: 61). Für Ostdeutschland lässt sich feststellen, dass mit der Einführung der zehnjährigen Polytechnischen Oberschule die Unterscheidung zwischen ‚niederer' und ‚mittlerer' Bildung (bzw. in den Begriffen Westdeutschlands zwischen Volks- und Realschule) entfallen ist.

Gestützt auf diese Expansionsentwicklungen im niederen und mittleren Schulwesen vollzog sich (breit wahrgenommen und kontrovers diskutiert) die Expansion *‚höherer' Bildung* – allerdings nur im Westen Deutschland. Während in der DDR die Zahl der Überwechsler in die zur Studienberechtigung führenden Bildungswege (‚Erweiterte Oberschule' und ‚Abiturklassen in der Berufsausbildung') bei zwischen 12% und 14% eines Altersjahrgangs verharrte (vgl. Anweiler 1990: 215, 352), erlebte die Bundesrepublik seit den fünfziger Jahren eine rasante Ausweitung der Übergangsquoten zu Gymnasien (vgl. Imhäuser/Rolff

1992: 61): Anfang der fünfziger Jahre besuchten etwa 13% der Schülerinnen und Schüler der siebenten Klassen Gymnasien, 1990 taten dies 31%. Dieser Andrang zum Bildungsweg der ‚Höheren Schule' führte, zeitlich versetzt, zu einem ebenso deutlichen Anstieg der Abiturientenquoten: Während 1960 erst 6% eines Altersjahrgangs die Allgemeine Hochschulreife erwarb, erlangten im früheren Bundesgebiet 1990 mit 24% nahezu ein Viertel eines Altersjahrgangs die allgemeine Studienberechtigung. Dazu kamen noch weitere 9% eines Jahrgangs, die die Fachhochschulreife erhielten, so dass in diesem Jahr mit 33% ein Drittel eines Jahrgangs zur Hochschulreife geführt wurde (vgl. BMBF 2005: 89). An diese Expansionsentwicklung haben die neuen Bundesländer sehr schnell Anschluss gefunden, so dass Deutschland insgesamt im Jahre 2008 bei der Allgemeinen Hochschulreife eine Quote von 32% und bei der Fachhochschulreife von 14% – insgesamt also eine Hochschulberechtigtenquote von 44% – erreichte (vgl. KMK 2010: 365 f.).

Neben dem *Anstieg der Übergänge zu Gymnasien* haben zwei weitere Faktoren die Entwicklung der im historischen Vergleich sehr hohen Abiturquoten befördert:

- Zum einen kann festgestellt werden, dass die Chancen derer, die zu einem Gymnasium wechselten, auch dort das Abitur zu erreichen, im Verlauf des Expansionsprozesses deutlich zugenommen haben. Hansen/Rolff haben dies auf der Basis der Analyse der Schulstatistiken Nordrhein-Westfalens und Baden-Württembergs gezeigt. Die *Erfolgsquote* (definiert als der Anteil der Abiturienten eines Jahres an den Schülern der fünften Klassen der Gymnasien neun Jahre zuvor) stieg z.B. in Nordrhein-Westfalen von 39% während der fünfziger Jahre auf 73% während der achtziger Jahre (Hansen/Rolff 1990, 52). Ein Teil dieses Anstiegs der Erfolgsquote ist sicherlich darauf zurückzuführen, dass immer mehr Schüler und Schülerinnen nach der Klasse 10 aus Hauptschulen und Realschulen in gymnasiale Oberstufen gewechselt sind und so den Verlust von Schüler/inne/n während des gymnasialen Weges von der Klasse 5 bis zur Klasse 10 tendenziell wieder rechnerisch ausgeglichen haben. Ein weiterer Teil des Anstiegs der gymnasialen Erfolgsquote erklärt sich daraus, dass die *interne Selektion* in den Gymnasien verringert wurde (z.B. durch günstigere Lernbedingungen in deutlich verkleinerten Klassen).
- Zum anderen führte der Ausbau der Gesamtschulen, des Zweiten Bildungswege und der *zum Abitur führenden Bildungsgänge* der beruflichen Schulen zu einer weiteren Erhöhung der Abiturquoten. 2008 galt für Deutschland insgesamt, dass von allen Absolventen mit Abitur 86% aus allgemein bildenden und 14% aus beruflichen Schulen stammen. Unter denen, die aus allgemein bildenden Schulen kamen, hatten aber nur 89% ihr Abitur in Gymnasien

erworben. Von der Gesamtheit der Abiturienten dieses Jahres waren damit nur 77% ‚klassische' Gymnasiasten (vgl. zu diesen Daten BMBF 2010 – Webseiten, Tabelle 2.4.6). Die *Entmonopolisierung des Gymnasiums* hat damit nahezu einem Viertel aller Abiturienten den Weg zu höherer Bildung geöffnet.

Ein Überblick über den Prozess der Bildungsexpansion im Gebiet der früheren Bundesrepublik vom Beginn der fünfziger Jahre bis heute zeigt, dass der Zugriff von Eltern und Kindern auf höhere Bildung weder durch Veränderungen der ökonomischen Bedingungen noch durch politische Einflussversuche tangiert wurde. Eltern sind auf dem Expansionspfad während der Mangelsituation der Nachkriegsjahre ebenso wie in der scheinbar nicht endenden Prosperität der sechziger Jahre gewandelt; auch die Wirtschafts- und Arbeitsmarktkrise seit Beginn der siebziger Jahre hat die *Expansionstendenz nicht durchbrochen*, sondern lediglich mit anderen Motiven, wie z.B. der Angst vor Ausbildungs- und Arbeitslosigkeit, unterfüttert. In diesen Prozess haben sich die neuen Bundesländer während der neunziger Jahre sehr zügig ‚eingefädelt'.

Das vor dem Hintergrund der deutschen Entwicklung nach 1945 beeindruckende Ausmaß der Bildungsexpansion wird allerdings *deutlich relativiert*, wenn man die deutsche Bildungsbeteiligung im *internationalen Kontext* betrachtet. In der von der OECD dazu für 2006 erstellten Übersicht (vgl. OECD 2008: 48) erwerben im Ländermittel aller OECD-Mitgliedstaaten 60% der entsprechenden Altersgruppe eine Hochschulzugangsberechtigung. Deutschland mit einem Wert von 40% liegt damit eindeutig unterhalb des OECD-Mittelwerte. (Das Abweichen dieses Wertes von dem in dieser Darstellung referierten Wert von 44% für den gemeinsamen Anteil von Allgemeiner Hochschulreife und von Fachhochschulreife erklärt sich durch die gegenüber der deutschen leicht veränderte OECD-Berechnungsweise.)

3.2 Ergebnisse der Bildungsexpansion: Es gibt Verlierer und Gewinner

An dem so skizzierten Prozess der Bildungsexpansion konnten nicht alle Angehörigen der jeweiligen Jahrgangskohorten gleichermaßen teilnehmen. Im Folgenden soll daher der Blick auf die ‚Verlierer' und auf die ‚Gewinner' dieses Prozesses gelenkt werden. Dies soll so geschehen, dass zunächst die Gruppe derer, die *ohne eine abgeschlossene Berufsausbildung* das Bildungs- und Beschäftigungssystem verlässt, näher betrachtet wird. Daran anschließend soll die in diesem System erfolgreichste Gruppe derer, die einen *Hochschulabschluss* erworben hat, in den Blick genommen werden.

3.2.1 Junge Erwachsene ohne Berufsbildungsabschluss

Trotz der zeitlichen Ausdehnung des niederen Schulwesens und trotz der qualitativen Verbesserungen in diesem Segment des Schulwesens ist es bis zum Beginn des 21. Jahrhunderts nicht gelungen, allen Absolventen des Bildungs- und Ausbildungssystems eine abgeschlossene Berufsausbildung zu vermitteln. Der Bildungsbericht 2010 gibt bezogen auf das Jahr 2008 einen Überblick über das bei jungen Erwachsenen immer noch beachtliche Ausmaß von *Ausbildungslosigkeit*: weil keine Ausbildung aufgenommen wurde, weil eine Ausbildung abgebrochen wurde oder weil die Abschlussprüfung nicht bestanden wurde. Im Einzelnen ergibt sich das folgende Bild (Autorengruppe Bildungsberichterstattung 2010: B3-8web):

- 17% aller 20- bis unter 30-Jährigen sind ohne Ausbildung verblieben – 17% der jungen Männer und auch 17% der jungen Frauen.
- Nach wie vor sind Menschen mit Migrationshintergrund mit 31% weitaus häufiger als Menschen ohne Migrationshintergrund (13%) ausbildungslos geblieben.

Aufgrund des *anhaltenden Ausbildungsplatzmangels* muss insgesamt erwartet werden, dass die hier referierten Quoten der dauerhaft ausbildungslos bleibenden jungen Erwachsenen in den folgenden Jahren kaum sinken werden.

3.2.2 Junge Erwachsene mit Hochschulabschluss

Trotz der – wie beschrieben – steil angestiegenen Quote der Schulabsolventen mit Hochschulreife konnte sich die Bildungsexpansion bei der Quote der erfolgreichen Hochschulabsolventen kaum auswirken. Gestützt auf eine Auswertung von Daten des *Mikrozensus* 2008 lässt sich zeigen, dass die Anteile der an Universitäten bzw. an Fachhochschulen Qualifizierten – jeweils in Gruppen von fünf Jahrgängen zusammengefasst – in den Jahrgangsgruppen im Bereich der Dreißig- bis Sechzigjährigen bei den Absolventen der Universitäten und bei denen der Fachhochschulen erst bei den Dreißig- bis Vierzigjährigen leicht zugenommen hat:

In der Gruppe der 30- bis 34-Jährigen liegt der Anteil der universitär Qualifizierten mit 12% um etwa drei Prozentpunkte über dem Anteil in der Gruppe der 40- bis 44-Jährigen (9%); bei den Fachhochschulabsolventen liegen die Quoten dieser beiden Altersgruppen jeweils bei 7%. Die Hochschulabsolventenquoten beider Hochschultypen zusammen übersteigen mit 19% bei den 30- bis unter 35-Jährigen die der 40- bis 45-Jährigen (16%) um 6 Prozentpunkte. Im Vergleich der heute 40- bis 44-Jährigen mit den heute 55- bis 59-Jährigen zeigt sich nahezu keine Steigerung: Den 16% der jüngeren Gruppe stehen in der älteren Gruppe 15% gegenüber.

Die Steigerung der Quote der Studienberechtigten als offensichtlichster Ausdruck der Bildungsexpansion konnte also infolge von Studienverzicht und Studienabbruch bei weitem nicht in eine Steigerung der Hochschulabsolventenquoten umgesetzt werden.

Tab. 7: Bevölkerung nach Altersgruppen und Hochschulabschluss in Prozent, ausgewählte Altersgruppen* (2008)

Altersgruppe	Fachhochschulabschluss	Universitätsabschluss**	insgesamt
30 bis 34	7	12	19
35 bis 39	7	10	17
40 bis 44	7	9	16
45 bis 49	6	9	15
50 bis 54	6	9	15
55 bis 59	6	9	15

** einschließlich Lehrerbildung
* Quelle: Statistisches Bundesamt 2010b

Dieser Befund, der des weitgehenden *,Verpuffens' der Bildungsexpansion*, eröffnet eine schul- und hochschultheoretische Perspektive: Interpretieren lässt sich diese Entwicklung als eine Verlagerung schulischer Selektivität in den voruniversitären und in den universitären Bereich. Zeitlich versetzt zur Öffnung der Gymnasien sowie zum Ausbau alternativer Wege zum Abitur und zum Abbau schulinterner Selektivität erhöhte sich faktisch – auf dem Weg der ,Selbsteleminierung' eines Teils der Studienberechtigten – die Eingangsselektivität der Hochschulen. Dies war verbunden mit einer Ausweitung der universitären internen Selektivität.

In einem Zusammenspiel von *reduzierter Verwertung der Studienberechtigungen* und *hochschulinterner Selektivität* wurde so die schulische Bildungsexpansion konterkariert und im Ertrag nahezu aufgehoben. Da die Verlagerung der Selektionsfunktion vom Eingang in die Gymnasien und vom Durchgang durch sie hin zum Übergang zu den Universitäten und zum Durchlauf durch diese mit einer massiven *Steigerung der Verweilzeit* junger Menschen im Bildungssystem verbunden war und weiter ist, verstärkt das ‚höhere' Bildungssystem (abiturführende Bildungswege und Universitäten) seine *Absorptionsfunktion*. Es vermag den Arbeitsmarkt in Zeiten seiner Überfüllung mit akademisch Qualifizierten (etwa in den Jahren der großen Lehrerarbeitslosigkeit) zu entlasten, angesichts eines aufziehenden Mangels an akademisch Qualifizierten kann sich dies allerdings als problematisch erweisen.

3.3 Verteilungseffekte des Bildungssystems: Chancenungleichheit besteht weiter fort

Die bisherige Analyse konnte darstellen, dass die Bildungsexpansion Gewinner und Verlierer kennt. Auf der einen Seite stehen all die, die auf ihrem Weg durch das Bildungs- und Ausbildungssystem Hochschulabschlüsse erwerben konnten und die damit über die vergleichbar besten Arbeitsmarktperspektiven verfügen. Diese Gruppe hat in der Altersgruppe der 30- bis 34-Jährigen einen Anteil von 19%. Ihr steht die Gruppe der ‚Verlierer' des Expansionsprozesses gegenüber, die Gruppe der jungen Erwachsenen, die keinen Berufsbildungsabschluss erwerben konnte: Sie hält bei den 20- bis 29-Jährigen einen Anteil von 17%. Diese Gruppe hat im Vergleich zu den anderen Qualifikationsgruppen die geringsten Chancen zur Teilhabe an Erwerbsarbeit.

Die Wahrscheinlichkeit, zu einer dieser beiden hier gegenübergestellten bzw. zu den dazwischen rangierenden Gruppen zu gehören, ist nun keineswegs für alle Teilgruppen der Gesellschaft gleich. Auch nach den Jahren der Bildungsexpansion wirkt das deutsche Bildungs- und Ausbildungssystem in einem hohen Maße daran mit, dass die Kinder unterschiedlicher Gruppen mit unterschiedlicher Wahrscheinlichkeit zu unterschiedlichen Qualifikationen gelangen. Das damit angesprochene Ausmaß von Gleichheit und Ungleichheit, so wie es sich im deutschen Bildungssystem in den ersten Jahren des 21. Jahrhunderts darstellt, lässt sich unter Bezug auf eine ‚Kunstfigur', die in den bildungspolitischen Debatten der sechziger Jahre eine große Rolle spielte, beschreiben. Damals galt das *‚katholische Arbeitermädchen vom Lande'* gleichsam als Inkarnation aller denkbaren Ungleichheiten im Bildungssystem. Diese Kunstfigur sollte auf vier Ungleichheiten aufmerksam machen, die das westdeutsche Schulsystem dieser Jahre charakterisierten, nämlich auf

- konfessionelle,
- schichtspezifische,
- geschlechtsspezifische und
- regionale Unterschiede.

Die Entwicklungen in diesen vier Feldern von Ungleichheit sind seither sehr unterschiedlich verlaufen.

Im Vorgriff auf die folgende differenziertere Darstellung dieser Verläufe lässt sich feststellen, dass konfessionsspezifische Ungleichheit völlig an Bedeutung verloren hat, während die Ungleichheit zwischen deutschen Kindern und Kindern fremder Ethnien infolge der Arbeitsmigration seit den sechziger Jahren zu einem neuen und bedeutenden Element gesellschaftlicher Ungleichheit geworden ist.

3.3.1 Dimension ‚Geschlecht': Mädchen und junge Frauen auf der ‚Überholspur'

Noch in den sechziger Jahren, während der Startphase der Bildungsreform, waren Mädchen im deutschen Schulsystem eindeutig benachteiligt, wenn Benachteiligung am Erreichen von Schulabschlüssen gemessen wird. Ein wichtiger Ertrag der Expansions- und Reformjahre ist es, dass Mädchen im allgemein bildenden Schulsystem mit den Jungen gleichgezogen und dass sie diese z.T. auch deutlich überholt haben: Mädchen und junge Frauen sind 2008 in Deutschland unter den Absolventen *ohne Schulabschluss* (38%) sowie unter denen mit *Hauptschulabschluss* (41%) deutlich unterrepräsentiert. Bei den Absolventen mit einem *mittleren Schulabschluss* (50%), bei denen mit *Allgemeiner Hochschulreife* (52%) sowie bei denen mit *Fachhochschulreife* (47%) sind die jungen Frauen etwa so stark vertreten wie die jungen Männer (eigene Berechnungen nach: Autorengruppe Bildungsberichterstattung 2010: 270).

Der für die Mädchen und junge Frauen insgesamt zu beobachtende *Prozess des Gleichziehens und Überholens* hat sich in allen sozialen Schichten – darauf wurde schon früh verwiesen (vgl. Böttcher 1991) – vollzogen. Er wurde für die Gruppe der Fünfzehnjährigen durch die Ergebnisse der PISA 2006-Studie noch einmal eindrucksvoll bestätigt: Beim Leseverständnis erreichten die Mädchen in Deutschland im Durchschnitt 42 Testpunkte mehr als die Jungen, während sie in Mathematik 19 und in den Naturwissenschaften nur 7 Testpunkte hinter den Jungen rangierten (vgl. dazu Prenzel u.a. 2007). Über die Gesamtheit der gemessenen Kompetenzen betrachtet erwiesen sich damit die Mädchen im PISA-Test im Vergleich zu den Jungen in Deutschland als leistungsstärker.

Diesen Erfolg, den Mädchen und junge Frauen im allgemein bildenden Schulsystem erlangten, können sie inzwischen auch beim *Wechsel in die berufliche Ausbildung* umsetzen: Bei den jungen Frauen beträgt 2008 der Anteil der Hochschulabsolventinnen an ihrer entsprechenden Altersgruppe 28%, bei den jungen Männern dagegen nur 25% (Statistisches Bundesamt 2010a: 12). Im Bereich der *Berufsausbildung* insgesamt sind junge Frauen und junge Männer annähernd gleichermaßen erfolgreich bzw. erfolglos: Junge Männer verblieben (2008) zu 17% ohne eine abgeschlossene Berufsausbildung, junge Frauen gleichfalls zu 17% (Autorengruppe Bildungsberichterstattung 2010: B3-8web). Außerhalb der Hochschulen erlernen junge Frauen ihren Beruf häufiger als junge Männer im Schulberufssystem, junge Männer dagegen sind im Dualen System überrepräsentiert (Autorengruppe Bildungsberichterstattung 2010: 271).

An deutschen *Hochschulen* war 2008 die Hälfte (50%) der Studienanfänger weiblich, bei den Hochschulabsolventen haben die Frauen mit einem Anteil von 52% die Männer überholt. Auf den weiterführenden Stufen der akademischen Karriereleiter nehmen die Frauenanteile mit steigendem Status und Qualifikationsniveau der Positionen allerdings kontinuierlich ab: Nur 42% der Doktortitel wurden von Frauen erworben und 23% der Habilitanden und Habilitandinnen waren weiblich. Der Frauenanteil bei den Professorinnen und Professoren stieg 2008 immerhin auf 17% (alle Daten aus: Autorengruppe Bildungsberichterstattung 2010).

3.3.2 Dimension ‚Region': Abgeschwächte regionale Ungleichheit

Neben geschlechts- und schichtspezifischen Ungleichheiten waren es die regionalen *Disparitäten*, die vor dem Hintergrund des Einforderns von Chancengleichheit Schulreformer anspornten: Durch einen ‚flächendeckenden' Ausbau des Schulnetzes sollte regionale Ungleichheit gemindert werden. Trotz aller Anstrengungen und trotz aller Erfolge bestehen jedoch nach wie vor unverkennbare regionale Disparitäten – zwischen den Bundesländern ebenso wie innerhalb der Länder. Vergleicht man z.B. die *Abiturquoten* (Anteil der Abiturienten am Altersjahrgang) der Länder untereinander, so findet sich (KMK 2010: 366) für 2008 bei den Flächenstaaten eine Spannweite von 24% (Bayern) bis hin zu 35% (Baden-Württemberg).

Auch verweist eine Analyse der regionalen Verteilung der Quoten derer, die die Schulen *ohne zumindest einen Hauptschulabschluss* verlassen, auf beachtliche Ausdifferenzierungen: In den Flächenstaaten finden wir 2008 eine Spannweite von 6% in Baden Württemberg bis hin zu 18% in Mecklenburg-Vorpommern. Die drei Stadtstaaten bewegen sich zwischen 8% in Bremen und 11% in Berlin (Autorengruppe Bildungsberichterstattung 2010: 338).

Diese regionale Ausdifferenzierung bei der Gruppe der Leistungsschwächsten weist auch die innerdeutsche PISA 2006-Auswertung mit ihrer Betrachtung der in den einzelnen Bundesländern erworbenen Kompetenzen auf – wenn auch mit einer deutlich anderen Reihenfolge unter den Bundesländern. Dort werden die Anteile der 15-Jährigen an den einzelnen Kompetenzstufen länderspezifisch ausgewiesen. Dabei zeigt sich bei den Flächenstaaten im Bereich der Mathematik z.B., dass die Jugendlichen, die allenfalls die *unterste Kompetenzstufe I* erreichen, in Sachsen nur 12%, in Schleswig-Holstein jedoch 23% ausmachen, im Stadtstaat Bremen sogar 29% (Prenzel u.a. 2008: 139).

Insgesamt verweisen die *nach Bundesländern differenzierten Auswertungen der PISA-Studien* der vergangenen Jahre darauf, dass es zwischen den Bundesländern eine erhebliche Spreizung der Leistungen der Schülerinnen und Schüler, soweit sie durch die PISA-Tests ausgewiesen werden, gibt: So unterscheiden sich die naturwissenschaftlichen Leistungen, die bei der PISA 2006-Studie ermittelt wurden, zwischen dem ‚Spitzenreiter' Sachsen und dem ‚Schlusslicht' Bremen um 56 Testpunkte. Nach Angaben der Autoren der Studie entspricht dies einem Lernrückstand von mehr als anderthalb Jahren. Auch wenn man nur das ‚stärkste' Flächenland Sachsen mit dem unter den Flächenstaaten schwächsten' Land Nordrhein-Westfalen vergleicht, bleibt mit einem Unterschied von 38 Testpunkten ein Rückstand von etwa einem Schuljahr.

Dass die regionalen Unterschiede bei der Bildungsbeteiligung nicht ausschließlich Ausdruck landesspezifischer Entwicklungen sind, belegen genauere *regionalisierte Analysen der Bildungsbeteiligung* in unterschiedlichen Regionen ein und desselben Bundeslandes: Wenn man z.B. in Baden-Württemberg die regionalen Übergangsquoten aus den Grundschulen in die weiterführenden Schulen betrachtet, so zeigt sich für das Jahr 2006, dass es dort bemerkenswerte regionale Ausdifferenzierungen gibt: Die Übergangsquoten zur Hauptschule reichen von 14% in Heidelberg bis hin zu 35% im Landkreis Waldshut, die zum Gymnasium von 29% im Hohenlohekreis bis hin zu 58% in Heidelberg (Landesinstitut für Schulentwicklung Baden-Württemberg 2007: 255).

Auch wenn es richtig ist, dass ein Teil der hier aufgezeigten regionalen Disparitäten nur auf den ersten Blick in den Regionen ihre Ursachen haben und dass ein genaueres Analysieren zu der Einsicht führt, dass sich insbesondere Erklärungsansätze, die auf die soziale und ethnische Zusammensetzung der Bevölkerung konkreter Regionen abheben, mit regional ansetzenden Erklärungen überlappen, so bleibt doch die Feststellung: Durch den regionalen Kontext, in dem Heranwachsende leben, wird ihre Entwicklung im Bildungs- und Ausbildungssystem nach wie vor mit geprägt.

3.3.3 Dimension ‚soziale Herkunft': Andauernde Ungleichheit zwischen den sozialen Schichten

Ein zentraler Ausgangspunkt der Schulreformbemühungen der sechziger Jahre und der Zeit danach war die immer wieder festgestellte ungleiche Chancenverteilung zwischen den Kindern aus unterschiedlichen sozialen Schichten. Dem Anspruch des demokratischen Sozialstaates, jedem seiner Mitglieder unabhängig von seiner Herkunft *gleiche Lebenschancen* zu bieten, stand die gesicherte Feststellung einer schichtspezifischen Zuteilung von Bildungs- und damit Lebenschancen entgegen. Diese Ungleichheit ist bis in die Gegenwart, also vierzig Jahre nach Beginn der Reformdebatte, erheblich.

Bei der Durchsicht der Untersuchungen, die diese Feststellung belegen, stößt der Leser auf sehr unterschiedliche *Ansätze der Messung der sozialen Herkunft*. In älteren Studien überwiegt zumeist der Bezug auf die Kategorien des Sozialversicherungssystems, also auf die Herkunft aus Arbeiter-, Angestellten-, Beamten- und Selbstständigen-Familien. Diese sehr grobe Kategorisierung bietet sich wegen der breiten Verfügbarkeit entsprechender Daten an, erweist sich aber für differenzierendere Analysen als sehr grob. Daher finden sich in den jüngeren Leistungsstudien (z.B. in den PISA- und IGLU-Untersuchungen) wechselweise drei andere Indikatoren, mit denen der *soziale Status gemessen* wird:

- *EGP-Klassen:* eine Einteilung, die auf einer Klassifikation von Berufen durch das Internationale Arbeitsamt beruht und die die Stellung im Beruf und die Weisungsbefugnis einbezieht (sieben Stufen umfassend von der ‚oberen Dienstklasse' bis zu ‚ungelernten Arbeitern/Landarbeitern')
- *ISEI:* eine Klassifikation von Berufen durch das Internationale Arbeitsamt ohne Berücksichtigung der Stellung im Beruf und von Weisungsbefugnissen
- *ESCS:* Zusammenführung von Merkmalen zum Bildungsabschluss, zum sozioökonomischen Status sowie zu einer Reihe von Merkmalen bezüglich der kulturellen Besitztümer in Haushalten

Mit einzelnen dieser Indikatoren wird in der Mehrzahl der neueren Studien gearbeitet, mit der Folge, dass die Befunde wegen der je unterschiedlichen Indikatoren nicht ohne weiteres aufeinander zu beziehen sind. Im Folgenden wird damit so umgegangen, dass die Indikatoren, die bei den unterschiedlichen Ansätzen für die sozial stärkeren bzw. schwächeren Gruppen stehen, als Hinweise auf ‚*Bildungsnähe*' bzw. ‚*Bildungsferne*' verstanden und ohne Nennung des jeweils eingesetzten Indikators wiedergegeben werden.

Zum Elementar- und Primarbereich: Wenig schichtspezifische Ungleichheit bei der Bildungsbeteiligung

Die jüngste verfügbare Auswertung, die Aussagen zu der sozialen Herkunft der Kindergartenkinder macht, ist die des Mikrozensus 2002. Sie zeigt für Deutschland, dass es bei der Beteiligung am *Kindergarten keine starken schichtspezifischen Ausdifferenzierungen* gibt: Von den mindestens Dreijährigen Kindern besuchen aus Arbeiterfamilien 80%, aus den Beamtenfamilien 84% und aus den Angestelltenfamilien 85% einen Kindergarten (vgl. BMBF 2005: 41). Diese – was die soziale Herkunft angeht – geringen Unterschiede sind nicht verwunderlich, da in dieser Altersgruppe inzwischen mit mehr als 90% nahezu alle Kinder vorschulische Einrichtungen besuchen.

Auch im *Primarbereich* lassen sich keine schichtspezifischen Unterschiede bei der Bildungsbeteiligung zeigen: Da es in diesem Bereich (sieht man von den Förderschulen, in denen etwa 5% aller Kinder des entsprechenden Alters lernen, ab) mit der Grundschule nur eine Schule für alle Kinder gibt und da alle Kinder ihre Schulpflicht in dieser Schule wahrnehmen, kann es *keine schichtspezifischen Ausprägungen* des Schulbesuchs geben. Anders verhält es sich im Anschluss an die Grundschulzeit beim Besuch der weiterführenden Schulen.

Zum Sekundarbereich: Ungleichheit beginnt beim Übergang

Der Zusammenhang zwischen sozialer Herkunft und Bildung hat in Ländern mit unterschiedlich anspruchsvollen Sekundarschultypen wie in Deutschland eine doppelte Ausprägung: Er drückt sich in herkunftsspezifischen Chancen des Kompetenzerwerbs und in herkunftsspezifischen Chancen, anspruchsvolle Schultypen zu besuchen, aus. Beide Zusammenhänge sind bedeutsam: Es ist wichtig zu wissen, wie stark die Chancen, z.B. gute Mathematikleistungen zu erbringen, vom sozialen Hintergrund eines Heranwachsenden geprägt sind. In einem Land, das wie Deutschland vom Berechtigungssystem geprägt wird, ist es aber gleichfalls hoch bedeutsam, wie stark die Chance, z.B. ein Gymnasium zu besuchen, von der sozialen Herkunft abhängig ist.

Betrachtet man den Zusammenhang zwischen sozialer Herkunft und *erreichter Kompetenz*, so bietet die PISA 2006-Studie für Deutschland ein sehr eindeutiges Bild: Die durchschnittliche Lesekompetenz eines Kindes aus der stärksten sozialen Gruppe übersteigt die eines Kindes aus der schwächsten sozialen Gruppe um 83 Testpunkte. Zur Einschätzung dieses Leistungsabstandes kann darauf verwiesen werden, dass der Abstand zwischen dem europäischen Spitzenreiter Finnland und Deutschland bei dieser Untersuchung ‚nur' 52 Testpunkte beträgt (Prenzel u.a. 2007: 326 und 229). Das in den Daten aus Deutschland zum Ausdruck kommende Ausmaß sozial bedingter Ungleichheit wird von kaum einem anderen der an den PISA-Studien teilnehmenden OECD-Länder übertroffen.

Der *Befund sozial bedingter Ungleichheit* wiederholt sich, wenn nach dem Zusammenhang zwischen der sozialen Herkunft eines Jugendlichen und der von diesem Jugendlichen besuchten *Schulart* gefragt wird. Die darauf bezogenen Befunde der PISA-Studien zeigen, dass der im Verlauf der vergangenen Jahrzehnte immer wieder belegte enge Zusammenhang zwischen der sozialen Herkunft und der besuchten Schulart fortbesteht: So besuchen ausweislich der PISA 2006-Studie 52% der Fünfzehnjährigen aus der sozial stärksten, aber nur 14% dieser Altersgruppe aus der sozial schwächsten Gruppe Gymnasien (Prenzel u.a. 2007: 329).

Die wesentlichen Weichenstellungen hinsichtlich der so ausgestalteten Verteilung von Bildungschancen erfolgen beim Wechsel von der Grundschule zu den unterschiedlichen weiterführenden Schulen, sie werden also in der Grundschule zumindest vorbereitet. Der Verteilungsprozess beim Übergang aus der Grundschule in die unterschiedlich anspruchsvollen weiterführenden Schulen wurde Ende der sechziger Jahre in einer frühen empirischen Studie von Otmar Preuß (1970) eindrucksvoll analysiert.

Tab. 8: Grundschulabsolventen nach Testergebnissen, Lehrerurteil und Anmeldung zum Gymnasium (in %)*

soziale Schicht	Eignung nach Test	Eignung nach Lehrerurteil	Anmeldung durch Eltern
an- und ungelernte Arbeiter	15	8	5
leitende Angestellte, Beamte und freie Berufe	40	59	71

* Preuß 1970: 42

Er untersuchte den Wechsel von Schülerinnen und Schülern aus unterschiedlichen sozialen Schichten aus der Grundschule in das Gymnasium und konnte zeigen, dass das durchschnittliche Leistungsniveau am Ende der Grundschulzeit schichtspezifisch variierte, dass die *Lehrerempfehlungen* hinsichtlich der angeratenen Schulform die Leistungsunterschiede verschärfte und dass schließlich die *Elternentscheidungen* dies ein weiteres Mal taten: Kinder der obersten Sozialschicht erwiesen sich zu 40% aufgrund der Tests als geeignet für das Gymnasium, gleichwohl erhielten 59% der Kinder aus dieser Sozialschicht eine Empfehlung für ein Gymnasium. Schließlich wurden 71% der Kinder dieser Schicht von ihren Eltern am Gymnasium angemeldet. Bei den Kindern aus der untersten sozialen Schicht verlief diese Kette in umgekehrter Richtung: 15% waren laut Test geeignet, 8% erhielten eine Empfehlung, 5% wurden letztlich an Gymnasien angemeldet.

Nahezu vierzig Jahre nach dieser Untersuchung bieten die aktuell vorliegenden empirischen Untersuchungen ein – was das Muster, nicht was die Größenordnungen angeht – vergleichbares Bild:

- Am Ende der Grundschulzeit, in Klasse vier, unterscheiden sich in der IGLU 2006-Studie die Kinder aus der obersten von denen der untersten Sozialschicht um 60 Testpunkte (Bos u.a. 2007a: 237). Auch bei den Kindern mit Migrationshintergrund – auf die in Abschnitt 3.3.4 näher eingegangen wird – finden wir am Ende der Grundschulzeit einen unübersehbaren Leistungsunterschied. Die IGLU-Studie weist eine Distanz zwischen den Kindern mit und denen ohne einen Migrationshintergrund von 48 Testpunkten aus (Bos u.a. 2007a: 265).
- Die gleiche Grundschulstudie belegt auch, dass Kinder aus der sozial stärksten Gruppe im Vergleich zu Kindern aus Facharbeiterfamilien, die über die gleiche Lesekompetenz und über die gleichen kognitive Grundfähigkeiten verfügen, eine 2,64fache Chance haben, eine Empfehlung zum Besuch eines Gymnasiums zu erhalten (Bos u.a. 2007a: 287). Gleichfalls erhalten in ihren Leseleistungen sowie in ihren kognitiven Grundfähigkeiten gleich starke Kinder je nach Migrationsgeschichte unterschiedliche Schullaufbahnempfehlungen: Einem Kind ohne wird im Vergleich zu einem mit Migrationshintergrund mit 1,2facher Wahrscheinlichkeit eine Gymnasialempfehlung gegeben (Bos u.a. 2007a: 289).
- Eltern aus der ‚oberen Dienstklasse' setzen sich, auch dies zeigen neuere Untersuchungen (in diesem Fall die Hamburger KESS-Studie), häufig über die Grundschulempfehlung hinweg: Die sozial stärkeren Familien der ‚oberen Dienstklasse' folgten, wenn ihr Kind ‚nur' eine Empfehlung zur Haupt- oder Realschule erhielt, zu 22% dieser Empfehlung, Kinder un- und angelernter Arbeiter dagegen zu 52% (Bos u.a. 2007b: 156).

Tab. 9: Wahrscheinlichkeit von Gymnasialempfehlungen nach sozialer Herkunft (in %)*

soziale Schicht	Empfehlung für das Gymnasium**
Facharbeiter	1,00
obere Dienstklasse	2,64

**bei gleichen kognitiven Grundfähigkeiten und gleichen Leseleistungen
Lesehilfe: Ein Kind aus der ,oberen Dienstklasse' hat im Vergleich zu einem aus einer Facharbeiterfamilie eine 2,64fache Chance, eine Empfehlung für das Gymnasium zu erhalten.
*Quelle: Bos u.a. 2007a: 287

Aus dem Zusammenspiel von *unterschiedlicher familialer Sozialisation* mit der Folge schicht- und migrationsspezifischer Leistungsfähigkeiten am Ende der Grundschulzeit, von *schicht- und migrationsspezifischen Grundschulempfehlungen* auch bei vergleichbarer Leistungsfähigkeit und schichtspezifischem *Übersteigen bzw. Befolgen der Grundschulempfehlungen* erwächst das eingangs skizzierte Ausmaß herkunftsbezogener Chancenungleichheit in den allgemein bildenden Schulen der Sekundarstufen.

Tab. 10: Lehrerempfehlung und Schulformwahl nach sozialer Herkunft in Prozent

soziale Schicht	Lehrerempfehlung	Schulformwahl der Eltern		
		HS/RS	Gy	IGS
obere Dienstklasse	HS/RS	21	40	39
	Gy	0	95	5
un- und angelernte Arbeiter	HS/RS	52	14	35
	Gy	4	89	7

*Quelle: Bos u.a. 2007b: 156

Zum Hochschulbereich: Schichtspezifische Ungleichheit nimmt zu

Die schichtspezifische Bildungsbeteiligung, die sich beim Übergang zu den weiterführenden Schulen des Sekundarbereichs herausbildet, setzt sich beim Zugang zu den Hochschulen (Fachhochschulen und Universitäten zusammen) fort. Die Daten der 18. Sozialerhebung des Deutschen Studentenwerkes belegen für 2006, dass von den Kindern aus Beamtenfamilien, in denen der Vater über einen Hochschulabschluss verfügt, 95% ein Studium aufnehmen, während nur 17% der Arbeiterkinder dies tun (Autorengruppe Bildungsberichterstattung 2008:

172). Dieses hohe Ausmaß schichtspezifischer Ungleichheit ist zu einem erheblichen Teil die Folge der im Schulsystem vollzogenen sozialen Selektivität.

Aber selbst noch bei den Schülerinnen und Schülern, die es – mit welchem sozialen Hintergrund auch immer – bis in die gymnasiale Oberstufe geschafft haben, wirken schichtspezifische Verhaltensmuster fort: Studienberechtigte aus sozial schwächeren Familien verzichten insbesondere bei mittleren und schwächeren Schulleistungen deutlich eher auf die Aufnahme eines Studiums als Studienberechtigte aus sozial stärkeren Familien (Autorengruppe Bildungsberichterstattung 2008: 326).

Zum Bereich der Weiterbildung: Ungleichheit schwächt sich ab

Ein weiteres und was die Stufen des Bildungssystems angeht letztes Mal finden wir das nun schon vertraute Muster schichtspezifischer Bildungsbeteiligung im Bereich der Weiterbildung. Eine Analyse dieses Bereichs – hier für Deutschland insgesamt – zeigt, dass 2007 hinsichtlich der Beteiligung an der allgemeinen ebenso wie an der beruflichen Weiterbildung die schon bekannte Stufung von der Gruppe der Arbeiter (34%) über die der Selbstständigen (54%) und Angestellten (54%) hin zu der der Beamten (67%) zu verzeichnen ist (Autorengruppe Bildungsberichterstattung 2008: 305). Auffallend daran ist, dass diese Weiterbildungsbeteiligung auf einem – im Vergleich zu früheren Jahren – sehr hohen Niveau stattfindet und dass die schichtspezifischen Unterschiede gegenüber denen in den allgemein bildenden Schulen und in den Hochschulen immer noch stark, aber erkennbar schwächer ausgeprägt sind.

Zu beruflichen Karriereaussichten: Von den Grenzen der Gleichheitspolitik im Bildungsbereich

Aber auch die, denen es – gleichsam ihrer sozialen Herkunft zum Trotz – gelungen ist, am Ende des Parcours durch Bildung und Ausbildung in der ‚Spitzengruppe' der erfolgreichen Teilnehmer zu landen, verspüren weiterhin den ‚langen Arm des *kulturellen Kapitals*'.

> **Kulturelles und Soziales Kapital**
> Die Begriffspaare ‚kulturelles Kapital' und ‚soziales Kapital' wurden von Pierre Bourdieu (1930-2002), einem der bedeutendsten Soziologen des 20. Jahrhunderts, für alle kulturellen und sozialen Ressourcen genutzt, die die Handlungsmöglichkeiten von Personen erweitern und folglich auch ihre sozioökonomische Stellung positiv beeinflussen können. *Kulturelles Kapitel* meint nach Bourdieu insbesondere alle Kulturgüter und kulturelle Ressour-

cen, die dazu beitragen, dass in einem sozialen System diejenigen Qualifikationen, Einstellungen und Wertorientierungen vermittelt werden, die das System zu seiner Bestandserhaltung braucht. Dies können Sachgüter (Kunstwerke, Literatur), aber auch Bildungszertifikate und Titel sein sowie Wahrnehmungs-, Denk- und Handlungsschemata, die eine Person verinnerlicht hat. *Soziales Kapital* besitzen heißt, sich in einem Netzwerk sozialer Beziehungen zu befinden, das die Übernahme sozial anerkannter Ziele, Werte und Einstellungen fördert und unterstützt. Soziales Kapital wird in Familien, in Verwandtschafts- und Nachbarschaftsgruppen, in religiösen oder ethnischen Gruppen, in Vereinen, Betrieben und politischen Parteien, aber eben auch in der Schule gebildet.

Wie hartnäckig dieses den Kindern in die Wiege gelegte Kapital selbst erfolgreiche Ausgleichsbemühungen in Schule und Hochschule überdauert, macht eine 2001 vorgelegte Studie deutlich. In einer Untersuchung über soziale Herkunft, Ausbildungswege und berufliche Karrieren wurde – bezogen auf die Promotionsjahrgänge 1955, 1965, 1975 und 1985 – der weitere Berufsweg von 6.500 promovierten Ingenieuren, Juristen und Wirtschaftswissenschaftlern verfolgt. Für diese Untersuchung wurden zur Bestimmung der sozialen Herkunft der Promovierten – gestützt auf den väterlichen Beruf – drei Untergruppen gebildet:

Unterteilt wurde in ‚Arbeiterklasse/Mittelschicht', ‚gehobenes Bürgertum' und ‚Großbürgertum' (vgl. im Einzelnen dazu Hartmann/Koop 2001: 440 ff). Das Untersuchungsergebnis ist ernüchternd: In Führungspositionen von Unternehmen gelangten aus den untersuchten Promotionsjahrgängen aus der Gruppe derer mit der sozialen Herkunft ‚Arbeiterklasse/Mittelschicht' 9%, aus der Gruppe ‚gehobenes Bürgertum' 13% und aus der Gruppe ‚Großbürgertum' 19%.

Betrachtet man nur die Führungspositionen in Spitzenunternehmen, so fällt die herkunftsspezifische Verteilung noch deutlicher aus: den 2% aus der Gruppe ‚Arbeiterklasse/Mittelschichten' standen 4% aus dem ‚gehobenen Bürgertum' und 6% aus dem ‚Großbürgertum' gegenüber.

Insgesamt zeigt die hier vorgelegte Durchmusterung der verfügbaren empirischen Befunde, dass auch am Ende des 20. und zu Beginn des 21. Jahrhunderts der Zusammenhang von sozialer Herkunft sowie Bildungs-, Ausbildungs- und Karriereweg nahezu ungebrochen ist.

3.3.4 Dimension Ethnie: Die Kinder der Arbeitsmigranten als ‚neue' Benachteiligte

In Deutschland lebten ausweislich der Mikrozensuserhebung 2008 insgesamt 15,7 Millionen Menschen (19% der Bevölkerung), die nicht im Land geboren wurden oder von denen mindestens ein Elternteil im Ausland zur Welt gekommen ist. Unter den 0- bis 15-Jährigen verfügen sogar 31% über einen so definierten Migrationshintergrund. Als vergleichbare Zahlen Anfang dieses Jahrhunderts im Kontext der ersten PISA-Studie in das öffentliche Bewusstsein gerieten, machten sie erstmals darauf aufmerksam, dass die bis dahin übliche Bezugnahme auf *‚Ausländer'*, also auf die Bevölkerung in Deutschland, die nicht über die deutsche Staatsangehörigkeit verfügt, die Herausforderungen, denen sich die Gesellschaft in Folge der Zuwanderung der vergangenen Jahrzehnte stellen muss, erheblich unterschätzt.

Die Lage der Kinder und Jugendlichen mit Migrationshintergrund im deutschen Bildungssystem zu beschreiben, fällt schwer, weil ältere Daten sich ausschließlich auf Ausländer beziehen und weil bis heute in der Bildungsstatistik zum Teil das Ausländer-, zum Teil und im wachsenden Maße das *Migrationskonzept* zu Grunde gelegt wird.

> Migrantinnen und Migranten sind im weitesten Sinne Menschen, die für einen Wohnsitzwechsel eine größere Entfernung zurückgelegt haben. Die Umschreibung ‚Menschen mit Migrationshintergrund' fasst Migrantinnen und Migranten und ihre Nachkommen unabhängig von der tatsächlichen Staatsbürgerschaft zusammen.

Mit Blick auf die Größenordnung, um die es geht, wird im Folgenden so verfahren, dass überall da, wo die Datenlage es erlaubt, auf das Migrationskonzept Bezug genommen wird; nur da, wo dabei wichtige Befunde völlig ausgeblendet würden, wird hilfsweise auf das Ausländerkonzept zurück gegriffen. Die infolge der unterschiedlichen Bezugsgruppen verwirrende Datenlage erzwingt zugleich einen Verzicht auf die Analyse von Entwicklungen im Verlauf der vergangenen Jahre.

Für Heranwachsende mit einem Migrationshintergrund stellt sich der Parcours des deutschen Bildungssystems mit all seinen Hürden – von den Kindergärten bis zum Erwerb einer Studienberechtigung – besonders hindernisreich dar. Dies beginnt bereits im *vorschulischen Bereich*: Nahezu alle Kinder ohne Migrationshintergrund (96%), aber nur etwa 84% der Kinder mit Migrationshintergrund besuchen einen Kindergarten (Autorengruppe Bildungsberichterstattung 2010: 238). Gerade in einer Zeit, in der den Kindergärten ein verstärkter

Bildungsauftrag zugewiesen wird, führt die unterschiedliche Bildungsbeteiligung in dieser Altersgruppe zu schwer wiegenden Benachteiligungen schon beim Schulstart. Im Verlauf der Schulkarrieren wächst die Ungleichheit weiter an.

Die Vergleichsstudien IGLU 2006 (Viertklässler in *Grundschulen*) und PISA 2006 (Fünfzehnjährige in den Sekundarschulen) signalisieren: Nach wie vor lernen Kinder und Jugendliche mit einer Migrationsgeschichte in Deutschlands Schulen eklatant weniger als ihre jeweils gleichaltrigen Mitschülerinnen und Mitschüler ohne Migrationshintergrund. Dies gilt für die Grundschulen, in denen beide Gruppen bei einem Mittelwert von 500 beim Leseverständnis 48 Testpunkte auseinander liegen (Bos u.a. 2007: 265). Dies trifft noch verstärkt für die Schulen der Sekundarstufe I zu: In den Naturwissenschaften übertreffen die Jugendlichen ohne die mit Migrationshintergrund sogar um 73 Testpunkte (ebenfalls bei einem Mittelwert von 500 – vgl. Prenzel u.a. 2007: 359).

Die international vergleichende Sicht belegt darüber hinaus: Auch wenn man Deutschland nur mit Ländern vergleicht, die eine *ähnliche Migrationsgeschichte* haben (also nicht mit ehemaligen Kolonialmächten wie z.B. Frankreich und nicht mit Ländern, die ihre Einwanderung gezielt steuern wie z.B. Kanada), zeigt sich, dass es den deutschen Schulen deutlich schlechter als denen dieser Länder gelingt, Heranwachsende mit Migrationshintergrund zu schulischen Erfolgen zu führen. In der Grundschule steht der deutschen Leistungsdifferenz von 48 in den Niederlanden ein Wert von 41 und in Schweden von 37 gegenüber (Bos u.a. 2007a: 265). In den *Sekundarschulen* beträgt der Vergleichswert zur deutschen Differenz von 73 Testpunkten in den Niederlanden 48 und in Schweden sogar nur 37 (Prenzel u.a. 2007: 265).

Die Kluft, die zwischen den schulisch gemessenen Leistungen von Kindern sowie Jugendlichen mit und ohne Migrationshintergrund besteht, wird auch in den Daten zu den jeweils erreichten *Bildungsabschlüssen* gespiegelt. Verfügbare Daten, die sich auf das Ausländerkonzept beziehen (auf das Migrationskonzept gestützte Informationen liegen hierzu nicht repräsentativ vor), belegen für 2008: 7% der deutschen, aber 15% der ausländischen Jugendlichen erreichen keinen Hauptschulabschluss. Und: 34% der Deutschen, dagegen jedoch nur 11% der ausländischen jungen Erwachsenen beenden ihre Schulkarriere mit der allgemeinen Hochschulreife (Autorengruppe Bildungsberichterstattung 2010: 270).

Entsprechend unterschiedlich gestalten sich auch Zugänge und Erfolge im Bereich der beruflichen Ausbildung. Beim Wechsel in das Berufsbildungssystem landen 56% der ausländischen gegenüber 32% der deutschen Jugendlichen in dem so genannten ‚Übergangssystem', in jenem Teilsystem der beruflichen Bildung, das explizit nicht darauf angelegt ist, einen zukunftsfähigen Ausbildungsabschluss zu vermitteln (Autorengruppe Bildungsberichterstattung 2010:

99). Das Ergebnis ist unübersehbar: Von allen 20- bis unter 30-Jährigen bleiben 31% der jungen ausländischen Erwachsenen endgültig ohne eine abgeschlossene Berufsausbildung – gegenüber ‚nur' 13% der gleichaltrigen Deutschen BMBF 2008a: 153).

Die sehr differenzierten Analysen, die auf der Basis der neueren Leistungsstudien des Typs IGLU oder PISA möglich wurden, verweisen auf ein ganzes Bündel erklärender Faktoren – Schichtzugehörigkeit, Beherrschung der Unterrichtssprache und Schulstruktureffekte müssen an erster Stelle genannt werden:

- Der *mittlere sozioökonomische Status* liegt bei den Familien mit deutlich unterhalb des Wertes der Familien ohne Migrationsgeschichte. Nicht erst seit den großen Leistungsstudien der letzten Jahre wissen wir, dass die Zugehörigkeit zu einer sozialen Schicht die Schulkarrieren maßgeblich prägt – insbesondere in Deutschland.
- Von der *Unterrichtssprache Deutsch* geben nur 55% der Fünfzehnjährigen mit Migrationsgeschichte an, dass sie zu Hause gesprochen würde. Möglicherweise lassen sich ein Teil der im Vergleich Deutschlands mit anderen Ländern beobachteten Leistungsunterschiede darüber erklären: In den Niederlanden sprechen 71% und in Schweden 65% der Fünfzehnjährigen zu Hause die Unterrichtssprache des jeweiligen Landes (Prenzel u.a. 2007: 355)
- Grundschulkinder ohne haben gegenüber den Kindern mit Migrationsgeschichte bei vergleichbaren kognitiven Fähigkeiten und bei gleichen Schulleistungen eine deutlich höhere Chance, eine *Empfehlung für den Besuch des Gymnasiums* zu erhalten. Dieser Verstoß gegen den Grundsatz der Leistungsgerechtigkeit setzt sich auch beim *Übergang in die Berufsausbildung* fort. Jugendliche mit Migrationshintergrund ‚landen' bei ‚guten' bzw. ‚sehr guten' (Mathematik-)Leistungen zu etwa 40% in einer betrieblichen Lehre; den Jugendlichen ohne Migrationsgeschichte gelingt dies – bei gleicher Schulleistung – zu mehr als 60% (Konsortium Bildungsberichterstattung 2006: 295).

> Das Zusammenwirken von schicht- und sprachbedingten Unterschieden und die Verstärkung der dadurch verursachten Leistungsunterschiede durch die Effekte, die sich aus der durchaus nicht leistungsorientierten Verteilung von Kindern auf unterschiedlich anspruchsvolle Bildungs- und Ausbildungsgänge ergeben, führen zu der hier dokumentierten Benachteiligung, der Kinder, Jugendliche und junge Erwachsene mit Migrationshintergrund in Deutschlands Bildungssystem ausgesetzt sind.

3.4 Der Ertrag von Bildung: Sie lohnt sich

Eine bilanzierende Durchmusterung der hier vorgestellten zentralen Daten zur Öffnung der Bildungswege und zu den damit einhergehenden Expansionsprozessen sowie zur Chancenverteilung im Bildungssystem ergibt für das beginnende 21. Jahrhundert ein vergleichsweise eindeutiges Bild: Der Zulauf zu den allgemein bildenden Schulen, die dort erreichten Schulabschlüsse und die Beteiligung an beruflicher Ausbildung haben in den Jahren seit 1945 ein beachtliches Niveau erreicht. Mit der Öffnungspolitik hat es die Bundesrepublik Deutschland ermöglicht, dass eine abgeschlossene Schulbildung mit einer anschließenden Berufsausbildung in Betrieben, Schulen und Hochschulen zur Normalbiographie der Heranwachsenden werden konnte. Ein Abweichen von dieser Norm, wie es sich seit den neunziger Jahren in Folge des Mangels an Ausbildungsplätzen im Rahmen der dualen Berufsausbildung wieder verstärkt ergeben hat, wird zu Beginn des 21. Jahrhunderts als Versagen auch der Gesellschaft wahrgenommen.

Innerhalb dieser so *beachtlichen Expansion der Bildungsbeteiligung* – auch dies gehört zu einer Bilanz – ist es aber nur teilweise gelungen, dem im Grundgesetz verankerten Chancengleichheitsgebot nachzukommen. Immer noch stellen die regionale und insbesondere die soziale Herkunft sowie neuerdings die Migrationsgeschichte entscheidende Einflussfaktoren dar, wenn es um die Bildungschancen der Heranwachsenden geht. Die so offensichtlich *ungleiche Verteilung von Bildungschancen* trägt – dies belegt eine Durchsicht der einschlägigen Untersuchungen beeindruckend – in einem erheblichen Umfang zu einer ungleichen Verteilung von Lebenschancen bei und bestimmt somit den weiteren Lebensweg (vgl. dazu insgesamt Block/Klemm 1997; Autorengruppe Bildungsberichterstattung 2010: 193 ff.). Dies soll – exemplarisch – für die Bereiche der beschäftigungsbezogenen Erträge und der außerberuflichen Erträge abschließend gezeigt werden.

3.4.1 Beschäftigungsspezifische Wirkungen: Beachtliche Erträge von Bildung

Die Auswirkungen der Höhe des Schulabschlusses für die Teilhabe am Erwerbsleben sind unverkennbar: Sie zeigen sich beim Eintritt in eine *Berufsausbildung*, bei der *Teilhabe an Erwerbsarbeit* und beim *erzielbaren Einkommen*. Gerade in Phasen des Ausbildungsplatzmangels wird deutlich, wie stark die Chancen, einen Ausbildungsplatz zu erhalten, mit dem erworbenen Schulabschluss zusammenhängen. So erhielt im Jahr 2008 von allen Schulabsolventen ohne Hauptschulabschluss mit 26% nur etwa ein Viertel einen Ausbildungsplatz im dualen Ausbildungssystem (eigene Berechnungen nach BIBB 2010: 149). Die darin zum Ausdruck kommende Verbindung zwischen Schulbildung und Ausbildungschancen setzt sich in dem ebenso beachtlichen Zusammenhang zwischen Ausbildungsabschluss und Arbeitslosigkeit fort.

Eine qualifikationsspezifische Analyse der Statistiken zur Erwerbslosigkeit belegt, dass Ausbildungslosigkeit ein deutlich erhöhtes Arbeitslosigkeitsrisiko nach sich zieht – und zwar lebenslang. Die entsprechende Daten zum *Zusammenhang zwischen Ausbildungsniveau und Arbeitslosenquoten*, die von der OECD präsentiert werden, zeigen: Im Jahr 2006 betrug die Arbeitslosenquote in Deutschland in der Gruppe derer, die mit ihren Bildungs- und Ausbildungsabschlüssen unterhalb der Sekundarstufe II geblieben sind, 20%; in der Gruppe derer dagegen, die über einen Abschluss des Tertiärbereichs verfügen, lag diese Quote ‚nur' bei 5%. Diese qualifikationsspezifische Spreizung findet sich nahezu in allen OECD-Ländern – wenn auch unterschiedlich stark ausgeprägt und auf unterschiedlichem Niveau (vgl. dazu: OECD 2008: 171).

Auch die unter den dauerhaft ohne Ausbildung bleibenden Erwachsenen, die in Erwerbsarbeit einmünden, ‚spüren' ihre niedrigen Bildungs- und Ausbildungsabschlüsse. Eine Auswertung des Zusammenhangs zwischen Abschlüssen und dem *erzielbaren Einkommen* zeigt für Deutschland (2006), dass das monatliche Bruttoeinkommen mit der Höhe der erreichten Bildungsabschlüsse steigt. Wenn das Einkommen eines Arbeitnehmers, der einen Bildungsabschluss der Sekundarstufe II erreicht hat, zum Bezugspunkt gewählt wird, so verdienen Erwerbstätige ohne diesen Abschluss 90% und solche mit einem Hochschulabschluss 164% (OECD 2008: 185).

3.4.2 Außerberufliche Wirkungen: Mehr Autonomie, mehr gesellschaftliche Teilhabe, bessere Gesundheit

Der individuelle Nutzen von Bildung und damit die Folgen ungleicher Bildungsbeteiligung bleiben aber keineswegs auf den im engeren Sinne ökonomischen Bereich beschränkt. Die Teilhabe an Bildung stellt den Einzelnen kognitive Kompetenzen zur Verfügung, die – neben ihrer Bedeutung für den Zugang zum Erwerbsleben – auch im *außerberuflichen Bereich* von hoher Bedeutung sind. Dies soll mit ausgewählten Beispielen belegt werden:

Im Verlauf der Bildungsexpansion konnte die *Bildungsbeteiligung der Mädchen und jungen Frauen* drastisch gesteigert werden. Inzwischen haben sie – wie gezeigt wurde – in allen Bereichen der Schulen die Jungen und jungen Männer überholt. Anfang des 21. Jahrhunderts stellen sie auch bei den Erstsemestern der Universitäten die Mehrheit. Dies hat zu einer *Stärkung ihrer individuellen*

Orientierungsmöglichkeiten beigetragen. Die Belege dafür sind unübersehbar: Die Erwerbsbeteiligung der Frauen ist während der Jahre der Bildungsexpansion und auch in der Phase der sich aufbauenden Massenarbeitslosigkeit seit den 1970er Jahren stark angestiegen – und zwar in Abhängigkeit vom erreichten Ausbildungsabschluss. 2008 betrug die Erwerbsquote der Frauen im Alter von über 25 Jahren in der Gruppe ohne Ausbildungsabschluss 48%, in der Gruppe mit Hochschulabschluss aber 81% (vgl. OECD 2010: 121). Diese Entwicklung hat Frauen mit gelungenen Bildungsbiografien neue Autonomiespielräume eröffnet.

Ähnlich deutlich wirkt sich die gesteigerte Bildungsbeteiligung im *Gesundheitsbereich* aus: Teilhabe an Bildung eröffnet, wie gezeigt wurde, einen sehr differenzierten Zugang zur Arbeitswelt. Diese ihrerseits bewirkt über ausgeprägte *berufsspezifische Arbeitsbedingungen* je nach Arbeitsplatz sehr unterschiedliche gesundheitliche Belastungen. Zugleich aber wirkt sich das im Bildungssystem erworbene kulturelle Kapital unmittelbar, ohne den Umweg über den Arbeitsplatz, als *Wissen über Gesundheitsrisiken* und als *Kompetenz, gesundheitsbewusst zu leben*, direkt aus. Höhere Bildung ermöglicht so insgesamt eine gesundheitsgerechtere Lebensführung. Was das bedeutet, hat Becker in einer empirischen Längsschnittanalyse zu ‚Bildung und Lebenserwartung in Deutschland' gezeigt: „Je höher das Bildungsniveau einer Person ist, umso länger dauert ihr Leben an. Für Männer reduziert sich mit jedem zusätzlichen Schuljahr das relative Mortalitätsrisiko um 8,4 Prozent und für Frauen um 16 Prozent... Offensichtlich wirken sich Investitionen in das Gesundheits- und kulturelle Kapital begünstigend auf die Lebenserwartung aus" (Becker 1998: 145).

Auch im Bereich der *politischen Partizipation* verweisen deutliche empirische Befunde auf einen unübersehbaren Zusammenhang zwischen zum Beispiel politischem Interesse und individuell erreichten Bildungsabschlüssen. Personen, die keinen Hauptschulabschluss und keinen beruflichen Abschluss haben, äußerten nur zu 12% politisches Interesse; Personen mit einem mittleren Schulabschluss äußerten dies zu 22%, Personen mit einem Hochschulabschluss dagegen zu 58% (Autorengruppe Bildungsberichterstattung 2010: 337).

3.5 Anregungen zur Wiederholung und Reflexion

1. Überlegen Sie sich eine knappe Beschreibung des Prozesses der Bildungsexpansion und prägen Sie sich einige wichtige Daten zur Bildungsbeteiligung und zum Verfehlen bzw. Erreichen von Bildungsabschlüssen ein.
2. Vergegenwärtigen Sie sich die Chancenverteilung durch das Bildungssystem und beachten Sie dabei insbesondere die Aspekte von Schicht, Geschlecht, Region und Migrationshintergrund.
3. Wie verhält sich das Leistungsprinzip mit der Chancenverteilung in den und durch die Schulen?
4. Machen Sie sich die Bedeutung von Bildungsteilhabe und Bildungsabschlüssen für die individuellen Lebenschancen klar.

4 Die steuerungstheoretische Perspektive: Wie werden Schulsysteme und Einzelschulen gesteuert?

In den vorherigen Kapiteln wurden bislang drei große thematische Blöcke behandelt: In historischer Perspektive wurde die Entstehung und Etablierung des deutschen Schulsystems im 19. und 20. Jahrhundert skizziert, um daran anschließend den Blick auf das gegenwärtige System zu lenken. Zentral dabei waren die Beschäftigung mit dem Aufbau des Bildungswesens und – im daran anschließenden Kapitel – mit den Folgen des Bildungsexpansions-Prozesses und der ungleichen Teilhabe an Bildung und ihrem individuellen und gesellschaftlichen Ertrag.

Mit diesem Kapitel wird nun ein weiterer Perspektivwechsel vorgenommen, der sich mit der Frage beschäftigt, wie das deutsche Schulsystem gesteuert wird. Die Betrachtung erfolgt zum einen auf der Ebene des Bildungssystems, indem die Zuständigkeiten und die Kompetenzverteilung zwischen Bund, Ländern und Gemeinden einschließlich ihrer wechselseitigen Koordinierung dargestellt werden (Kapitel 4.1). Zum anderen wird gefragt, wie die Arbeitsprozesse innerhalb der Einzelschule als lernende Organisation im Kontext ihrer spezifischen Rahmenbedingungen koordiniert werden (Kapitel 4.2). Schließlich wird das Verhältnis von Schulsystem und Einzelschule im Kontext des veränderten Steuerungsparadigmas zugunsten einer auf den Ertrag von Bildung ausgerichteten Steuerung in den Blick genommen (Kapitel 4.3).

4.1 Gestaltung des Systems: Im föderalen Staat sind die Zuständigkeiten auf verschiedene Ebenen verteilt

Die Herausbildung und die aktuelle Entwicklung des deutschen Schulsystems war und ist geprägt von der *Kulturhoheit der Länder*. Die mit diesem Begriff umschriebene Zuständigkeit der Bundesländer für alle Fragen der Kulturpolitik und -verwaltung, die vom Bundesverfassungsgericht als „Kernstück der Eigenstaatlichkeit der Länder" bezeichnet wurde (BverfGE 6,309: 346 f.), ist nicht erst eine Besonderheit der nach dem zweiten Weltkrieg begründeten Bundesrepublik Deutschland; sie ist vielmehr eng verbunden mit der Herausbildung eines deutschen Nationalstaates im 19. Jahrhundert.

Schon in der ersten Verfassung des *Deutschen Reiches* aus dem Jahr 1871 taucht das Gebiet der Kulturpolitik unter ‚Angelegenheiten', die der Beaufsichtigung seitens des Reiches und der Gesetzgebung auf Reichsebene unterliegen, nicht auf. In Artikel 4 der Reichsverfassung, der diese ‚Angelegenheiten' beschreibt, sind Kulturfragen (und das heißt auch: Schulfragen) nicht einmal am Rande vertreten. Kulturelle Angelegenheiten lagen im Kaiserreich in der Zuständigkeit der Reichsländer (Boldt 1987).

Auch wenn dies in der *Weimarer Republik* nicht grundsätzlich anders war, räumte die Weimarer Verfassung dem Zentralstaat, dem Reich, größere Einwirkungsmöglichkeiten im Feld der Schulpolitik ein. Der vierte Abschnitt der Weimarer Verfassung von 1919 – mit ‚Bildung und Schule' überschrieben – griff in seinen Artikeln 142 bis 150 in Bereiche ein, die die bisher bestehende Kulturhoheit der Länder tangierten. So wurde eine für das Reich einheitliche Lehrerbildung vorgeschrieben, die staatliche Schulaufsicht wurde verankert, ebenso die allgemeine Schulpflicht. Insbesondere die Schulstruktur mit der gemeinsamen Grundschule wurde in der Reichsverfassung festgelegt und private Vorschulen wurden aufgehoben (Boldt 1987). Trotz dieser Verfassungsbestimmungen, die der kulturellen und schulischen Entwicklung einen Rahmen setzten, blieben auch in der Weimarer Republik die Reichsländer die eigentlichen Träger der Kultur- und Schulpolitik.

Nach der Zentralisierung, die in der Zeit der nationalsozialistischen Herrschaft in Deutschland im Kultur- und Bildungsbereich durchgesetzt worden war, knüpfte die *Bundesrepublik Deutschland* – anders als die DDR – wieder an der föderalen Tradition Deutschlands an. Artikel 20 des Grundgesetzes formuliert im ersten Absatz: „Die Bundesrepublik Deutschland ist ein demokratischer und sozialer Bundesstaat." Aus dem Prinzip der Bundesstaatlichkeit wird abgeleitet, dass die Aufgaben des Staates zwischen dem Bund und den Ländern aufgeteilt sind und dass beide ihre Aufgaben grundsätzlich eigenständig wahrnehmen und hierfür mit entsprechenden Finanzmitteln ausgestattet werden.

Der föderalen Grundnorm folgend gilt (Artikel 30): „Die Ausübung der staatlichen Befugnisse und die Erfüllung der staatlichen Aufgaben ist Sache der Länder, soweit dieses Grundgesetz keine anderen Regelungen trifft oder zulässt." Auf diesem Hintergrund hat sich die im Folgenden skizzierte Kompetenzverteilung herausgebildet.

4.1.1 Bundesweite Vorgaben und Bundeskompetenzen

Für die aktuelle Kompetenzverteilung im Bildungsbereich gilt, dass es einige wenige Vorgaben gibt, die die Länder in ihrer Kompetenz begrenzen. Die wichtigsten von ihnen sollen im Folgenden benannt und knapp charakterisiert werden.

Staatliche Schulaufsicht

Artikel 7 (1) GG lautet: „Das gesamte Schulwesen steht unter der Aufsicht des Staates." Diese Regelung bezieht sich explizit (vgl. die Absätze 4 und 5 von Artikel 7 GG) auch auf die privaten Schulen, die in Deutschland jedoch eine vergleichsweise geringe Bedeutung haben. Im Kommentar von Jarass/Pieroth (1992: 195) wird zum Begriff ‚*Schulaufsicht*', so wie er im Grundgesetz verwendet wird, ausgeführt: „Schulaufsicht wird traditionell umfassend als die Gesamtheit der staatlichen Befugnisse zur Organisation, Leitung und Planung verstanden.... Dazu zählt auch die Festlegung der Ausbildungsgänge und Unterrichtsziele [...]."

Chancengleichheit im Bildungswesen

In Artikel 3(3) des Grundgesetzes heißt es: „Niemand darf wegen seines Geschlechtes, seiner Abstammung, seiner Rasse, seiner Sprache, seiner Heimat und Herkunft, seines Glaubens, seiner religiösen oder politischen Anschauungen benachteiligt oder bevorzugt werden. Niemand darf wegen seiner Behinderung benachteiligt werden." In dem schon herangezogenen Grundgesetz-Kommentar erläutern Jarass und Pieroth (1992: 389) : Nicht allein „formale, rechtliche Freiheit, sondern reale, in der sozialen Wirklichkeit vorhandene Freiheit wird von der Verfassung bezweckt, neben der rechtlichen die faktische Chancengleichheit."

Konkurrierende Gesetzgebung

Neben den hier benannten Bereichen, in denen das Grundgesetz den Ländern bundesweit Vorgaben macht, erhält der Bund im Zusammenhang der Bestimmungen zur ‚*Konkurrierenden Gesetzgebung des Bundes*' (Artikel 72 und 74 GG) das Recht, hinsichtlich der Ausbildungsbeihilfen und der Förderung des wissenschaftlichen Forschung tätig zu werden, „wenn und soweit die Herstellung gleicher Lebensverhältnisse im Bundesgebiet oder die Wahrung der Rechts- oder Wirtschaftseinheit im gesamtstaatlichen Interesse eine bundesgesetzliche Regelung erforderlich macht" (Artikel 72(2)GG). Darüberhinaus räumt Artikel 91b(2) GG dem Bund die Möglichkeit ein, mit den Ländern im Rahmen von „Vereinbarungen zur Feststellung der Leistungsfähigkeit des Bildungswesens im internationalen Vergleich und bei diesbezüglichen Berichten und Empfehlungen" zusammen zu wirken. Derzeit bestehen solche Vereinbarungen zur Fortsetzung der internationalen Leistungsstudien und zur regelmäßigen Erstellung eines Bildungsberichts für Deutschland (vgl. Kapitel 6.4).

4.1.2 Innere und äußere Schulangelegenheiten als Kompetenzen der Länder und Gemeinden

Alle anderen Gegenstandsbereiche des Bildungswesens fallen in die Zuständigkeit der Länder und der Gemeinden. In Artikel 8 (3) der Verfassung des Landes Nordrhein-Westfalen, die hier exemplarisch herangezogen werden soll, heißt es dazu: „Land und Gemeinden haben die Pflicht, Schulen zu errichten und zu fördern. Das gesamte Schulwesen steht unter der Aufsicht des Landes ...". Die Aufteilung der darin enthaltenen Kompetenzen zwischen dem jeweiligen Land und den ihm angehörigen Gemeinden (kreisfreie Städte, Kreise, kreisangehörige Städte und Gemeinden) lässt sich – vereinfachend – mit den Begriffen ‚innere' und ‚äußere' Schulangelegenheiten beschreiben.

> **Erläuterung**
> Als Gemeinde oder Kommune bezeichnet man diejenigen Gebietskörperschaften, die im öffentlich-verwaltungsmäßigen Aufbau von Staaten die kleinste räumlich-administrative Entität darstellen.

Äußere Schulangelegenheiten
Zu den äußeren Schulangelegenheiten, für welche die *Gemeinden als ‚Schulträger'* zuständig sind, gehören insbesondere

- die Errichtung und der Erhalt von Schulgebäuden,
- die Einstellung und Finanzierung des nicht lehrenden Personals (Schulsekretariate, Hausverwaltung, Schulpsychologen, Schulsozialarbeiter) sowie
- die kommunale Schulentwicklungsplanung mit ihrer Vorsorge dafür, dass Schulgebäude am richtigen Standort, in der richtigen Betriebsgröße und zur richtigen Zeit zur Verfügung stehen.

Trotz der Zuständigkeit der Schulträger, die in der Regel Gemeinden sind, müssen diese nicht alle Ressourcen dafür alleine aufbringen. Zum Ausgleich der Schulkosten zwischen Gemeinden und Land erhalten die Schulträger aus dem Haushalt des für Schulen zuständigen Ministeriums Erstattungen für bestimmte Aufwendungen wie z.B. die Schülerbeförderung oder die Lernmittelbereitstellung. Außerdem unterstützt das Land die Gemeinden durch einmalige Beihilfen, z.B. zu den Kosten für den Schulbau oder durch bestimmte Zuschüsse zu den laufenden Kosten. Auch den privaten Schulträgern werden Zuschüsse zu den Baukosten und zum Betrieb ihrer Schulen gezahlt.

Innere Schulangelegenheiten
Unter den inneren Schulangelegenheiten, für welche die *Länder* zuständig sind, werden alle *im engeren Sinne pädagogischen Bereiche* verstanden. Dies sind insbesondere

- die Ziele und Inhalte des Unterrichts (Lehrpläne, Stundentafeln, Schulbücher, Versetzungen, Prüfungen),
- die Ausbildung, Einstellung, Finanzierung des lehrenden Personals sowie
- die strukturelle Ausgestaltung des Schulwesens (Schulformen, Schuldauer).

Die Zuständigkeit der Länder – institutionell repräsentiert durch die jeweils für Schule zuständigen Ministerien – für die inneren Schulangelegenheiten bezieht sich auf die Steuerung der eigentlichen Unterrichts- und Erziehungsarbeit; dieser Aufgabe kommen die Länder durch rechtliche und administrative Regelungen nach. Darin werden Erziehungsziele festgelegt, Lehrpläne erstellt, Anforderungen an die Schulabschlüsse bestimmt, Grundfragen der Schulstruktur beantwortet und die Ausbildung und Prüfung der Lehrkräfte strukturiert. Schließlich obliegt der zuständigen Instanz auf Landesebene auch die Auswahl und Zuweisung der Lehrkräfte an die einzelnen Schulen. Neuerdings geben einige Länder den Schulen die Möglichkeit, ihre Lehrerinnen und Lehrer selbst auszuwählen.

Exkurs: Lehrereinstellung
Die Lehrkräfte der Schulen eines Landes werden in der Regel zentral eingestellt und unter der Maßgabe der gleichmäßigen Versorgung den Schulen des Landes zugewiesen; die Zuweisung des Lehrpersonals an die Schulen richtet sich in einigen Ländern nach der Schülerzahl der Schule, in anderen nach der Klassenanzahl und in einer dritten Gruppe von Ländern wird sie abhängig gemacht von einer Mischung aus beiden Bezugsgrößen. Darüber hinaus werden aufgrund von *Unterrichtsmehrbedarf* und *Ausgleichsbedarf* den Schulen zusätzliche Stellen zur Verfügung gestellt. Unterrichtsmehrbedarf einer Schule kann sich zum Beispiel über Ganztagsunterricht ergeben oder über das Angebot bestimmter Fördermaßnahmen für ausgewählte Schülergruppen. Die Schulen erhalten zudem zusätzliche Stellen durch angemeldeten Ausgleichsbedarf in der Form von Vertretungsunterricht, insbesondere in der Folge langfristiger Erkrankungen der Lehrenden oder Mutterschutz/Elternzeitvertretung, der Tätigkeit von Lehrkräften, die gleichzeitig als Fachleiter an einem Studienseminar tätig sind sowie der Belastung der Lehrkräfte, die einer Personalratstätigkeit oder Schwerbehindertenvertretung nachgehen.

Neuere Instrumente ergänzen diese auf Landesebene so zu beschreibende Zentralsteuerung der Personalversorgung durch dezentrale Instrumente. Danach können Schulen ihr Personal auch selbstständig aussuchen. Bei diesem Verfahren formuliert – so z.B. in NRW, das exemplarisch herangezogen wird – die Schule einen Ausschreibungstext, aus dem das gewünschte Anforderungsprofil – gegebenenfalls mit über die Lehrbefähigung hinaus erwünschten möglichen Zusatzqualifikationen – hervorgeht. Die Bezirksregierung veröffentlicht die Ausschreibungen. Lehrerinnen und Lehrer können sich direkt auf die ausgeschriebene Stelle bewerben. Die eingehenden Bewerbungen werden dann von der Bezirksregierung gesichtet und nach Notengruppen sortiert. Eine Auswahlkommission der Schule – in der Regel zusammengesetzt aus der Schulleitung und jeweils einem Mitglied der Schul- und Lehrerkonferenz – wählt die Bewerber aus, die zum Vorstellungsgespräch eingeladen werden sollen. Wenn die Schule nach Abschluss der Vorstellungsgespräche eine Bewerbung bevorzugt, die aufgrund der Examensnoten weniger qualifiziert als eine konkurrierende Bewerbung ist, wenn also vom formal vorgegebenen *Prinzip der Bestenauslese* abgewichen werden soll, so muss dies durch die Auswahlkommission eigens begründet werden: Diese Begründung muss zeigen, dass die über die Lehramtsbefähigung hinausgehenden Qualifikationen des ausgewählten Bewerbers die besseren Noten eines Mitbewerbers mehr als ausgleichen (vgl. Bellenberg/Böttcher/ Klemm 2001: 100 ff.).

4.1.3 Die Kultusministerkonferenz als Koordinatorin der Länderpolitiken

Aus der umfassenden Zuständigkeit, die den Ländern in der Bildungspolitik zukommt, ergibt sich – soll die Gleichwertigkeit der Lebensverhältnisse im Bundesgebiet gewahrt bleiben – für die Länder eine *Koordinationsaufgabe*. Zur Bewältigung dieser Aufgabe haben sie bereits 1948 mit der später so genannten *‚Ständigen Konferenz der Kultusminister der Länder in der Bundesrepublik Deutschland‘* (kurz: KMK) ein Instrument zur Abstimmung und Koordination ihrer Bildungspolitik geschaffen.

Den Präsidenten der KMK stellen die Länder in einer festgelegten Reihenfolge, also nicht aufgrund eines Wahlvorgangs. Die alltägliche Arbeit der KMK leistet ein Sekretariat, das von einem Generalsekretär geleitet wird. Dieser Generalsekretär, der vom Plenum der KMK mit Zwei-Drittel-Mehrheit gewählt wird, ist an die Weisungen des Präsidenten gebunden.

Die Beschlüsse der KMK, die durch Fachausschüsse vorbereitet werden, fallen einstimmig, wobei jedes Land – unabhängig von seiner Einwohnerzahl – eine Stimme hat. Auf diese Weise ist die *Majorisierung* eines Landes ausgeschlossen. Die so entstandenen KMK-Beschlüsse sind Empfehlungen der Länder, sie müssen daher in den Ländern, deren verfassungs- und verwaltungsrechtliche Zuständigkeit unberührt bleibt, in Kraft gesetzt werden – durch Verwaltungsanweisungen, durch Verordnungen oder durch Gesetze. Eine der, was die Schulpolitik angeht, wohl bekanntesten dieser Empfehlungen ist die von 1972, in der die gymnasiale Oberstufe neu geordnet wurde (vgl. dazu Kapitel 1.8).

Weitere Informationen zur KMK sowie zu aktuellen Beschlüssen und Maßnahmen finden sich unter www.kmk.org.

4.1.4 Bildungsfinanzierung als Spiegel der Kompetenzverteilung

Ein Blick auf die Struktur der Bildungsausgaben zeigt, dass sich die Kompetenzaufteilung zwischen dem Bund, den Bundesländern und den Kommunen dort ebenfalls widerspiegelt. In Deutschland wurden im Jahr 2007 insgesamt 148 Mrd. Euro für Bildung ausgegeben. 79% davon, also etwa 117 Mrd. Euro, zahlten die öffentlichen Haushalte, 21%, also etwa 31 Mrd. Euro, leistete der private Bereich.

Die Aufteilung der öffentlich getätigten Bildungsausgaben, also der insgesamt 117 Mrd. Euro, auf die drei Ebenen bildet deren *Kompetenzhierarchie* ab: 67% dieser Bildungsausgaben kommen aus den Länderhaushalten, 19% aus den kommunalen Haushalten und nur 14% aus dem Bundeshaushalt. Wenn man den Blick nur auf die Ausgaben für die allgemein bildenden und die beruflichen Schulen richtet, so gibt die Verteilung der Ausgabenlasten noch stärker die Kompetenzaufteilung wider: Von den für die Schulen verausgabten Mitteln (64 Mrd. Euro) kamen 75% aus den Ländern, 18% aus den Kommunen und nur 7% vom Bund.

Der hohe Anteil, der insbesondere im Schulwesen von den Landeshaushalten erbracht wird, erklärt sich in erster Linie aus der hohen Bedeutung, die den Kosten für das Personal zukommt: Im Schulbereich sind etwa 80% aller Ausgaben Aufwendungen für das Personal (vgl. zu diesen Daten Statistisches Bundesamt 2010c: 12 f.).

4.1.5 Schulaufsicht: Von der ‚Eingriffs-' zur ‚Beratungsaufsicht'

Das zentrale Instrument, mit dem die Länder die im Rahmen ihrer Kompetenzen jeweils verfolgte Schulpolitik umsetzen und überwachen, ist das der Schulaufsicht. Schulaufsicht ist die staatliche Realisierung des bereits zitierten Verfassungsgebots des Artikels 7 Absatz 1 des Grundgesetzes: „Das gesamte Schulwesen steht unter der Aufsicht des Staates." Ähnliche Bestimmungen finden sich in allen Landesverfassungen (s.o.).

Jedes der sechzehn Bundesländer verfügt über eine eigene *Kultusadministration*, welche aus mehreren Instanzen besteht und der die Schulaufsicht obliegt. An der Spitze der Schulaufsicht steht in jedem Fall ein *Ministerium*, das zumeist neben anderen Bereichen (z.B. Wissenschaft, Jugend, Kultur...) für die Schulen zuständig ist. Von ihm gehen die wesentlichen Vorgaben der Schulentwicklung aus. Sofern es sich dabei um zentrale Bereiche des Schulwesens handelt, müssen diese Vorgaben, so sieht es die Rechtsprechung des Bundesverfassungsgerichtes vor, von der Legislative, also dem jeweiligen Parlament, auf dem Wege der Gesetzgebung erlassen werden. „Auf dieser gesetzlichen Grundlage erfüllen die Schulverwaltungen der Bundesländer ihre Gestaltungsaufgaben durch die Bereitstellung von Personal, Sach- und Finanzmitteln, vor allem aber durch Gebote und Verbote, die in den Rechts- und Verwaltungsvorschriften niedergelegt sind und die man insgesamt als ‚regulative Programme' bezeichnet" (Cortina u.a. 2008: 166). Insbesondere werden darin die Quantität und Fächerverteilung des Unterrichtsangebotes *(Stundentafel)*, Lehrpläne, Anerkennung von Lehrbüchern, Schülerkarrieren (Notengebung, Versetzung, Übergang in andere Schulformen), *Klassenfrequenzen* und *Lehrermesszahlen* geregelt.

Stadtstaaten verfügen über eine ein- bis zweistufige Aufsicht. Hamburg und Bremen haben eine ‚Behörde für Schule und Berufsbildung' bzw. ‚Behörde für Bildung und Wissenschaft'. In Berlin finden sich – der Senatsverwaltung für Bildung, Wissenschaft und Forschung nachgeordnet (der Senat ist die Landesregierung des Landes Berlin) – zwölf Außenstellen in den Bezirken der Stadt.

Flächenländer haben eine zwei- bis dreistufige Aufsicht. Rheinland-Pfalz hat – um ein Beispiel für eine zweistufige Aufsicht zu nennen – dem Ministerium für Bildung, Wissenschaft, Jugend und Kultur eine ‚Aufsichts- und Dienstleistungsdirektion' (ADD) als Landesbehörde nachgeordnet, die als Mittler zwischen der Landesregierung und der kommunalen Selbstverwaltung agiert und über zwei Außenstellen verfügt. Nordrhein-Westfalen differenziert die Schulverwaltung in ein Ministerium für Schule und Weiterbildung, in fünf Bezirksregierungen (Arnsberg, Detmold, Düsseldorf, Köln, Münster) und 54 Schulämter aus.

Eine aktuelle Übersicht über die Organisation der Schulaufsicht in allen Ländern stellt die Konferenz der Schulaufsicht in der Bundesrepublik Deutschland (KSD) online zur Verfügung unter www.ksdev.de/strukscha_laender.htm.

Die Schulaufsicht umfasst die Bereiche

- der *Fachaufsicht*, die sich auf fachliche und methodische Fragen des Unterrichtens und der Erziehung bezieht (Zweckmäßigkeitskontrolle hinsichtlich der Art und Weise der Aufgabenerfüllung).,
- der *Rechtsaufsicht*, welche die Rechtmäßigkeit des Handelns der Akteure zum Gegenstand hat (als Gegenstück zur Selbstverwaltung; der Staat muss mittels der Rechtsaufsicht garantieren, dass die Selbstverwaltungskörperschaften nicht gegen die Rechtsordnung verstoßen) sowie
- der *Dienstaufsicht*, die das Aufsichts- und Weisungsrecht der höheren Behörde gegenüber der nachgeordneten Behörde und des Vorgesetzten gegenüber seinen untergebenen Beamten bezeichnet (in der Schule: Schulaufsichtsbeamte gegenüber Lehrkräften).

Sichtbare Repräsentanten der Schulaufsicht sind die *Schulaufsichtsbeamten*, die durch Unterrichtsbesuche, Mitwirkung bei Prüfungen oder dienstlichen Beurteilung direkt an der Schule präsent sind. Ihnen obliegt die unmittelbare Aufsicht über die Schulen. Sie sind in der Regel *Dienstvorgesetzte* der Lehrerinnen und Lehrer. Insbesondere wirken sie bei der Einstellung von Lehrkräften, Zuweisung zu bestimmten Schulen, Versetzung und Beförderung mit, sofern es sich nicht um so genannte ‚schulscharfe Einstellungen‘ durch die Schulen handelt (vgl. ‚Exkurs: Lehrereinstellung‘, s.o.).

Im Kontext der Debatten um eine verstärkte Dezentralisierung im Schulwesen wird von der Schulaufsicht heutzutage die Fokussierung auf *beratende und unterstützende Tätigkeiten* erwartet, da die in Deutschland tradierte Form der Schulaufsicht als einer so genannter *‚Eingriffsaufsicht‘* unter Druck geraten ist. Dagegen verstärken sich die Bestrebungen, aus ihr eine *‚Beratungsaufsicht‘* zu machen und ihr Selbstverständnis zu ändern, nach dem Muster vieler anderer Länder wie den Niederlanden, Dänemark, Schweden, Kanada, Finnland. Damit soll die Schulaufsicht zunehmend zur Qualitätssicherung beitragen (vgl. auch Kapitel 6.3.3 zur Verankerung von Qualitätsagenturen und Schulinspektionsverfahren im deutschen Bildungswesen).

4.2 Gestaltung der Einzelschule: Handeln erfolgt in spezifischen Zusammenhängen

Die Institution Schule befindet sich immer stärker im Wirkungskreis eines Steuerungsmusters, mit dem die angestrebte Verbesserung schulischer Arbeitsergebnisse an die Stärkung der Einzelschule geknüpft wird und mit dem zugleich ein verändertes Verständnis der Rolle von Schulaufsicht im oben skizzierten Sinne verbunden ist. Es sind vor allem zwei Entwicklungen, welche die sich vergrößernden einzelschulischen Gestaltungsfreiräume stützen: Die Forschungen über *effektive Schulen* wie auch das so genannte *New Public Management.* Beide Entwicklungen stärken die Schule als pädagogische Handlungseinheit und als *lernende Organisation.*

Die Befunde der Schulwirksamkeitsforschung zeigen die Bedeutung von Schulkultur als schulindividuelles Muster geteilter Normen, Werte, Einstellungen und Verhaltensweisen, etwa hinsichtlich Kommunikation und Kooperation, auf. Diese lassen sich jedoch nicht durch behördliche Anweisungen von oben durchsetzen, sondern sie müssen sich von Innen heraus in den einzelnen Schulen entwickeln. Dies ist aber nur möglich, wenn die einzelnen Schulen über mehr Gestaltungsspielräume verfügen. Darüber hinaus gehen die Autoren der 2001 vorgelegten OECD-Studie zu den internationalen PISA-Ergebnissen von einem Zusammenhang zwischen der *Selbstständigkeit der Einzelschule* und der Leistungsentwicklung in ihr aus. Im OECD-Text heißt es, „dass eine größere Autonomie der Schulen und stärkere Einbeziehung der Lehrkräfte in die Entscheidungsprozesse in der Regel, zumindest im Ländervergleich, in einem positiven Zusammenhang mit den durchschnittlichen Ergebnissen im Bereich der Lesekompetenz stehen“ (OECD 2001: 209).

Eine größere Gestaltungsfreiheit der einzelnen Schule ist zudem im Kontext des *New Public Management*-Einflusses (kurz: NPM = öffentliche Verwaltungsreform auf der Grundlage betriebswirtschaftlicher Effizienzkriterien) zu sehen. Dabei gibt der Staat aus der Distanz, und zwar durch Rahmenbedingungen und verbindliche Erwartungen, einen Zielhorizont vor, dessen Konkretisierung und operative Realisierung den kleineren Steuerungseinheiten des Schulsystems (regionale Einheiten oder Einzelschulen) überlassen bleibt. Im Hinblick auf Schule geben die Schulbehörden den einzelnen Schulen zunehmend Lern- und Arbeitsziele vor, während die Schulen zugleich freier in der lokalen Gestaltung von Arbeitsprozessen werden, um die Vorgaben den Bedarfen vor Ort entsprechend zu erreichen. Dieser *Paradigmenwechsel der Steuerungsphilosophie* firmiert unter dem Begriff des *Neuen Steuerungsmodells*, das zunächst Eingang in die deutsche Kommunalverwaltung fand, um die Trennung von Fachverantwortung und

Ressourcenverantwortung und damit verknüpfte Wirksamkeitsverluste zu überwinden (vgl. auch Kapitel 2.2.4 zur erweiterten *Selbstständigkeit von Schule*).

Die Einzelschule hat vor diesem sehr knapp skizzierten Hintergrund zunehmend stärkere Aufmerksamkeit erfahren. Im Sinne einer lernenden Organisation wird sie idealerweise als ein System verstanden, das sich ständig in Bewegung befindet und Entwicklungsprozesse voranbringt, um die Wissensbasis und Handlungsspielräume an die jeweiligen Erfordernisse anzupassen.

Wie aber lassen sich Schulen als Organisationen in ihrem Handeln koordinieren? Dieser Frage widmet sich der nachfolgende Absatz.

4.2.1 Schulen als Organisationen: Lernende Systeme

Organisationen sind – nach der gebräuchlichen Kurzdefinition – dauerhafte soziale Gebilde zum Zwecke der Erreichung gemeinsamer Ziele (vgl. dazu Mayntz 1968; Rolff 1992). Dies gilt gleichermaßen für die Schule als Organisation. Die Ziele, die in der Organisation Schule verfolgt werden, ergeben sich auf zweierlei Weise:

Einerseits sind Ziele vorgegeben: Das jeweilige Bundesland mit seiner Zuständigkeit für die ‚inneren Schulangelegenheiten' formuliert in seinen Gesetzen und Erlassen Ziele, auf die die einzelne Schule ihre Arbeit ausrichten muss (in Form von Lehrplänen als *Input-Dimension*, aber neuerdings auch in Form von Bildungsstandards als *Output-Dimension*). Die materiellen Voraussetzungen zur Verfolgung dieser Ziele sichert das jeweilige Land in Verbindung mit den Schulträgern, die im Rahmen ihrer Zuständigkeiten für die ‚äußeren Schulangelegenheiten' (vgl. Kapitel 4.1.2) tätig werden.

Andererseits entwickeln sich in der schulspezifischen Rezeption der vorgegebenen Ziele und der damit verknüpften inhaltlichen Schwerpunktsetzung im Rahmen des rechtlichen Spielraums Ziele auch im Verlauf des Arbeitens der einzelnen Organisationen *(Prozess-Dimension)*. Gerade für Schulen gilt, dass sie ihre Zielsetzungen im Verlauf ihres alltäglichen Handelns mehr oder weniger intentional differenzieren und weiterentwickeln, insbesondere in den Bereichen, in denen es weniger um die Weitergabe von Wissen und mehr um die Vermittlung von Werten, Normen und Einstellungen geht. Ziele „werden im Handeln hervorgebracht und sind somit nicht erklärende Variable, sondern selbst erklärungsbedürftig" (Rolff 1992: 308). Die moderne Organisationstheorie begreift Organisationen nicht mehr als geplante monolithische Blöcke, sondern als lebendige und *lernende Systeme*.

Die Erreichung wie auch die (Weiter-)Entwicklung der Ziele einer Organisation setzen zwei grundlegende, aber gegensätzliche Schritte voraus: Die zur Zielerreichung erforderliche Arbeit muss in verschiedene Einzelaufgaben *aufgeteilt* werden und die Bearbeitung der damit definierten Einzelaufgaben muss *koordiniert* werden. Die Art und Weise, in der Organisationen diese Arbeitsteilung und deren Koordinierung regeln, macht ihre Struktur aus. Der amerikanische Organisationssoziologe Mintzberg formuliert dies so: „Somit lässt sich die Struktur einer Organisation ganz einfach definieren als die Gesamtsumme aller Mittel und Wege, die der Organisation zur Arbeitsteilung und dann zur Koordinierung der Einzelaufgaben dienen" (Mintzberg 1992: 17).

Die Art und Weise der Arbeitsteilung ist der Organisation Einzelschule weitgehend vorgegeben: Jede Schule ist für eine festgelegte Altersgruppe bzw. für ein Segment aus ihr zuständig. Sie verfolgt ihre Zielsetzung im Rahmen von in der Regel dem *Prinzip des Fachunterrichts* folgenden zeitlich begrenzten Unterrichtsstunden, die von einem fachlich spezialisierten Personal erteilt werden. Die nicht unterrichtsbezogenen Aufgaben der Leitung und Verwaltung werden überwiegend von dafür eingesetztem Personal erledigt (Schulleitung, Sekretariat, Hausmeister).

4.2.2 Koordinationsmechanismen in Organisationen

Die Koordinierung von Einzelaufgaben erfolgt in Organisationen – nach Mintzberg – im Rahmen von fünf grundlegenden und in der Regel in Kombination genutzten Möglichkeiten, die ihnen dazu zur Verfügung stehen (vgl. Abb. 5). Dies sind (vgl. Mintzberg 1992: S. 19):

- die wechselseitige Abstimmung,
- die persönliche Weisung,
- die Standardisierung der Arbeitsprozesse,
- die Standardisierung der Arbeitsprodukte und
- die Standardisierung der Qualifikationen von Mitarbeiter/innen.

Diese fünf fundamentalen Strukturelemente von Organisationen sollen im Folgenden zunächst grundsätzlich vorgestellt und dann in Hinsicht auf die Organisation Schule betrachtet werden.

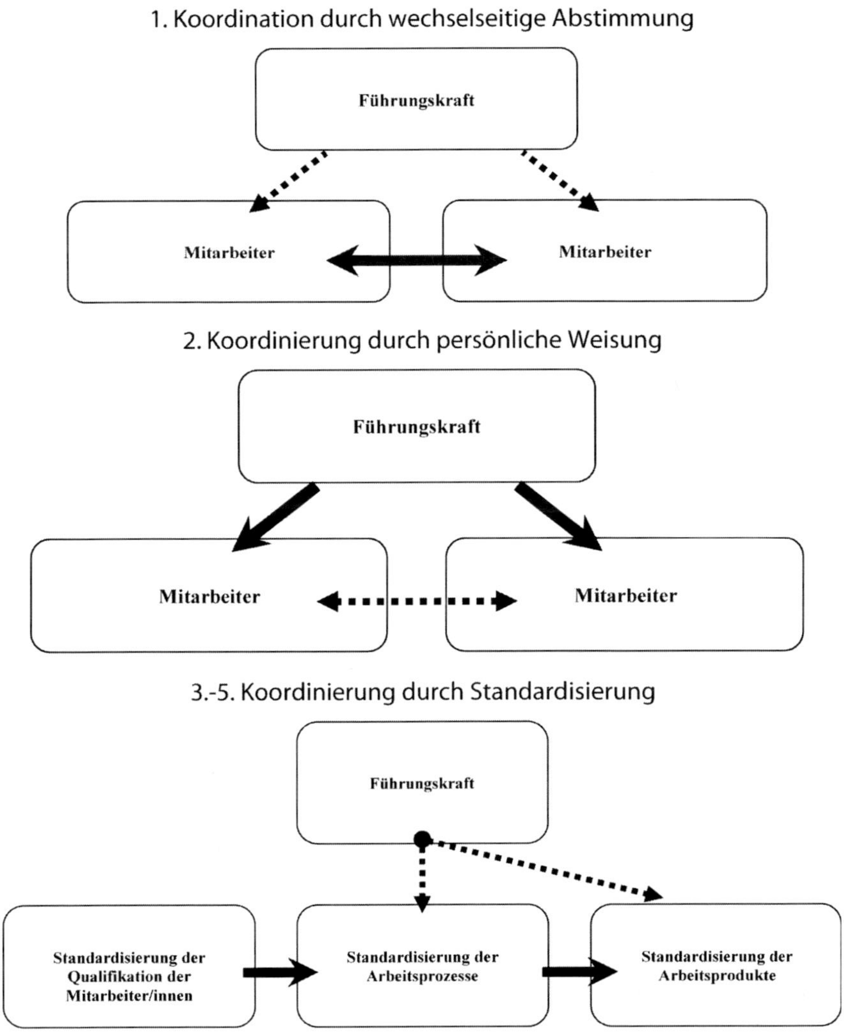

Abb. 5: Koordinierung in Organisationen nach Mintzberg 1992

Koordinierung durch wechselseitige Abstimmung

Koordinierung kann über den Prozess der wechselseitigen Abstimmung geschehen, etwa auf dem Wege informeller Kommunikation. Dieser Weg wird insbesondere in kleinen Organisationen, wie etwa in einem kleineren Handwerksbetrieb verfolgt. Auch in sehr großen Organisationen findet sich dieser Weg, wenn z.B. aufgrund der Neuheit der Aufgabenstellung noch keine formalisierbaren Routinen zur Verfügung stehen.

In Schulen findet wechselseitige Abstimmung der lehrenden Mitarbeiter und Mitarbeiterinnen auf zwei Wegen statt: zum einen in eher selten stattfindenden *institutionalisierten Konferenzen* (allgemeine Konferenzen, Fachkonferenzen), zum anderen im Rahmen *informeller Absprachen*, etwa in Pausen im Lehrerzimmer. In der überwiegenden Zahl der Schulen ist dieser Weg der Koordinierung der Arbeit jedoch eher schwach entwickelt, wie die vorliegende empirische Forschung zum Thema zeigt (vgl. z.B. Steinert/Klieme/Maag Merki 2006, Kullmann 2010).

Koordinierung durch persönliche Weisung

Da, wo eine Führungskraft die zu erledigenden Aufgaben ebenso wie die Kompetenzen der ausführenden Mitarbeiter kennt, kann die Koordinierung in der Regel durch persönliche Weisungen der Führungskraft oder zwischen Führungs- und Ausführungsebene vermittelnden Personen erfolgen.

Dieser Weg der Koordinierung der Erledigung von Teilaufgaben stellt sich in Schulen als Weisungsweg von der Schulleitung zu den Mitgliedern des Kollegiums dar. Auf diesem Weg werden sowohl Weisungen der den Schulen übergeordneten Schulaufsicht wie auch Weisungen der Schulleitung selbst weitergegeben. Dieses Instrument findet seine Begrenzung zum einen darin, dass die Schulleitung nur *in begrenztem Umfang eine Vorgesetztenfunktion* hat; zum anderen ergibt sich aus dem *Beamtenstatus der Lehrenden* eine Einschränkung der Durchsetzung von Weisungen – seien es solche der Schulaufsicht oder solche der Schulleitung.

Koordinierung durch Standardisierung der Qualifikation der Mitarbeiter/innen

Durch eine hoch standardisierte Ausbildung der Beschäftigten können diese arbeitsteilig tätig sein, ohne dass ein hoher Koordinierungsbedarf entsteht. Ein außerschulisches Beispiel stellt das Operationsteam in einem Krankenhaus dar: Der Chirurg, der Anästhesist und die operationstechnischen Assistenten wissen bei einer Routineoperation jeder für sich aufgrund ihrer wechselseitig bekannten Qualifikation sehr genau, was jeder von ihnen zu tun hat; ihr *Abstimmungsbedarf ist minimal.*

Das Zusammenfließen der von den vielen einzelnen Lehrenden geleisteten Teilaufgaben im Ziel der Bildung und Ausbildung von Schülerinnen und Schülern wird im deutschen Schulsystem in einem hohen Maße durch die Standardisierung der Qualifikation der Beteiligten gesichert: Die Lehrerausbildung ist in Deutschland durchgängig eine Ausbildung an wissenschaftlichen Hochschulen und an schulpraktisch ausgerichteten Seminaren. Die *Qualität der wissenschaftlichen Ausbildung* sichert das jeweilige Land an den Hochschulen über ein so genanntes grundständiges Studium (mit Grund- und Hauptstudium), das mit dem Ersten Staatsexamen abschließt, oder in einigen Bundesländern mittlerweile bereits über ein gestuftes Studium (mit Bachelor- und Master-Abschluss); entsprechende Prüfungsordnungen regeln das Studium detailliert, indem Inhalte und zu erreichende Kompetenzen beschrieben und ihre Erreichung überprüft wird. Die Qualität der Seminarausbildung, die in den Schulministerien unterstehenden Seminaren erfolgt, überwacht das Land durch diese Zuordnung direkt.

Aber auch die *Qualifikation der Lernenden* und deren Standardisierung trägt – zumindest wird dies angestrebt – zur Koordinierung und zur Sicherung der Qualität des ‚Produktes‘ bei. In der einzelnen Lerngruppe befinden sich Schülerinnen und Schüler, die in ihren qualifikatorischen Voraussetzungen vorgegebenen Standards entsprechen; Beispiel: Die Schülerin einer achten Klasse eines Gymnasiums hat ein bestimmtes Alter, kam aufgrund bestimmter Leistungen in das Gymnasium und erreichte die Versetzung in die Klasse 8 auf der Basis erbrachter Leistungen.

Koordinierung durch Standardisierung des Arbeitsprozesses

Da, wo der Arbeitsprozess hoch standardisiert ist und die einzelnen Teilaufgaben detailliert festgelegt sind, erübrigt sich Koordinierung weitgehend. Ein typisches außerschulisches Beispiel ist das der Fließbandarbeit, in der die Anordnung der Teilaufgaben am Band und der Takt des Bandes die Koordinierung übernehmen.

In der Schule erfolgt die Erledigung von Teilaufgaben nach detailliert festgelegten Regeln:

- Die unterrichteten Fächer, die ihnen gewidmete Unterrichtszeit, die in ihnen verfolgten Lehrpläne und die dazu verwendeten Lehrbücher sind vorgegeben bzw. – bei Lehrbüchern – unterliegen der staatlichen Kontrolle.
- Die Art und Weise der Unterrichtung ist durch die *Taylorisierung* des Unterrichts (45-Minuten-Takt), durch das – mit Ausnahme der Grund- und Sonderschulen – dominierende Fachlehrerprinzip und durch die über die Lehrerausbildung faktisch stark normierten Unterrichtsstile determiniert.

- Die Verfahren der Leistungsbewertung durch Notengebung, Versetzung und Erteilung von Schulabschlüssen sind hoch standardisiert.

Fächerübergreifende wie fachspezifische Absprachen zur Qualität des Unterrichts sind in deutschen Schulen hingegen seltener Gegenstand der schulinternen Koordinierung. Zudem dürfte es große einzelschulische Unterschiede geben. Das mittlerweile in vielen Bundesländern etablierte *Schulinspektionswesen* (vgl. Kapitel 6.4) zielt auf eine stärkere Standardisierung in diesem Bereich.

Koordinierung durch Standardisierung der Arbeitsprodukte

Da, wo Arbeitsprodukte genau standardisiert, also präzise beschrieben sind, erübrigt sich ein Teil der Koordinierung, da die Mitarbeiterinnen und Mitarbeiter bei der Lösung ihrer Teilaufgabe das Endprodukt genau vor Augen haben und dies auf ihre Arbeit koordinierend wirkt. Der einzelne Taxifahrer der Organisation ‚Taxibetrieb' muss beispielsweise nur das Ziel seines Kunden genannt bekommen. Unter Wahrung der Vorgabe, Wegstrecke und Transportzeit zu minimieren, kann er sein Produkt, das Transportieren seines Gastes an den gewählten Ort, ohne weitere Koordinierung erstellen.

Im Schulbereich werden die in den unterschiedlichen Bildungswegen zu erreichenden Bildungs- und Ausbildungsziele in Lehrplänen und Richtlinien festgelegt; neuerdings werden diese Lehrpläne und Richtlinien durch die Formulierung von *Bildungsstandards* ergänzt. Die tradierten Richtlinien und Lehrpläne sind in der Regel nach einem vergleichbaren Muster aufgebaut: Nach der Formulierung des *Bildungsauftrags* für die jeweilige Schulform werden die Bedeutung und grundlegenden Ziele des Unterrichtsfaches erläutert, Hinweise für die Benutzer des Lehrplans gegeben und die Themen mit den Richtstundenzahlen aufgelistet. Häufig enthalten die Hinweise für die verschiedenen Lernbereiche neben den verbindlichen Zielen und Inhalten auch unverbindliche Beispiele, die als Anregungen für die Unterrichtsgestaltung gedacht sind und die das Niveau der erwarteten Leistungen charakterisieren. Das Ausmaß der Erreichung der Zielvorgaben wird bei Abschluss des Bildungsgangs nach einzelnen Bundesländern und nach Schultypen auf unterschiedliche Weise festgestellt (vgl. vertiefend Kapitel 6):

- durch überregional angelegte Vergleichsarbeiten innerhalb der Bundesländer und
- durch die Vergabe eines Abschlusszeugnisses, der in einzelnen Schulformen und Bundesländern eine Abschlussprüfung, die mittlerweile vielfach als zentrale Prüfung angelegt ist (dies gilt insbesondere für die Abiturprüfung), vorangeht.

Mit der Einführung von Bildungsstandards und darauf bezogenen landesweit einheitlichen Test- und Prüfungsaufgaben sind Schulen – zumindest in den geprüften Fächern – zunehmend herausgefordert, die Wirkungen ihrer Arbeit stärker im schulischen Alltag zu berücksichtigen (vgl. Kapitel 6.1).

Überblickt man die hier vorgetragene Durchmusterung der Koordinationsmechanismen der Organisation Schule, so lässt sich das folgende Resümee ziehen: Die Koordination der in Schulen geleisteten Teilaufgaben und die dadurch angestrebte Sicherung der Zielerreichung der Schule erfolgt schwerpunktmäßig durch die Steuerungsinstrumente ‚Standardisierung der Qualifikation' und – klammert man den Bereich der Unterrichtsqualität aus – ‚Standardisierung der Arbeitsprozesse'. Die Instrumente ‚Abstimmung zwischen den Lehrenden' sowie ‚Weisung durch die Schulleitung' sind dem gegenüber von nachgeordneter Bedeutung. Relevant ist hingegen mittlerweile die ‚Standardisierung des Produktes' (vgl. dazu auch Kapitel 6).

4.3 Verhältnis von Gesamtsystem und Einzelschule: Der Wandel vollzieht sich von der Input- zur Output-Steuerung

Ganz unabhängig davon, welche staatlichen Organisationsformen sich Gesellschaften gewählt haben, besteht deren Aufgabe darin, ihr Bildungswesen so zu gestalten, dass die ihm gesetzten Ziele erreicht werden können. Vor allem die neueren großen Schulleistungsvergleiche in Ländern mit unterschiedlicher politischer und administrativer Steuerung des Bildungswesens sowie unterschiedlichen organisatorischen Rahmenbedingungen haben die Perspektive in den Vordergrund gerückt, dass die *politisch-administrativen Steuerungsformen* dafür verantwortlich sein können, dass die Bildungssysteme unterschiedlich leistungsfähig sind.

Diese Sichtweise wird dadurch herausgefordert, dass im Rahmen der ersten PISA-Studien diejenigen Länder herausragende Leistungsprofile zeigen, die – aus deutscher Perspektive – andere Steuerungs-Muster aufweisen. Vor diesem Hintergrund wird die Qualitätsentwicklung der Einzelschule zunehmend in Verbindung zur Gesamtsystementwicklung gesehen. Dabei wird vermutet, dass es eine mehr oder weniger optimale *Konfiguration von Gestaltungsinstrumenten auf politisch-administrativer Ebene* gibt, die eine institutionell gestützte Verbesserung von Lernprozessen ermöglicht. Damit wird eine Beziehung zwischen der Systemsteuerung und den Erträgen des Bildungswesens im Sinne von Leistungsergebnissen postuliert (van Ackeren/Brauckmann 2009).

Exkurs: Von der Steuerung zur Governance

Die Begriffe der ‚Planung' und ‚Steuerung' werden aktuell durch das Konzept der *‚Educational Governance'* bzw. spezieller der *‚School Governance'* national wie international in Erziehungswissenschaft, Bildungspolitik und Bildungsadministration abgelöst. Das heutige, international breit getragene Verständnis vom zunächst einmal bereichsunspezifischen Begriff ‚Governance' wurde wesentlich durch das internationale Expertengremium ‚Commission on Global Governance' Mitte der 1990er Jahre geprägt. Demnach meint Governance die Gesamtheit der zahlreichen Wege, auf denen Individuen sowie öffentliche und private Institutionen ihre gemeinsamen Angelegenheiten regeln. Es handelt sich um einen kontinuierlichen Prozess, durch den unterschiedliche, kontroverse Interessen ausgeglichen werden und kooperatives Handeln initiiert werden kann. Der Begriff umfasst sowohl formelle Institutionen und mit *Durchsetzungsmacht* versehene Herrschaftssysteme als auch *informelle Regelungen*, die von Menschen und Institutionen vereinbart oder als im eigenen Interesse stehend angesehen werden (Commission on Global Governance 1995).

Die bis dahin dominierenden Konzepte vergleichsweise einfacher und *linear-hierarchischer Planungs- und Steuerungsannahmen* wurden mit dieser Beschreibung *komplexer Konstellationsgefüge*, die ebenso Steuerungsversuche und nicht-intendierte Steuerungswirkungen umfassen, ausgeweitet. Mit dem Umdenken von der Planung und Steuerung von Bildungsprozessen hin zur Governance wird die „Pluralisierung der Gestaltung gesellschaftlicher Verhältnisse" (Schimank 2009) nicht nur im wissenschaftlichen, sondern auch im (bildungs-)politischen Diskurs begrifflich und analytisch nachvollzogen (van Ackeren/Brauckmann 2009).

Diese Beziehung zwischen dem gesamtstaatlichen Schulsystem und dem einzelschulischen System ist einerseits seit etwa Anfang/Mitte der 1990er Jahre durch die Stärkung der Selbstständigkeit der einzelnen Schule als Handlungseinheit im Kontext der bereits skizzierten *Dezentralisierungstendenzen* gekennzeichnet. Dies betrifft insbesondere den Umgang mit vorgegebenen Rahmenbedingungen *(Input)* durch spezifische einzelschulische Entscheidungs- und Bearbeitungsprozesse *(Prozess)*.

Andererseits findet sich in der Folge der schwachen Resultate bei internationalen Schulleistungsstudien seit Ende der 1990er Jahre eine zunehmende Verstärkung der *Verpflichtung von Schule auf erwartete Lernerträge (Output)* als Gegengewicht der Zurücknahme staatlicher Regelungsallmacht. Damit hat sich in Deutschland – dem internationalen Trend folgend – ein Paradigmenwechsel vollzogen.

Dieser *Paradigmenwechsel der Schulsteuerung* kennzeichnet den Wechsel der Akzentuierung von der herkömmlichen Input-Orientierung (die Tätigkeit wird über schulische und außerschulische Bedingungen gesteuert) hin zu einer Output-Orientierung (die Tätigkeit der Schule orientiert sich an den gesetzten Zielen).

Die Verleihung von mehr Gestaltungsfreiheit für die einzelnen Schulen verlangt eine systematische Überwachung der Zielerreichung, die durch ein Qualitätsmanagement sicherzustellen ist. Kehrseite dieser Entwicklung ist demnach die Verpflichtung, systematischer und genauer als bisher *Rechenschaft* (international: *accountability*) über Arbeitsergebnisse abzulegen. Dies erfolgt zum einen durch die Vorgabe von Standards, zum anderen durch Rechenschaftslegung hinsichtlich ihrer Erreichung: An entsprechenden kriteriumsorientierten Bezugsnormen in Form von Standards können erbrachte Leistungen gemessen und bewertet werden, um in einem nachfolgenden Schritt darüber in Kombinierung externer und interner Evaluationsansätze beweispflichtig zu werden (vgl. vertiefend Kapitel 6).

4.3.1 Dimensionen schulischer Steuerung

Der skizzierte Paradigmenwechsel der Schulsteuerung lässt sich mit Hilfe einer weithin etablierten Systematik beschreiben, welche die zu steuernden Teilaspekte schulischer Qualität nach verschiedenen Bereichen und Dimensionen ordnet. Hierzu hat sich die Unterscheidung in vier Bereiche durchgesetzt, die mit den Begriffen ‚Kontext', ‚Input', ‚Prozess' und ‚Output' bezeichnet werden können (vgl. vertiefend zu Modellvorstellungen, die diese Systematik nutzen, Kapitel 5.3). Das mit ihnen Gemeinte lässt sich am ehesten folgendermaßen umschreiben:

Für die Schulentwicklung relevante Aspekte des *Kontextes* sind z.B. der sozioökonomische Status der Schülerinnen und Schüler, dessen Bedeutung für die Entwicklung der Leistungen Einzelner ebenso wie der Leistungen von Schulen in Kapitel 3.3.3 dargestellt wurde. Im Bereich des Kontextes sind aber auch das Ansehen der Lehrerinnen und Lehrer oder der Stellenwert, der der Bildung in einer Gesellschaft zugemessen wird, bedeutsam. Auch wenn es sich hierbei um Aspekte handelt, die *schwer durch Steuerung beeinflussbar sind*, können sie sich doch nicht vollständig der Steuerung entziehen: Der sozioökonomische Status einer gesamten Region, in der sich eine Schule befindet, lässt sich – um ein Beispiel zu geben – durch Schulsteuerung nicht beeinflussen. Wohl aber lässt sich die soziale und kulturelle Zusammensetzung der Schülerschaft einer Schule in einer Region beeinflussen: Ob der Einzugsbezirk einer Schule durch die Schulverwaltung festgelegt wird oder ob die Schulverwaltung auf die Festlegung von Schuleinzugsbezirken verzichtet, hat sehr wohl Einfluss auf die Zusammensetzung der Schülerschaft der einzelnen Schule.

Offensichtlicher und vielfältiger sind die Möglichkeiten, das Schulsystem über die Beeinflussung von *Input*-Variablen zu steuern. Solche Variablen sind z.B. die *Qualifikation* der Lehrkräfte, die in Schulen tätig sind oder auch die Vorqualifikation, die Schülerinnen und Schüler mitbringen müssen, um in unterschiedliche Schulformen aufgenommen zu werden. In die Reihe dieser Variablen gehören aber auch die *Bildungsziele*, die dem Schulsystem insgesamt und die innerhalb des Systems einzelnen Bildungsgängen und den unterschiedlichen Jahrgangsstufen in ihnen vorgegeben werden. Ebenso zählen – in der öffentlichen Wahrnehmung besonders prominent – die den Schulen zur Verfügung stehenden *Ressourcen* zu den Variablen, mit denen man versucht, das Schulsystem und die Einzelschulen zu gestalten. Schließlich hängen von den Ressourcen z.B. die Klassengrößen, das Unterrichtsvolumen insgesamt und auch das Maß an Unterrichtsausfall ab – Größen, von denen insbesondere im öffentlichen Diskurs angenommen wird, dass sie für schulisches Lernen hoch bedeutsam sind.

Die Dimension, die in den Jahren seit Vorliegen der Ergebnisse der großen internationalen Vergleichsstudien im Mittelpunkt des Interesses steht, ist die *Prozess*-Dimension. Sie umfasst sowohl den Arbeitsprozess in einer *Schule* insgesamt wie auch den in der einzelnen *Klasse*. Die Steuerungsmöglichkeiten, die sich in diesem Feld bieten, sind zahllos: Bestimmungen dazu, wie Schulleiterinnen und -leiter ausgebildet und wie sie rekrutiert werden, die Vorgaben, mit denen die Kooperation (etwa in allgemeinen und in Fachkonferenzen) in einem Kollegium geregelt wird, oder Bestimmungen zur Weiterbildung von Lehrkräften sind unstrittig geeignet, Einfluss auf die Entwicklung einzelner Schulen und damit zugleich des Schulsystems insgesamt zu nehmen. Auch der *Prozess des Unterrichts* selbst lässt sich von außen steuern: durch Reglungen zu Lehrbüchern und Lernmaterialien, durch Bestimmungen zur Leistungsbeurteilung und auch zu Versetzungen oder durch Maßnahmen etwa der Weiterbildung, die auf die Unterrichtsqualität zielen.

Schließlich sind die *Output*- und die *Outcome*-Dimension zu nennen. Während die Outcome-Dimension, der Aspekt der *langfristigen Wirkung* des Bildungserwerbs (z.B. in der beruflichen Karriere), für die Steuerung des Bildungssystems kaum zugänglich ist, bietet der Output, der in Kompetenzen, Haltungen und Einstellungen oder auch in Zeugnissen sowie Zertifikaten fassbare Ertrag des Schulsystems, zahlreiche Steuerungsansätze. Die Art und Weise, mit der z.B. Lernergebnisse am Ende eines Bildungsgangs ermittelt und dann zertifiziert werden, wirkt in die Schulen zurück und beeinflusst deren Arbeitsweise. Zu den Output-Indikatoren gehören vielfältige fachliche und überfachliche Wirkungen:

- kognitive Kompetenzen, Lern- und Gedächtnisstrategien,
- die Fähigkeit, das erworbene Fachwissen in realen Lebenszusammenhängen einzusetzen,
- nicht kognitive Effekte (wie leistungsbezogene Werthaltungen, z.B. Lern- und Leistungsmotivation),
- Einstellungen und damit verbundene Verhaltensbereitschaften im politischen und sozialen Bereich (Unterstützung von Minderheiten, Fairness gegenüber Schwachen, Integration ausländischer Mitschüler/innen) sowie
- motivationale und emotionale Aspekte (z.B. Erwerb eines günstigen, gleichwohl aber noch realistischen Selbstvertrauens, produktiver Umgang mit Ängsten, Entwicklung stabiler fachbezogener Interessen, Selbststeuerung der eigenen emotionalen Befindlichkeit).

4.3.2 Schubkräfte des Paradigmenwechsels

Das staatliche Interesse sicher zu stellen, dass vorgegebene Ziele erreicht und nicht durch Intentionen einzelner Einrichtungen verdrängt werden, begründet sich aus der öffentlichen Verantwortung des Staates für die *Qualitätsentwicklung* und *Vergleichbarkeitssicherung* im Bildungswesen. Solange das *Berechtigungswesen* (Schulen attestieren ihren Absolventen eine öffentlich erbrachte Leistung; die abnehmenden Systeme verlassen sich auf diese Zertifikate) aufrechterhalten bleibt, müssen die Länder, schon gar in ihrer Einbindung in das föderale System, Sorge dafür tragen, dass die Wirkung schulischer Arbeit überall da, wo gleiche Zertifikate vergeben werden, vergleichbar ist. Dass dies durchaus nicht der Fall ist, haben die Befunde der international und national vergleichend angelegten Leistungsstudien der letzten Jahre sehr deutlich vor Augen geführt (vgl. dazu Kapitel 5).

Zugleich ist der Bedarf der Qualitätsentwicklung im Bildungswesen in den Prozess der zunehmenden internationalen Verflechtungen (*Globalisierung*) eingebunden. Dabei lassen sich drei fundamentale Merkmale der Globalisierung herausarbeiten:

- Das Zeitalter der Globalisierung wird von einem in seinem Ausmaß bisher nicht gekannten *Austausch von Gütern, Dienstleistungen und Kapital* auf den Weltmärkten, besser noch: auf einem Weltmarkt gekennzeichnet.
- In Zeiten der Globalisierung wird der Austausch von Menschen, Gütern, Dienstleistungen und Kapital begleitet sein von einem *in seinem Tempo bisher unvorstellbarem Austausch von Wissen* und vom Aufbau einer weltweiten Wissensgesellschaft, die den Wert von Wissen an dessen weltweiter Nützlichkeit bemessen wird.

- Im Zeitalter der Globalisierung wird Migration weltweit zunehmen: Die entwickelten Industrieländer werden mehr noch als bisher zu Zielländern von *Arbeitsmigration* werden.

Hinsichtlich der Folgen, die dieser Prozess für die beteiligten Menschen hat, gehen die Einschätzungen weit auseinander. Wenn man der eher vorsichtigen Analyse des Franzosen Daniel Cohen (‚Fehldiagnose Globalisierung') folgt, bleibt als Resümee die Erwartung einer Aufteilung der Erwerbstätigen in *Globalisierungsgewinner* und *Globalisierungsverlierer*. Cohen formuliert das so: „Die Arbeit unterliegt einem Prozess wachsender Professionalisierung, der sämtliche Handlungsträger, die sich nicht in ihn eingliedern können, an den Rand der Gesellschaft drängt" (1998: 89). Er hält es für wahrscheinlich, „dass die unqualifizierten Arbeiter in den reichen Ländern zu den Verlierern der Übergangszeit gehören, die mit aller Gewalt über sie hinein bricht – eine Zeit, in der die Nachfrage nach unqualifizierter Arbeit abrupt zusammenbricht" (ebd.: 101). Die aktuellen *Prognosen zum Qualifikationsbedarf* in Deutschland stützen diese Einschätzung: In Deutschland wird auf mittlere und lange Sicht nicht die Arbeit, wohl aber die Arbeit für gar nicht oder gering Qualifizierte ausgehen. Zugleich werden sich die Chancen auf dem Arbeitsmarkt für höher und hoch Qualifizierte schnell verbessern: Sie werden nachgefragt, ihnen eröffnen sich wieder verstärkt günstige Perspektiven.

Schon heute sind die Daten zur Arbeitslosigkeit ein unübersehbarer Beleg für die auseinander klaffende Entwicklung: Im Jahr 2006 betrug die Arbeitslosenquote in Deutschland in der Gruppe derer, die mit ihren Bildungs- und Ausbildungsabschlüssen unterhalb der Sekundarstufe II geblieben sind, 20%; in der Gruppe derer dagegen, die über einen Abschluss des *Tertiärbereichs* verfügen, lag diese Quote ‚nur' bei 5%. Diese *qualifikationsspezifische Spreizung* findet sich nahezu in allen OECD-Ländern – wenn auch unterschiedlich stark ausgeprägt und auf unterschiedlichem Niveau (vgl. dazu: OECD 2008: 171). Das darin zum Ausdruck kommende Auseinanderklaffen der Perspektiven für höher und hoch Qualifizierte auf der einen und für niedrig oder gar nicht Qualifizierte auf der anderen Seite wird eher stärker als schwächer werden. Allgemein wird erwartet, dass die *Arbeitskräftenachfrage* bis zum Jahr 2020 in Deutschland im Bereich der Arbeitskräfte mit Hochschulabschluss um etwa 1,2 Millionen steigen wird, während die Nachfrage nach Arbeitskräften ohne eine abgeschlossene Berufsausbildung im gleichen Zeitraum um etwa 0,4 Millionen zurückgehen wird (Autorengruppe Bildungsberichterstattung 2008: 335).

Angesichts der hier knapp skizzierten Folgen der Einbettung Deutschlands in den Prozess der Globalisierung stellt die Qualitätssicherung und insbesondere die Steigerung der Qualität der schulischen Bildung der schwächeren Schülerinnen und Schüler eine Herausforderung dar, die mit den überlieferten Instrumenten der Schulpolitik nur schwer zu meistern sein wird.

4.4 Anregungen zur Wiederholung und Reflexion

1. Vergegenwärtigen Sie sich die föderale Verfasstheit des deutschen Bildungswesens in ihrer Bedeutung für die Kompetenzverteilung zwischen Bund, Ländern und Gemeinden.
2. Fassen Sie die Struktur und die Aufgabenbereiche der Schulaufsicht in Deutschland – auch in ihrem aktuell sich wandelnden Selbstverständnis – zusammen.
3. Arbeiten Sie die charakteristischen Merkmale der Organisation ‚Schule' heraus und skizzieren Sie mögliche Problembereiche.
4. Überlegen Sie, ob die Stärkung der Selbstständigkeit von Schule einerseits sowie die aktuelle Output-Orientierung andererseits im Widerspruch zueinander stehen.
5. Inwieweit sind das Schulsystem sowie die Einzelschule vom Globalisierungsprozess betroffen?

5 Die qualitätsorientierte Perspektive: Wie stellt sich die Qualität der deutschen Schule im Spiegel der Leistungsstudien dar?

Mehr denn je unterliegt schulische Leistung einem öffentlichen Interesse. Wie nie zuvor wird in deutschen Schulen gemessen und international, national und interregional verglichen. Seit Mitte der 1990er Jahre ist eine deutlich *ausgeweitete Praxis verschiedener Formen von Vergleichsstudien* zu beobachten, die insbesondere die Lernerträge von Bildungssystemen fokussieren und als *Large Scale Assessments* (LSA) bezeichnet werden. Sie gehen über die Leistungserhebung an der schulischen Einzelinstitution hinaus, sie beziehen sich auf Lernergebnisse, die an vielen hundert Schulen und für tausende Schülerinnen und Schüler standardisiert erfasst werden, und sie haben in dieser Hinsicht ‚large scale'- bzw. großflächigen Charakter, da sie in großem Umfang schulische Institutionen und deren Mitarbeiter (Schülerinnen und Schüler und bei verschiedenen Testdesigns auch Lehrkräfte und Schulleitungen) einbeziehen. Large Scale Assessments unterliegen einer zentralen Steuerung, da sie durch eine Behörde oder/und eine Forschungsgruppe oder auch – dies gilt allerdings mehr für die Situation in einzelnen Nachbarländern – von einem kommerziellen Anbieter in ihrer Entwicklung, Durchführung und Auswertung gesteuert und begleitet werden. Der Begriff *Assessment* meint schließlich – ganz allgemein gesprochen – eine Einschätzung und Bewertung einer vorgefundenen Situation oder eines Ergebnisses, womit die Funktion dieser großflächigen Leistungsmessungen angedeutet wird, die über eine reine Leistungserhebung hinausgeht.

Eine solche umfängliche Stichprobe (*Sample*) erfordert einen erheblichen personellen und finanziellen Aufwand, der nur über zu erwartende bedeutsame Ergebnisse zu rechtfertigen ist. Internationale Vergleiche bieten die Chance, *Governance-Entscheidungen* (vgl. Kapitel 4.3) zu fundieren. Gerade die Schulleistungsstudien stellen einen bislang nicht da gewesenen Fundus an miterfassten *Daten zu schulsystemischen Rahmenbedingungen* zur Verfügung, der der Grundlagenforschung ebenso wie der Bildungssteuerung und der Orientierung von Bildungspraktikern nützlich ist. Entsprechend ihrer Intention bietet die Schulleistungsforschung insbesondere Steuerungshinweise auf der Systemebene. In diesem Sinne stellen die Large Scale Assessments *Systemmonitoring-*

Studien dar. Systemmonitoring meint die Erfassung von Zuständen sowie die Überwachung und Steuerung von Prozessen mittels eines standardisierten Beobachtungssystems. Allerdings ist das durch LSA erzeugte Wissen eher begrenzt, denn man erhält keine wissenschaftlich gesicherten Informationen über *Kausalzusammenhänge* oder gar wissenschaftlich erhärtete Rezepte, jedoch eine Fülle an plausiblen, empirisch gestützten Anregungen.

Vor dem skizzierten Hintergrund der mit Leistungsstudien verbundenen Ziele soll das komplexe Feld der Large Scale Assessments strukturiert werden, indem zunächst die Anlage und Durchführung der Studien im Grundsatz vorgestellt wird (Kapitel 5.1). Kapitel 5.2 leistet anschließend eine systematische Bestandsaufnahme der Studien, die seit Mitte des vergangenen Jahrhunderts mit deutscher Beteiligung stattgefunden haben, und skizziert die seit Jahrzehnten bekannten, zumeist nur mittelmäßigen Leistungen deutscher Schülerinnen und Schüler, deren Tragweite erst ab Mitte der 90er Jahre erkannt und systematisch aufgegriffen wurde. Die nachfolgenden Abschnitte widmen sich schließlich – ausgehend von den Modellvorstellungen zur Wirkung schulischer Leistungsdeterminanten (Kapitel 5.3) – konkreten Befunden zur Qualität von Schule (Kapitel 5.4) und Unterricht (Kapitel 5.5).

5.1 Anlage und Durchführung von Leistungsstudien: Der Prozess ist komplex

Vergleichsstudien produzieren enorme Datenmengen, was auf ihre großflächige Anlage und das häufig verfolgte Ziel, eine Vielzahl an Ländern vergleichen zu können, zurückzuführen ist. So waren z.B. in die erste PISA-Welle weltweit rund 180.000 Schülerinnen und Schüler einbezogen, bei der Grundschulleseuntersuchung PIRLS waren es 210.000 Teilnehmer/innen. Darüber hinaus gibt es in einigen Teilnehmerstaaten, auch in Deutschland, ein nationales *Oversampling* (Stichprobenerweiterung), um aussagekräftige regionale Vergleiche innerhalb der Länder auf der Basis einer ausreichend großen Stichprobe zu ermöglichen. Bei der PISA-Erhebung im Frühjahr 2006 waren dies in Deutschland rund 55.000 Schülerinnen und Schüler. Die Untersuchungsstichproben werden so ausgewählt, dass sie der Gesamtheit der abzubildenden *Grundpopulation* (z.B. der Schülerinnen und Schüler, die sich im Alter von 15 Jahren in der schulischen Ausbildung befinden) möglichst ähnlich sind.

Stichprobe
Als Stichprobe bezeichnet man eine unter bestimmten Gesichtspunkten ausgewählte Teilmenge einer *Grundgesamtheit* (die Menge aller potenziellen Untersuchungsobjekte), da es oft nicht möglich ist, mittels einer Vollerhebung zu Aussagen über eine Population zu kommen. „Um mit Hilfe einer Stichprobenerhebung (anstelle einer Vollerhebung) gültige Aussagen über eine Population treffen zu können, muss die Stichprobe repräsentativ sein, d.h. sie muss in ihrer Zusammensetzung der Population möglichst stark ähneln" (Bortz/Döring 2005: 401).

Für die standardisierte Stichprobenziehung in den Teilnehmerstaaten, die einen möglichst belastbaren Ländervergleich zulässt, werden die Schulsysteme in der Regel zunächst nach zentralen Merkmalen unterteilt, wie zum Beispiel nach Regionen (Länder, Provinzen, Kantone etc.) und nach Arten von Schulen, z.B. Schulformen innerhalb der Länder. Innerhalb dieser Auswahl werden dann die Schulen und die in einem zweiten Schritt getroffene Auswahl der Schülerinnen und Schüler innerhalb dieser Schulen nach einem Zufallsverfahren ausgewählt.

Für alle Schulleistungsstudien gilt, dass die *Beteiligungsquoten* der ausgewählten Schulen sowie der Schülerinnen und Schüler bestimmte Grenzen nicht unterschreiten dürfen. Ansonsten könnte man plausibel annehmen, dass sich insbesondere engagierte Schulen beteiligen, die möglicherweise ein höheres Leistungspotenzial haben. Dies kann zu erheblichen *Verzerrungen* hinsichtlich der erhobenen Daten führen. So wurden z.B. im ersten PISA-Erhebungszyklus im Jahr 2000 die Niederlande nachträglich aus der Ergebnisdarstellung ausgeschlossen, da die vorab festgelegte Teilnahmequote von 80 Prozent auf der Ebene der ausgewählten Schülerinnen und Schüler nicht erreicht wurde. Dieses Problem taucht in internationalen Vergleichsstudien immer wieder auf. Die teils in den Ergebnisdarstellungen mitgeteilten, aber aufgrund ihres eingeschränkten Informationsgehaltes kenntlich gemachten Befunde sind entsprechend vorsichtig zu interpretieren.

5.1.1 Fachliche und kontextbezogene Untersuchungsbereiche

Large Scale Assessments haben unterschiedliche inhaltliche Schwerpunktsetzungen. Im Vordergrund stehen zumeist die Lesekompetenz sowie Mathematik und Naturwissenschaften, die offensichtlich über die Länder hinweg als besonders zentral für die *private und berufliche Lebensführung* im gesamtgesellschaftlichen Zusammenhang angesehen werden, gerade auch im Hinblick auf den wirtschaftlichen Erfolg eines Landes. Zentrale Befunde zu den Kompetenzen in Englisch liefert im Bundesländervergleich die national angelegte *DESI-Stu-*

die (Deutsch Englisch Schülerleistungen International). Darüber hinaus wurden internationale Studien zum politischen Wissen sowie zum Computerwissen und Umgang mit Computern mit deutscher Beteiligung durchgeführt. Mittlerweile gewinnen *fächerübergreifende Kompetenzen*, wie Lernstrategien, Problemlösen sowie die Kommunikations- und Kooperationsfähigkeit an Bedeutung.

In der Regel werden die beteiligten Schülerinnen und Schüler und teilweise auch die Eltern zu ihrer Wahrnehmung von Schule sowie zu Merkmalen der familiären Umgebung befragt. Auf diese Weise kann analysiert werden, inwieweit *Merkmale der sozialen und kulturellen Herkunft* mit Unterschieden in der Kompetenz und in der Bildungsbeteiligung verbunden sind. Dies ist auch wichtig für einen fairen Vergleich der Befunde auf der Grundlage der unterschiedlichen Lernvoraussetzungen, die Schülerinnen und Schüler in die einzelne Schule mitbringen. Durch die Befragung der Schulleitungen gewinnt man zudem Informationen über Unterschiede zwischen Schulen, etwa im Hinblick auf Ressourcen, Aktivitäten oder Aspekte eines lernförderlichen Schulklimas.

5.1.2 Erfassung von Kompetenzen

Die Kompetenzen der Schülerinnen und Schüler werden über *domänenspezifische* Testaufgaben ermittelt (*Domäne* = Fach- oder Wissensgebiet), die in enger Zusammenarbeit zwischen internationalen und nationalen Expertengruppen entwickelt werden. Üblicherweise enthält die erste Sammlung potenzieller Aufgaben Vorschläge aus den Teilnehmerstaaten, von professionellen Aufgabenentwicklern des jeweiligen internationalen Konsortiums entworfene *Items* (Einzelaufgabe, Einzelfrage) sowie Material aus früheren Studien. Aus diesem Aufgaben-Pool wird unter anderem anhand von Rückmeldungen durch Expertengruppen der Teilnehmerstaaten eine Vorauswahl getroffen. Um festzustellen, welche Aufgaben für die Hauptuntersuchung geeignet sind, werden sie in allen Staaten an Stichproben umfassend erprobt. Damit die einzelnen Aufgaben kein Land benachteiligen, wird zum Beispiel geprüft, ob

- die Aufgaben das Leistungsspektrum in angemessener Weise abdecken,
- unabhängige Kodierer bei der Bewertung von Schülerantworten auf offene Fragen mit freien Antwortformaten zu vergleichbaren Ergebnissen kommen,
- die *relativen Schwierigkeiten* der Items für Jungen und Mädchen sowie für Gruppen mit unterschiedlichem sozioökonomischen Hintergrund vergleichbar sind,
- der Test den angestrebten relativen Anteil von offenen und geschlossenen *(Multiple-Choice)* Antwortformaten enthält,

- die Aufgaben kulturell und im Hinblick auf ihren Bezug zu den Curricula der Teilnehmerstaaten international vergleichbar sind und ob
- die Aufgaben ein breites, ausgewogenes Spektrum an Themen abdecken.

	Subskala „Informationen ermitteln"	Subskala „Textbezogenes Interpretieren"	Subskala „Reflektieren und Bewerten"
	Aufgaben auf der jeweiligen Kompetenzstufe erfordern vom Leser ...		
Stufe V	... verschiedene, tief eingebettete Informationen zu lokalisieren und geordnet wiederzugeben. Üblicherweise sind der Inhalt und die Form des Textes unbekannt, und der Leser muss entnehmen, welche Informationen im Text für die Aufgabe relevant sind.	... ein vollständiges und detailliertes Verstehen eines Textes, dessen Format und Thema unbekannt sind.	... die kritische Bewertung oder das Bilden von Hypothesen, unter Zuhilfenahme von speziellem Wissen. Typischerweise verlangen Aufgaben dieses Niveaus vom Leser den Umgang mit Konzepten, die der Erwartung widersprechen.
Stufe IV	... mehrere eingebettete Informationen zu lokalisieren. Üblicherweise ist der Inhalt und die Form des Textes unbekannt.	... z. B. das Auslegen der Bedeutung von Sprachnuancen in Teilen des Textes, die unter Berücksichtigung des Textes als Ganzes interpretiert werden müssen. Andere Aufgaben erfordern das Verstehen und Anwenden von Kategorien in einem unbekannten Kontext.	... z. B. die kritische Bewertung eines Textes oder das Formulieren von Hypothesen über Information im Text, unter Zuhilfenahme von formalem oder allgemeinem Wissen. Leser müssen ein akkurates Verstehen von langen und komplexen Texten unter Beweis stellen.
Stufe III	... Einzelinformationen herauszusuchen und dabei z. T. auch die Beziehungen dieser Einzelinformationen untereinander zu beachten, die mehrere Voraussetzungen erfüllen. Die Auswahl wird durch auffallende und konkurrierende Informationen erschwert.	... die in verschiedenen Teilen des Textes enthaltenen Aussagen zu berücksichtigen und zu integrieren, um eine Hauptidee zu erkennen, eine Beziehung zu verstehen oder die Bedeutung eines Wortes oder eines Satzes zu schlussfolgern. Beim Vergleichen, Kontrastieren oder Kategorisieren müssen viele Merkmale berücksichtigt werden. Oft ist die erforderliche Information nicht auffallend oder es gibt andere Textschikanen, wie z. B. Ideen, die das Gegenteil zu einer Annahme ausdrücken oder negativ formuliert sind.	... entweder Verbindungen, Vergleiche und Erklärungen, oder sie erfordern vom Leser, bestimmte Merkmale des Textes zu bewerten. Einige Aufgaben erfordern vom Leser ein genaues Verständnis des Textes im Verhältnis zu bekanntem Alltagswissen. Andere Aufgaben verlangen kein detailliertes Textverständnis, aber erfordern vom Leser, auf wenig verbreitetes Wissen Bezug zu nehmen. Der Leser muss die relevanten Faktoren teilweise selber ableiten.
Stufe II	... eine oder mehrere Informationen zu lokalisieren, die beispielsweise aus dem Text geschlussfolgert werden müssen und die mehrere Voraussetzungen erfüllen müssen. Die Auswahl wird durch einige konkurrierende Informationen erschwert.	... z. B. das Erkennen eines wenig auffallend formulierten Hauptgedankens eines Textes. Andere Aufgaben erfordern das Verstehen von Beziehungen oder das Erfassen einer Bedeutung innerhalb eines Textteils auf der Basis von einfachen Schlussfolgerungen. Aufgaben auf diesem Niveau, die analoges Denken beinhalten, erfordern üblicherweise Vergleiche oder Kontraste, die auf nur einem Merkmal des Textes basieren.	... z. B. einen Vergleich von mehreren Verbindungen zwischen Text und über den Text hinausgehendem Wissen. Bei anderen Aufgaben müssen Leser auf ihre persönlichen Erfahrungen und Einstellungen Bezug nehmen, um bestimmte Merkmale des Textes zu erklären. Die Aufgaben erfordern ein breites Textverständnis.
Stufe I	... eine oder mehrere unabhängige, aber ausdrücklich angegebene Informationen zu lokalisieren. Üblicherweise gibt es eine einzige Voraussetzung, die von der betreffenden Information erfüllt sein muss, und es gibt, wenn überhaupt, nur wenig konkurrierende Informationen zum Text.	... das Erkennen des Hauptgedankens des Textes oder der Intention des Autors bei Texten über bekannte Themen. Der Hauptgedanke ist dabei entweder durch Wiederholung oder durch früheres Erscheinen im Text auffallend formuliert.	... z. B. eine einfache Verbindung zwischen Informationen aus dem Text und weit verbreitetem Alltagswissen herzustellen. Der Leser wird ausdrücklich angewiesen, relevante Faktoren in der Aufgabe und im Text zu beachten.

Abb. 6: Typische Anforderungsprofile nach Kompetenzstufe und Subskala, PISA 2000, Lesekompetenz, Quelle: Baumert 2001: 89

Um solche Aufgaben zu konstruieren und die Ergebnisse inhaltlich interpretieren zu können, arbeiten die an Leistungsstudien beteiligten Forscher mit so genannten *Kompetenzmodellen*. Bei PISA 2000 werden beispielsweise für die Lesekompetenz fünf Stufen unterschieden (vgl. Abb. 6). Diese beschreiben die Fähigkeit, Aufgaben mit *unterschiedlich anspruchsvollen Anforderungsmerkmalen* zu lösen. So ist zum Beispiel ein Schüler, der die Expertenstufe im Lesen erreicht hat (Stufe V), in der Lage, tief in einem Text eingebettete Informationen zu lokalisieren, auch wenn Inhalt und Form des Textes unvertraut sind und indirekt erschlossen werden muss, welche Informationen zur Lösung der Aufgabe relevant sind. Ein Jugendlicher hingegen, der nur die Elementarstufe (Stufe I) erreicht hat, wird lediglich explizit angegebene Informationen in einer vertrauten Art von Text auffinden, wenn dieser nur wenige konkurrierende Elemente enthält, die von der relevanten Information ablenken könnten. Anhand der *Kompetenzstufen* lassen sich die von den Schülern erzielten Leistungsergebnisse qualitativ beschreiben.

Erwiesenermaßen wird Leistung von der individuellen kognitiven Leistungsfähigkeit beeinflusst. Um diesen Sachverhalt angemessen zu berücksichtigen, werden über die Fachleistungstests hinaus auch fachunabhängige *kognitive Fähigkeitstests* durchgeführt. Zusätzlich werden Schulleiter-, Lehrer-, Schüler- und/oder Elternfragebogen mit Hintergrundfragen eingesetzt, um das Bedingungsgefüge der gemessenen Leistungen zu beleuchten: Die Schulleitungen werden beispielsweise gebeten, Angaben zu den Rahmenbedingungen der Schule (Größe etc.) und zu den vorhandenen Ressourcen (Lehrkräfte, Computerausstattung etc.) zu machen. Lehrerinnen und Lehrer werden z.B. zu ihren internen Fortbildungen und zur Zusammenarbeit im Kollegium befragt. Large Scale Assessments erfassen in der Regel Informationen über die soziale und ethnische Herkunft der Schülerschaft. Diese sind eine Voraussetzung, um faire nationale oder internationale Vergleiche von Schülerkompetenzen durchführen zu können. Die Befragung der Eltern kann z.B. die Einschätzung von Schule und Unterricht betreffen. Über die benannten Instrumente hinaus können diese Studien auch Videoaufnahmen von Unterricht einbeziehen, wie bei der TIMS-Studie zu Mathematikunterricht in Deutschland, Japan und den USA (vgl. auch Kapitel 5.5.3).

5.1.3 Grundbildungskonzept versus Lehrplanvalidität

Angesichts des *rasanten Wissenszuwachses* und der ständigen *Überholung alter Wissensbestände* wird nach einem Bildungskonzept gefragt, das den individuellen Bedürfnissen und der Notwendigkeit des flexiblen Umgangs mit wechselnden gesellschaftlichen Anforderungen gleichermaßen gerecht wird.

Insbesondere seit der ersten PISA-Studie wird ein Umdenken innerhalb der Schulleistungsforschung offensichtlich, mit dem man sich von einer reinen Identifizierung und Abtestung von Lehrplaninhalten abwendet. Stattdessen folgt man einem deutlich breiter angelegten *Grundbildungskonzept* (international = *Literacy*), das mittlerweile in der deutschen Diskussion weitgehend als Maßstab von Bildungsqualität akzeptiert ist und zudem als Bezugspunkt für die Entwicklung von Standards sowie durch Aufgabenstellungen und Testverfahren operationalisierten Anforderungen dient. „Dabei stehen weniger abgegrenzte Lerninhalte im Vordergrund als vielmehr Kompetenzen, die von den Schülerinnen und Schülern erreicht werden sollen" (Klieme u.a. 2003: 36). Aktuelle Leistungsstudien basieren auf einem *anwendungsorientierten Kompetenzbegriff*. Dieses Bildungsverständnis impliziert die Eröffnung unterschiedlicher *Horizonte des Weltverstehens*, eine „Orientierungswissen vermittelnde Begegnung mit kognitiver, moralisch-evaluativer, ästhetisch-expressiver und religiös-konstitutiver Rationalität" (Baumert 2001: 21).

Ein so verstandenes Grundbildungskonzept internationaler Studien und – daran anknüpfend – nationaler und länderspezifischer Vergleichsarbeiten entspricht modernen fachdidaktischen Konzepten, indem *Lebensweltbezüge* und die *Anwendungsorientierung* von Fachinhalten hergestellt und für die Lernenden erfahrbar gemacht werden. Dies betrifft z.B. die Förderung der fächerübergreifend bedeutenden Lesekompetenz in dem Sinne, dass Texte (dazu gehören auch Karten, Diagramme und Tabellen) nicht nur verstanden, sondern auch genutzt werden, um z.B. eigene Ziele zu erreichen, das eigene Wissen und Potenzial weiterzuentwickeln und am gesellschaftlichen Leben teilzunehmen (Baumert 2001). Für die neben der Lesekompetenz zumeist getesteten curricularen Kernbereiche ‚Mathematische Grundbildung' und ‚Naturwissenschaftliche Grundbildung', aber auch in anderen Domänen geht es ebenfalls um die Anwendung von *Konzeptwissen* (wissen, dass...) und *Prozesswissen* (wissen, wie...) in unterschiedlichen Situationen. Insofern transportieren Leistungsstudien ein Bildungskonzept in die Klassenzimmer, das – im Einklang mit der fachdidaktischen Diskussion (schließlich sind es vor allem Fachdidaktiker, die die Testaufgaben entwickeln) – auch als Vorbild für die Unterrichtsgestaltung angesehen werden kann. Indem an Voraussetzungen der Schülerinnen und Schüler sowie an authentische Problemsituationen ihrer Alltagswelt angeknüpft wird, indem sie erfahrungsgeleitet lernen und ihr Wissen in unterschiedlichen Anwendungszusammenhängen nutzen können, werden Fachinhalte veranschaulicht sowie die Interessenentwicklung für das Fach gefördert.

5.1.4 Erhebungsinstrumente

Bei der Datenerhebung wird auf unterschiedliche sozialwissenschaftliche Methoden zurückgegriffen, die quantitativer Art sind, indem sie sich auf große Fallzahlen beziehen und versuchen, allgemeine gültige Wirkmuster herauszuarbeiten. Eine Auswahl zentraler Verfahren, die auch miteinander verknüpft werden können, um ein vollständigeres Bild von der Qualität von Schule und Unterricht zu erhalten, wird nachfolgend überblicksartig präsentiert.

Fragebogenerhebungen

Mit Fragebögen, wie sie auch bei Large Scale Assessments zum Einsatz kommen, lassen sich die Untersuchungsteilnehmer, im Schulbereich insbesondere Lehrkräfte, Schülerinnen und Schüler, Eltern und Schulleitungen, neben der Erfassung von Personenmerkmalen (Alter, Geschlecht, sozialer und ethnischer Hintergrund u.a.) schriftlich zu ihrer Wahrnehmung der schulischen und unterrichtlichen Situation befragen (z.B. zu der Frage, inwieweit die Schule nach gemeinsamen pädagogischen Zielen gestaltet wird). Dies setzt voraus, dass sich die Inhalte der Befragung gut strukturieren lassen und nicht der vertiefenden Nachfrage bzw. Lenkung eines Interviewers bedürfen.

Einerseits lässt sich mittels schriftlicher Befragungen relativ einfach und schnell eine große Datenbasis mit statistisch vergleichbaren Kennziffern produzieren. Andererseits hat die Schulforschung in mehreren Studien folgenden, u.a. von Helmke (2003) beschriebenen Trend aufgezeigt: „Mit Ausnahme der Lehrerangaben konvergierten die Daten aus den anderen Perspektivbereichen hoch miteinander, d.h. die Lehrerangaben hingen mit allen anderen inhaltlich korrespondierenden Datenquellen kaum zusammen." So nehmen Schülerinnen und Schüler Unterricht offensichtlich anders wahr als die Lehrkräfte ihn intendieren. Die *Schülerwahrnehmung* entspricht eher einer theoretisch fundierten Beschreibung eines unbeteiligten Beobachters. Die Gründe könnten in Wechselwirkungen zwischen Unterrichtsansprüchen von Lehrkräften, Unterrichtserfahrung und Antwortverhalten der Schülerinnen und Schüler liegen, aus denen sich Schwierigkeiten der *Passung* zwischen Lehrerangebot und Schülerleistung ergeben, so dass die Unterrichtsführung inadäquat eingeschätzt wird (vgl. vertiefend Helmke 2003:156ff; hier finden sich auch Checklisten für den eigenen Unterricht).

Teilnehmende Beobachtung und Videografie

Traditionell werden Unterrichtsbeobachtungen durch trainierte Personen durchgeführt, die dem Unterricht beiwohnen und Unterrichtsaspekte in freier Form oder mit Hilfe vorgegebener Strukturierungshilfen protokollieren. Um Fehler und Versäumnisse bei der Unterrichtsbeobachtung zu vermeiden, zeitlich und auch von der Person des einzelnen Beobachters unabhängig zu sein, eine Unterrichtssituation beliebig oft analysieren und durch verschiedene Experten bewerten zu können, wird zunehmend mit der Videokamera gearbeitet (vgl. ausführlicher Helmke 2003).

Gewährleistung des Datenschutzes
Schulleistungsstudien erfassen teils sensible Personendaten und müssen deshalb die gesetzlichen Vorgaben zum Datenschutz erfüllen, um Individuen vor Missbräuchen beim Umgang (Erhebung, Verarbeitung, Nutzung) mit personenbezogenen Informationen zu schützen und *Persönlichkeitsrechte* zu wahren. Die Befunde aus internationalen Vergleichsstudien werden *aggregiert* (zusammengefasst auf einem bestimmten Niveau, z.B. auf der Ebene der Schulform) berichtet und zudem *anonym* erhoben, d.h. sie sollen einzelnen Personen nicht zugeordnet werden können. Weder Schul- noch Schulaufsichtspersonal oder andere Dritte dürfen Einsicht in die Daten, die nur zu wissenschaftlichen Zwecken genutzt werden dürfen, erhalten. Dadurch, dass Leistungsstudien in ihrer Intention keine individuellen Leistungstests darstellen und die Daten zudem nicht auf einzelne Personen rückbezogen werden können, kann jedoch auch *keine individuelle Rückmeldung* an die Schüler/innen und die Lehrkräfte erfolgen. Die beteiligten Schulen können aber vertrauliche Datenrückmeldungen für ihre Schule, nicht aber für einzelne Schülerinnen und Schüler, erhalten.

5.2 Leistungsvergleiche im Rückblick: Defizite sind lange bekannt

Zu Beginn des 20. Jahrhunderts galt das deutsche Bildungssystem den nationalen wie den internationalen Beobachtern als vorbildlich:

- Die *Schulpflicht* war tatsächlich durchgesetzt, ihre Verankerung auch für die Jahre der beruflichen Bildung in der Weimarer Verfassung war wegweisend.
- Die *gymnasiale Bildung* war curricular modernisiert: Der ‚Allerhöchste Erlass' von 1900 hatte neben das bis dahin allein abiturführende alt-sprachliche Gymnasien die naturwissenschaftlich bzw. neusprachlich geprägten Jungengymnasien gestellt. Mädchen konnten – in Preußen seit 1908 – in den Lyzeen ein Abitur erlangen und damit ein Hochschulstudium aufnehmen (vgl. die in Kapitel 1 beschriebenen Modernisierungstendenzen).

- *Deutschlands Universitäten* waren mit ihrer grundsätzlichen Verbindung von Forschen und Lehren und ihrer guten personellen und finanziellen Ausstattung Innovationsmotoren.
- In der Weimarer Zeit wurde mit der Grundschule als Volksschulunterstufe die *vierjährige gemeinsame Erziehung* aller Kinder und damit den Einstieg in eine Schulstruktur ermöglicht, für die nicht länger das Standes-, sondern das Leistungsprinzip gültig war.
- Dies alles war durch ein international beachtliches *Niveau der Bildungsausgaben* unterfüttert. Noch 1930 war Deutschland Spitzenreiter: Das Land brachte 4,1% seines Sozialproduktes für Bildung auf; die Vergleichswerte in den USA und in Großbritannien lagen bei nur 2,8%.

Wenn diesem Bildungssystem zwar seine hohe Leistungsfähigkeit attestiert werden kann, nicht aber vorbehaltlos Modernität, so wegen seiner *fehlenden demokratischen Durchdringung*: Der „Weimarer Schulkompromiss" beschränkte die gemeinsame Erziehung auf die ersten vier Jahre und überließ die Schulkarrieren danach weiterhin der Steuerung mehr durch in der sozialen Herkunft wurzelnde Privilegien denn durch individuell erbrachte Leistungen. Die Lehrerinnen und Lehrer der Schulen behielten ihr nach dem Prestige der Bildungsgänge bemessenes gesellschaftliches Ansehen und Selbstbewusstsein; demokratische Überzeugungen prägten durchaus nicht durchgängig die Inhalte des Unterrichts und den Erziehungsstil der Schulen. Das frühe Ende der Weimarer Republik ließ keinen Raum, dieses Schulsystem weitergehend inhaltlich und strukturell zu modernisieren. Die Nationalsozialisten füllten die überkommene Schulstruktur mit ihrer demokratiefeindlichen, menschenverachtenden und selektiven Orientierung.

Nach 1945 wurde die strukturelle und inhaltliche Wiederherstellung des aus der Weimarer Zeit überkommenen Systems zum Ziel; darüber hinausgehende Ansätze wurden nicht gewagt. Die Entwicklung in der DDR, die mit der Schaffung der Einheitsschule den strukturellen Weg Weimars fortsetzte, diente den Gegnern einer grundsätzlichen Reform der westdeutschen Schulstruktur wegen der engen Verkopplung mit der kommunistischen Ideologie als Abschreckung. Es waren von außen kommende Beobachter, die 1971 das ‚restaurierte' westdeutsche Bildungssystem im Rahmen eines OECD-Länderexamens begutachteten und ihm ein vernichtendes Urteil ausstellten. Unter dem Titel „Bildungswesen: Mangelhaft" lautete der Befund: „Die wirtschaftlichen, gesellschaftlichen und politischen Gegebenheiten in der BRD haben sich seit den zwanziger Jahren grundlegend gewandelt. Das Bildungswesen wurde jedoch nach der Hitlerzeit so wieder aufgebaut, wie es vorher gewesen war, und ist in den meisten wichtigen Merkmalen bis heute so geblieben" (zit. nach Luehrig 1973).

Nicht nur die Bedingungen schulischen Lernens wurden damals unter die Lupe genommen. Auch der messbare Ertrag von Schule, die Frage, welche Bildungsziele auf welchem Niveau erreicht werden, rückte ins Blickfeld. Zu Beginn der 1970er Jahre, als die o.g. OECD-Studie erschien, hatte Deutschland bereits an einer internationalen Leistungsvergleichsstudie teilgenommen. Seit Anfang der 60er Jahre, als erstmals internationale Large Scale Assessments durchgeführt wurden, an denen Deutschland schon damals beteiligt war, liegen Daten zu den Leistungen deutscher Schülerinnen und Schüler vor (vgl. vertiefend van Ackeren 2002; Goy/van Ackeren/Schwippert 2008).

5.2.1 Leistungsstudien bis zu den neunziger Jahren

Die erste Hauptuntersuchung stellt die *‚First International Mathematics Study‘* (FIMS) mit ihrer Erhebung 1963/64 in 12 Ländern mit insgesamt 133.000 Schülerinnen und Schülern der Sekundarstufen I und II dar. Das *Prinzip der Testung an zentralen Punkten der Schullaufbahn* ist bis heute bestehen geblieben. Zudem erfahren mathematisch-naturwissenschaftliche Kompetenzen immer noch besondere Aufmerksamkeit und Wertschätzung. Die erste internationale Mathematikstudie wurde – wie heute noch üblich – durch Hintergrundbefragungen für Schülerinnen und Schüler, Lehrkräfte und Schulleitungen zu schulischen und außerschulischen Merkmalen ergänzt.

Die Ergebnisse der *‚First International Science Study‘* (FISS) belegten zu Beginn der 1970er Jahre ein bedenkliches ‚Abrutschen‘ von guten Leistungen der älteren Schülerinnen und Schüler bis hin zu mittelmäßigen bzw. unterdurchschnittlichen Ergebnissen unterer Jahrgangsstufen: Während die älteren deutschen Schülerinnen und Schüler (aus den Abschlussklassen der Sekundarschulen) in einem Feld von 14 Ländern – darunter Australien, England, Finnland, Schweden und die USA – noch nach Neuseeland den zweiten Rang erreichten, lagen die 14-Jährigen ‚nur‘ noch im oberen Mittelfeld auf Rang 5 – hinter Japan, Ungarn, Australien und Neuseeland. Die 10-Jährigen dagegen lagen auf dem drittletzten Rang: Japan, Schweden, Finnland, die Niederlande und andere lagen – z.T. mit deutlichem Abstand – vor den Schülerinnen und Schülern aus der Bundesrepublik. Unter dem Titel „Im internationalen Vergleich schneidet das Bildungswesen der Bundesrepublik miserabel ab: Die deutschen Schüler auf dem letzten Platz“ schrieb Hayo Matthiesen in DIE ZEIT im September 1974:

> „Vor allem gegen die Effektivität des von vielen so gelobten traditionellen dreigliedrigen Schulwesens liefert die Studie Belege. Rigoros wie sonst kaum irgendwo in der Welt liest dieses System die Schüler aus, so dass sich bei uns in den Abschlussklassen der Sekundarstufe II nur neun Prozent eines

Jahrgangs befinden; in den USA sind es 75 %, 70 in Japan, 47 in Belgien oder 29 in Australien."

An der zweiten Mathematikstudie (*‚Second International Mathematics Study'*, SIMS) in den frühen 80er Jahren nahm Deutschland nicht teil, erst die dritte Untersuchung der ‚International Association für the Evaluation of Educational Achievement' (IEA) zu mathematischen kombiniert mit naturwissenschaftlichen Aufgabenstellungen fand Mitte der 1990er Jahre wieder mit Beteiligung deutscher Schülerinnen und Schüler statt. Diese Studie verhalf empirischen Vergleichsuntersuchungen – unter dem Akronym TIMSS *(‚Third International Mathematics and Science Study')* – zu großer Aufmerksamkeit. Im Bereich der Testung naturwissenschaftlicher Inhalte wurden ebenfalls große IEA-Leistungsmessungen durchgeführt, bei denen eine größere Anzahl deutscher Bundesländer wiederum nur in die erste und die letzte – FISS im Jahr 1970 und TIMSS – involviert war. Die *‚Second International Science Study'* zwischen 1983 und 1986 wurde aus deutscher Sicht ausgelassen.

Exkurs: Abstinenz Deutschlands bei internationalen Vergleichsstudien
Eine mögliche Erklärung für die weitgehende Abstinenz Deutschlands während der 70er und 80er Jahre – nach der halbherzigen Teilnahme an der ersten Mathematikstudie mit nur zwei Bundesländern (Hessen und Schleswig-Holstein) – wird u.a. in der eher geisteswissenschaftlichen Tradition deutscher Pädagogik gesehen. Die systematische empirische Schulleistungsforschung hat erst seit dem *‚TIMSS-Schock'* Mitte der 1990er Jahre einen anderen Stellenwert erhalten. Eine weitere Ursache der deutschen Zurückhaltung in Bezug auf eine Beteiligung an Large Scale Assessments könnte auch die Frage nach der vernünftigen Relation zwischen den Ergebnissen derartiger Studien, deren Aufarbeitung damals noch mit vielfältigen methodischen Problemen behaftet war, und den anfallenden Kosten gewesen sein: „Wie vielfach bei solchen Untersuchungen wird hierbei ein Aufwand bei der statistisch rechnerischen Verarbeitung der Daten betrieben, der nicht immer in einem angemessenen Verhältnis zu einigen grundlegenden Fakten, die notwendig mit solchen Untersuchungen verbunden sind, zu stehen scheint", schreiben Schultze und Riemenschneider im deutschen FIMS-Bericht (1967).

5.2.2 Leistungsstudien ab den neunziger Jahren

Zur Beurteilung der Qualität des deutschen Schulsystems stellen die Jahre zwischen 1995 und 2001 Meilensteine dar, die Jahre zwischen der mathematisch-naturwissenschaftlichen Leistungsstudie TIMSS *(‚Third International Mathe-*

matics and Science Study') und der ersten PISA-Auswertung *(,Programme for International Student Assessment')*: In diesen wenigen Jahren wurden die Ergebnisse internationaler Vergleichserhebungen in Deutschland präsentiert. Damit hatte sich das Land wieder in die etwa 40-jährige internationale Tradition vergleichender Schulleistungsstudien eingereiht.

Die Resultate haben Deutschland zu Beginn des 21. Jahrhunderts mit dem bitteren Befund konfrontiert, dass die Schülerinnen und Schüler am Ende der Schulpflichtjahre auf das Leben als Erwerbstätige wie als Bürgerinnen und Bürger schlecht vorbereitet sind. Dieser Befund ist auch deshalb deprimierend, weil er das Ende einer Entwicklung markiert, die mit einer internationalen Spitzenstellung des deutschen Bildungssystems begonnen hat.

TIMSS: Zäsur im Umgang mit Large Scale Assessments

Die TIMS-Studien, die bei Schülerinnen und Schülern der 7. und 8. Klassen sowie der Abschlussklassen der Sekundarstufe II durchgeführt wurden (an der entsprechenden Studie für den Primarbereich hatte sich Deutschland nicht beteiligt), testeten in den Bereichen Mathematik und Naturwissenschaften. Neben der reinen Lernstandserfassung bei über einer halben Millionen Schülerinnen und Schüler mehrerer Altersgruppen machten zusätzliche Untersuchungskomponenten zu schulischen wie außerschulischen Kontextbedingungen TIMSS zur bis dahin umfangreichsten Schulleistungsstudie.

Für Deutschland waren ihre Ergebnisse insgesamt – für alle Bildungsgänge, für die unterschiedlichen Kompetenzbereiche und für alle Bundesländer – im internationalen Vergleich derart mittelmäßig, dass sie eine heftige Debatte über die Leistungsfähigkeit des deutschen Schulsystems einleiteten. Eine Folge dieser Diskussion war es, dass die in Deutschland bis dahin verbreitete Distanz gegenüber derartigen großflächigen Vergleichsstudien innerhalb weniger Jahre aufgegeben, ja nahezu in ihr Gegenteil verkehrt wurde. Auch wenn es vorher schon in den neunziger Jahren mit der *,International Study of Reading Literacy'* (IRLS) eine international angelegte Vergleichsuntersuchung mit deutscher Beteiligung gegeben hat, rechtfertigt die Debatte um TIMSS und ihre innerdeutsche Wirkung die Feststellung, dass mit TIMSS eine *Zäsur im deutschen Umgang mit Large Scale Assessments* erreicht wurde. 1999 wurden im Rahmen einer weiteren TIMSS-Erhebungswelle vertiefende Analysen zum Unterricht, zum familialen Kontext und Charakteristika der Schulen durchgeführt. Zudem ermöglicht der 4-Jahres-Zyklus von TIMSS (1999, 2003, 2007) Trendanalysen; insofern steht das Akronym TIMSS mittlerweile für *,Trends in International Mathematics and Science Study'*. Gleichwohl hat sich Deutschland nach über 10 Jahren erst wieder an der Erhebung 2007, hier im Grundschulbereich, beteiligt.

Dies wurde zum Anlass genommen, die TIMS-Studien und nicht die 1991 und 1995 vorgelegte deutsche Teilstudie *‚Leseverständnis und Lesegewohnheiten deutscher Schüler und Schülerinnen‘* (international: IRLS, s.o.) zum Ende des Erstleseunterrichts und zum Ende der allgemeinen Pflichtschulzeit an den Anfang dieser Darstellung zu setzen. Die Studie brachte für Deutschland im internationalen Vergleich ebenfalls nur ein mittelmäßiges Abschneiden. Gleichwohl wurde sie aber, selbst in der Fachöffentlichkeit, zunächst kaum wahrgenommen. Erst das in Folge der TIMS-Studien erwachte Interesse am Leistungsstand deutscher Schülerinnen und Schüler sicherte dieser Studie zum Leseverständnis nachträglich höhere Aufmerksamkeit. Die Verzögerung der Wahrnehmung hängt sicher auch damit zusammen, dass das öffentliche Interesse an den Vergleichsstudien und an ihren Ergebnissen von Anfang an in die deutsche *wirtschaftliche Standortdebatte* eingebettet war. Im Kontext dieser Diskussion erschienen der Öffentlichkeit mathematisch-naturwissenschaftliche Kompetenzen offensichtlich wichtiger als z.B. Bereiche wie Leseverständnis und Lesegewohnheiten.

IGLU/PIRLS: Leistungen in der Primarstufe

Zehn Jahre nach dieser ersten IEA-Lesestudie startete 2001 PIRLS, die *‚Progress in International Reading Literacy Study‘* (in Deutschland *‚Internationale Grundschul-Lese-Untersuchung‘*, IGLU) zum Leseverständnis beim Wechsel von der Primar- in die Sekundarstufe, die durch Schüler- und Lehrerfragebögen zur schulischen und häuslichen Situation ergänzt wurde. Die vorgelegten IGLU-Befunde lieferten keine Hinweise auf generelle Leistungsdefizite. Gleichwohl zeichneten sich für einige Probleme am Ende der Sekundarstufe I die Anfänge bereits in der Grundschule ab. Im internationalen Vergleich ließ sich beispielsweise für die Grundschülerinnen und Grundschüler feststellen, dass sie in Deutschland Schulen besuchen, in denen zwar relativ geringe Unterschiede zwischen Jungen und Mädchen bestehen, jedoch bedeutende Unterschiede zwischen Kindern aus bildungsnahen und solchen aus bildungsferneren Elternhäusern und auffällig große Unterschiede zwischen Kindern aus Elternhäusern ohne und solchen aus Elternhäusern mit Migrationsgeschichte (Schwippert/Bos/Lankes 2003). Hieran lässt sich ablesen, dass die in der PISA 2000-Studie sowie in den nachfolgenden Erhebungswellen ermittelten Defizite des Bildungssystems auch in der Grundschule festzustellen sind.

PISA: Ausgang vielfältiger Reformbemühungen

Die unbestritten größte Aufmerksamkeit erzielte bislang jedoch eine international vergleichende Erhebung des Indikatorenprogramms INES *(‚Indicators of Educational Systems‘)* der OECD: PISA, das für einen Gesamterhebungszeitraum von 10 Jahren angesetzte, seit 1998 geplante *‚Programme for Internatio-*

nal Student Assessment' unter Beteiligung von über 30 OECD-Mitgliedstaaten, steht seit der ersten Publikation von Daten im Jahr 2001 im Mittelpunkt der Diskussionen. Getestet werden 15-Jährige zu drei Erhebungszeitpunkten mit unterschiedlicher Schwerpunktsetzung in den Bereichen Leseverständnis, Mathematik und Naturwissenschaften sowie Cross-Curricular Competencies (Lernstrategien, motivationale Aspekte, Kooperationsfähigkeit, Problemlösefähigkeit...), ergänzt um sozioökonomische Hintergrundmerkmale und Variablen zu schulischen Lernbedingungen. Die Haupterhebung des ersten Projektzyklus mit dem Schwerpunkt Lesen, deren Ergebnisse Ende 2001 veröffentlicht wurden, fand Mitte 2000 statt. Im Jahr 2003 lag der Schwerpunkt auf Mathematik und im Jahr 2006 wurde er auf Naturwissenschaften verlagert. 2009 lag der Schwerpunkt wiederum auf der Lesekompetenz. Im Unterschied zu TIMSS wurde bei PISA eingeplant, die Ergebnisse in ihrer Kombination von Daten zu schulischen Kontext-, Prozess- und Wirkungsvariablen so an Schulen zurückzumelden, dass sie dort für die Schulentwicklung genutzt werden können.

Besonderes Aufsehen haben Befunde aus dem internationalen Vergleich bezüglich der *sozialen Abhängigkeit des Kompetenzerwerbs* erregt. Für alle Teilnehmerstaaten offenbaren die PISA-Studien einen systematischen Zusammenhang zwischen sozialer Herkunft und schulischer Leistung in allen getesteten Kompetenzbereichen: Schülerinnen und Schüler aus Familien gehobener Sozialschichten erreichen am Ende der Pflichtschulzeit durchschnittlich bessere Leistungen und höhere Bildungsabschlüsse in den getesteten Domänen als Jugendliche aus sozial schwachen Familien. Allerdings ist dieser Zusammenhang in Deutschland besonders stark ausgeprägt; hierzulande geht die überdurchschnittliche Bildungsungleichheit mit nur durchschnittlichen Leistungen einher. Der Zusammenhang zwischen sozialer Lage und Kompetenzerwerb scheint zudem ein *kumulativer Prozess* zu sein, der vor der Grundschule beginnt und an Nahtstellen des Bildungssystems verstärkt wird (vgl. dazu auch Kapitel 3.3.3).

Die in den Ländern bestehenden Unterschiede in der Relation zwischen Schülerleistungen und sozioökonomischem Status zeigen, dass die Differenzen erheblich variieren, was zugleich bedeutet, dass sie nicht unvermeidlich sind. Bedenkenswert ist zudem, dass gerade in der Mehrzahl der Länder, die auf eine leistungsmäßige Heterogenität im Klassenzimmer als Herausforderung bzw. Ressource setzen, die getesteten Schülerinnen und Schüler tendenziell auch bessere Leistungen verzeichnen. Somit zeigen die internationalen Vergleichsuntersuchungen, dass die angestrebte Chancengerechtigkeit gerade in Deutschland bislang nicht erreicht wurde und die hierzulande beklage Heterogenität in anderen Ländern weniger Probleme zu bereiten scheint.

CivEd: Weitere Kompetenzbereiche werden erfasst
Den Überblick über die internationalen Studien abschließend, sei noch auf die Civic Education Study (CivEd) verwiesen, die bereits 1999 durchgeführt wurde und welche einen weiteren Kompetenzbereich erfasst: CivEd versucht, Auskünfte über *Art, Umfang und mögliche Ursachen des politischen Wissens* von 14-jährigen Jugendlichen mittels qualitativer und quantitativer Messmethoden zu geben, wofür in einer ersten Phase zwischen 1995 und 1997 Experteninterviews und curriculare Analysen durchgeführt und in einer zweiten Phase politisches Wissen, Einstellungen, Engagement sowie außerschulische, z.B. familiäre und mediale Einflüsse getestet und erfasst wurden.

Zu dem erfreulichen Befund für Deutschland gehörte ein sehr gutes Abschneiden im Bereich des politischen Wissens in den unterschiedlichen Altersgruppen. Neben den kognitiven Tests zu Fragen aus Teilbereichen der politischen Bildung wurden über Fragebögen auch politikbezogene Einstellungen zu drei Hauptdimensionen erfasst: demokratische Werte, Loyalität gegenüber der eigenen politischen Führung sowie politisches Interesse und politische Partizipation. In der Population der 14-Jährigen zeigten sich unter den deutschen Teilnehmern besonders hoch ausgeprägte demokratische Werte und eine geringe Loyalität gegenüber der politischen Führung bei einem insgesamt relativ schwach ausgeprägten politischen Interesse. In der Gruppe der Schülerinnen und Schüler im letzten voruniversitären Schuljahr waren die Einstellungen in der deutschen Stichprobe generell ähnlich. Anders als bei den 14-Jährigen war allerdings das politische Interesse der Schülerinnen und Schüler am Ende der Sekundarschulzeit ausgesprochen stark ausgeprägt, wobei zu beachten ist, dass es sich bei der deutschen Stichprobe um ein im internationalen Vergleich hoch ausgelesenes Segment der Schülerschaft, nämlich Gymnasiasten, handelte (Avenarius u.a. 2003).

> Heute – nach TIMSS und PISA – können wir im Rückblick auf die seither vergangenen 40 Jahre feststellen: Das ‚Mangelhaft‘ der OECD-Experten konnte ebenso wenig wie die Vorboten der absinkenden Konkurrenzfähigkeit deutscher Schülerinnen und Schüler verhindern, dass die westdeutsche Bundesrepublik und das nach 1989 vereinigte Deutschland insgesamt den Anschluss an den Modernisierungszug der entwickelten Länder verpasst hat. Diese Entwicklung zeigt die Bedeutung internationaler Vergleiche von Schulsystemen und ihrer Wirkungen auf; andere Länder haben die Ergebnisse genutzt, um frühzeitig Reform- und Innovationsstrategien zu entwickeln und umzusetzen. Die Reaktionsmuster in Deutschland werden in Kapitel 6 systematischer aufgegriffen.

5.3 Schulische Leistungsdeterminanten: Den Analysen liegen theoretische Modellvorstellungen zugrunde

Großflächig angelegte Schulleistungsuntersuchungen besitzen ihre Grenzen dort, wo Fragen nach den Ursachen für unterschiedliche Ergebnisse, nach der Verbesserung von Schule und Unterricht oder allgemeiner Fragen nach Wirkungszusammenhängen bei Bildungsprozessen im historischen und soziokulturellen Kontext gestellt und beantwortet werden sollen. Mit den PISA-Resultaten wird beispielsweise deutlich, dass kein Faktor allein erklären kann, warum Länder oder Schulen gut oder weniger gut abschneiden. Gute schulische Leistungen bei Gewährleistung einer ausgewogenen Verteilung der Bildungschancen sind vielmehr das *Zusammenspiel einer Reihe von Faktoren* außerhalb und innerhalb eines Systems sowie von Faktoren auf verschiedenen Ebenen eines Bildungssystems. Genauere Einsichten, welches die wesentlichen Faktoren sind und in welcher Wechselbeziehung sie zueinander stehen, sind eine Voraussetzung, um die Ursachen für die Unterschiede in den Resultaten von Leistungsvergleichsstudien stärker aufhellen zu können.

Ein Blick auf die Large Scale Assessments zeigt, dass in den Anlagen dieser Studien dieser Anspruch kontinuierlich verstärkt wurde. Zu ihrer Analyse werden zunächst einmal *theoretische Rahmenkonzeptionen* in Form von *heuristischen* (auf Annahmen beruhenden) Modellen entwickelt. Dies tut man, um das Forschungsfeld zu strukturieren, vermutete Wirkzusammenhänge hervorzuheben und um die beteiligten Variablen zu überblicken. Solche *Schooling Models* versuchen somit auch, Möglichkeiten und Grenzen schulischer Steuerung aufzuzeigen. In diesem Sinne handelt es sich um Qualitäts- und um Steuerungsmodelle. Sie beruhen auf theoretischen Vorüberlegungen sowie auf bereits vorliegenden empirischen Ergebnissen.

Schule wird dabei einerseits als *Mehrebenenprozess* verstanden: Es gibt eine Systemebene, eine Schulebene, eine Klassenebene und die Ebene der Lehrenden und Lernenden. Andererseits wird mit den folgenden Dimensionen gearbeitet: Kontext, Input, Prozess und Output (vgl. dazu auch Kapitel 4.3.1). Zu den ersten Modellen, das diese Dimensionen entwickelte und aufeinander bezog, gehört das CIPP-Modell von Stufflebeam, das Ende der 1960er Jahre publiziert wurde (vgl. Abb. 7). CIPP steht für *Context, Input, Process, Product* (= Output). Der Zusammenhang wird dabei linear gedacht.

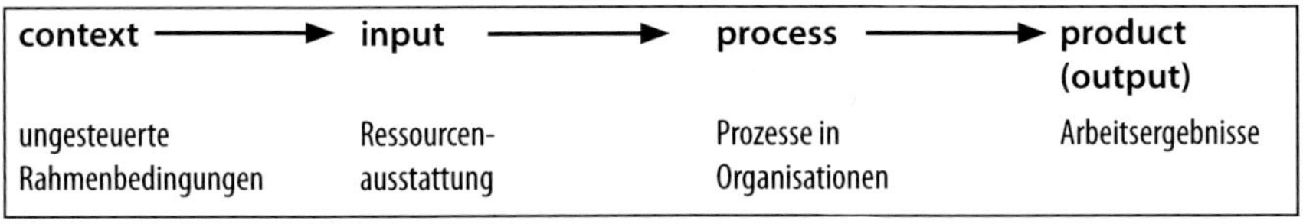

Abb. 7: CIPP-Modell nach Stufflebeam 1967

Nachfolgende Schematisierungen greifen diesen Ansatz auf, so das bis heute immer wieder herangezogene Steuerungsmodell von Scheerens und Bosker (vgl. Abb. 8). Darin werden Ergebnisse der Schuleffektivitätsforschung integriert; eingearbeitet sind somit plausible Merkmale effektiver Schulen und effektiven Unterrichts. Darüber hinaus wird die Prozessdimension weiter differenziert, indem zwischen der Schul- und der Unterrichtsebene unterschieden wird.

Dem Modell von Scheerens und Bosker liegt die Annahme zugrunde, dass Merkmale auf höheren Ebenen auf die entsprechenden Merkmale auf untergeordneter Ebenen einwirken. Demnach kann z.B. eine klare und hohe Leistungsorientierung der Schule das Streben nach hohen Standards im Unterricht der einzelnen Lehrkräfte stärken. In diesem Kontext spielen auch *Mediationsprozesse* eine zentrale Rolle, d.h. wie Angebote durch die Mitarbeiter von Schule – Lehrer/innen und Schüler/innen – wahrgenommen, interpretiert und umgesetzt werden. Helmke spricht hier auch von einem *Angebot-Nutzungs-Modell* (z.B. Helmke/Schrader 2006).

Die Mehrheit der Bundesländer hat mittlerweile auf diesen Modellen beruhende *‚Orientierungsrahmen‘* zur Schulqualität entwickelt, die in systematischer Weise einen Kernbestand von Merkmalen und Kriterien guter Schule beschreiben. Sie dienen einerseits als Arbeitsgrundlage der von Qualitätsagenturen durchgeführten Schulinspektionen (vgl. Kapitel 6). Zugleich sollen sie ein verbindlicher Bezugsrahmen für die Schulen und die anderen Akteure schulischer Qualitätsarbeit, z.B. die Schulaufsicht, sein.

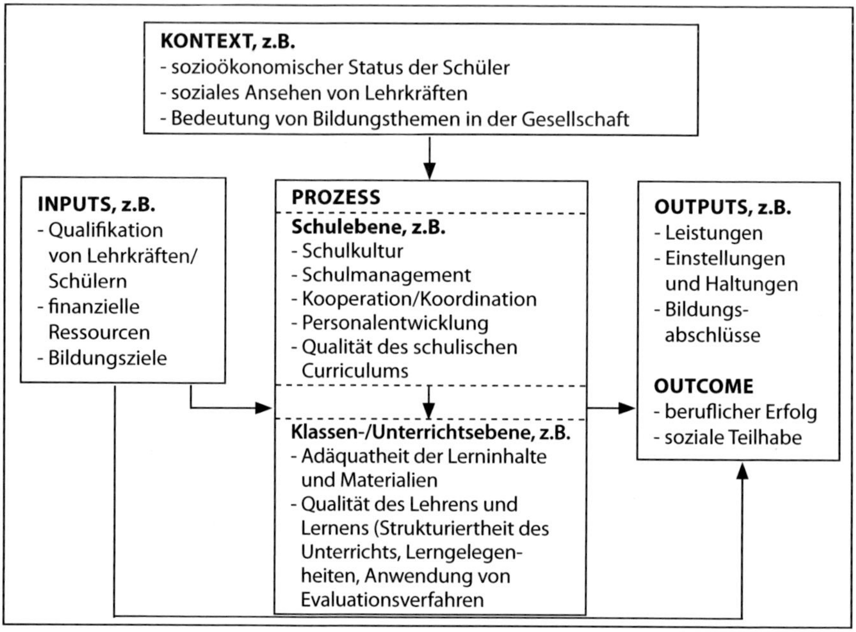

Abb. 8: Qualitäts- und Steuerungsdimensionen im Bildungswesen, Quelle: in Anlehnung an Scheerens/Bosker 1997

5.4 Schulqualität: Befunde geben konkrete Hinweise

Eine der wesentlichen Erträge der Schulqualitätsforschung ist die Erkenntnis, dass es sehr unterschiedliche Qualitätsstufen von Gestaltungsprozessen nicht nur auf der Ebene des Unterrichts gibt, sondern auch auf der übergeordneten Ebene der Schule. Eine differenzierte Analyse schulkultureller Merkmale wie der Beziehungs-, Erziehungs-, Lern- und Evaluationskultur in Einzelschulen ist allerdings mit Studien wie PISA nicht intendiert. Jedoch lassen sich auf der Basis der Daten z.B. der PISA-Studien institutionelle Lernmilieus sowie der einzelschulische Umgang mit Lehr- und Sachmitteln, wie nachfolgend skizziert, exemplarisch als schulische Prozessqualitäten, die sich wiederum auf unterrichtliche Realisierungen und den Lernertrag auswirken können, interpretieren.

5.4.1 Institutionelle Lernmilieus

Auf der Basis der PISA-Daten kann gezeigt werden, dass sowohl Schulformen als auch Einzelschulen innerhalb derselben Schulform institutionell vorgeformte *Entwicklunsgmilieus* für die in ihnen lernenden Kinder und Jugendlichen darstellen. Demnach erhalten Schülerinnen und Schüler gleicher kognitiver Leistungsfähigkeit, gleicher Fachleistungen und gleicher Sozialschichtzugehörigkeit je nach Schulform und Einzelschule unterschiedliche Entwicklungschancen (vgl. auch Kapitel 2.2.3). Wie sich das im Einzelfall bemerkbar macht, hat Rösner in seinem Beitrag „Das doppelte Lottchen im Schulwesen“ (2004) beschrieben:

> „Stellen wir uns vor, [zwei] Mädchen wohnen gemeinsam mit ihren Eltern in Nordrhein-Westfalen – sagen wir: in Dortmund. Sie sind zwölf Jahre alt. Aus Gründen, die mir nicht bekannt sind, besucht Lotte die siebte Klasse einer Hauptschule, Luise aber die siebte Klasse eines Gymnasiums. Zu Beginn dieses Schuljahres, es ist 1991/92, sind beide Mädchen Schulforschern in die Hände gefallen, die haben allerlei getestet und herausgefunden: Lotte und Luise sind gleich intelligent und gehören der gleichen Sozialschicht an – aber das wissen wir ja bereits. Was wir noch nicht wussten: Die Mathematikleistungen beider Mädchen sind ebenfalls gleich, jedes bekommt dafür 100 Punkte. Drei Jahre vergehen, und erneut erscheinen die Forscher von damals auf der Bildfläche. Lotte aus der Hauptschule hat sich ganz ordentlich entwickelt, ihre Mathematikleistungen sind von 100 auf 141 gestiegen. Danach ist Luise im Gymnasium an der Reihe, und die Forscher reiben sich die Augen: Sie hat in Mathematik einen Leistungswert von 191 erreicht.“

Die PISA-Autoren fassen diesen Sachverhalt auf der Grundlage ihrer Analysen mit Blick auf den Mathematiktest wie folgt zusammen: „Auch bei gleichen kognitiven Grundfähigkeiten und identischem sozioökonomischen Status ist die Leistung eines Gymnasiasten um 49 Punkte höher als die Leistung eines Hauptschülers“ (Baumert 2001: 182). Dieser Unterschied ist, wie bereits an anderer Stelle herausgestellt, etwas größer als der zwischen den Durchschnittswerten von Finnland (536) und Deutschland (490). Darüber hinaus wurde gezeigt, dass Schulen derselben Schulform mit einer sozial und leistungsmäßig vergleichbaren Schülerschaft ganz unterschiedliche Lernergebnisse erzielen können. Offensichtlich verweist die vielfach nicht leistungsgerechte, schichtspezifisch geprägte Zuweisung der Grundschulkinder in die weiterführenden Schulen die Schülerinnen und Schüler in differenzielle Lernmilieus. Das anregungsärmere Entwicklungsmilieu in Hauptschulen bremst, das anregungsreichere Milieu in mittleren und höheren Schulen befördert. Die sich daraus ergebenden Leistungsunterschiede werden im Laufe der Schulkarriere immer größer (Baumert 2003: 287).

Die differenzielle Eingangsselektivität der Sekundarschulen wird somit offensichtlich durch differenzielle Fördereffekte innerhalb dieser Schulen verschärft; ein doppeltes Problem, das Rösner (2004) anschaulich zusammenfasst:

> „Der Dortmunder Fußballspieler Jürgen Wegmann hat nach einem verlorenen Spiel den Spruch geprägt: Zuerst hatten wir kein Glück, und dann kam auch noch Pech hinzu. Genauso ergeht es vielen Schülern aus unteren Sozialschichten: Zuerst der falschen Schule zugeordnet, dann unzureichend gefördert."

Auch wenn man einwenden kann, dass dieses Problem dadurch entschärft wird, dass an unterschiedlichsten Bildungseinrichtungen vergleichbare Schulabschlüsse erworben werden können, entsteht doch eine Hierarchie der erwerbbaren Kompetenzen und in Folge davon eine *Hierarchie formal gleicher Bildungsabschlüsse*, auch in der Wahrnehmung von Arbeitgebern (vgl. dazu ausführlicher Kapitel 2.2.3). Eine Verbesserung der Übergangsempfehlungen sowie eine verbesserte Diagnostik und Förderung können Verstöße gegen die Grundsätze von Leistungsgerechtigkeit und Chancengleichheit in ihren Auswirkungen mildern. Es bleibt jedoch zu diskutieren, inwieweit der Abbau der systemisch bedingten Verzerrungen in der tradierten Schulstruktur gelingen kann.

5.4.2 Nutzung von Lehr- und Sachmitteln

Einzelschulen stellen auch hinsichtlich ihrer Ausstattung mit Lehr- und Sachmitteln differenzielle Entwicklungsmilieus dar, indem diese Materialien Lernprozesse rahmen. Indem Schulen sie sich aneignen, ausgestalten und nutzen, haben sie auch Prozesscharakter. Zwar ist die Bereitstellung geeigneter Räumlichkeiten und einer entsprechenden Ausstattung mit Lehr- und Sachmitteln keine Garantie für hohe Lernerträge, doch kann das Fehlen eines solchen Lernumfeldes das Lernen möglicherweise beeinträchtigen (vgl. OECD 2001).

Einige Faktoren dieser fragebogenbasiert erhobenen Kategorie weisen im Rahmen der PISA-Erhebung einen signifikanten Zusammenhang mit der erreichten Leistung auf: Die Leistungen sind im OECD-Durchschnitt dort höher, wo häufiger seitens der Schülerinnen und Schüler Gebrauch von schulischen Ressourcen gemacht wird; dazu gehören die Bibliothek, Computer und Internetanschluss als auch Taschenrechner und Labors. Dieser Zusammenhang ist in Deutschland besonders signifikant (ebd. 2001: 205). Offenbar nicht signifikant wirken sich die räumlichen Bedingungen aus. Die Ergebnisse, die im Jahr 2003 aus deutscher Sicht bestätigt wurden, sprechen für eine gute schulische Ausstattung aller Schulformen in den o.g. Bereichen und die Implementierung des durch Lehrkräfte angeleiteten, systematischen und regelmäßigen Umgangs mit diesen Ressourcen im Schulalltag.

Signifikanz
„Man nennt einen Unterschied gewöhnlich dann signifikant (‚bedeutsam', ‚aussagekräftig'), wenn er [auf der Grundlage eines Signifikanztests, IvA und KK] nur mit einer Wahrscheinlichkeit von 5% oder weniger zufällig auftritt" (Eikenbusch & Leuders 2004: 204; vertiefend: Bortz/Döring 2002).

Diese Perspektive erweiternd haben viele internationale Forschungsgruppen auf der Basis empirischer Forschung Listen erstellt, die solche Faktoren (dies sind vor allem schulinterne Merkmale) zusammenfassen, welche für den schulischen Lernzuwachs von Bedeutung sind und damit besonderer Aufmerksamkeit bedürfen. Dabei werden u.a. folgende Aspekte immer wieder herausgestellt (vgl. z.B. zusammenfassend Helmke 2003):

- Führungsqualitäten der Schulleitung,
- eine wertschätzende Beziehung zwischen Schulleitung, Lehrkräften und Schülerinnen und Schülern,
- Konsens und Zusammenarbeit im Kollegium,
- Orientierung an hohen Leistungsstandards und klaren Regeln,
- die schulische Evaluationskultur und
- eine effektive Klassenführung mit effektiver Zeitnutzung, strukturiertem Unterricht, der Anwendung von Differenzierungsformen sowie Feedback und Verstärkungsmaßnahmen sowie die elterliche Mitwirkung.

5.5 Unterrichtsqualität: Hinweise auf wirksame Verlaufsmuster und Merkmale verdichten sich

Bislang wurde insbesondere solche Forschung beschrieben, die sich als Makro- bzw. Mesoforschung auf schulsystemische oder institutionelle Fragen richtet. Darüber hinaus gibt es einen Forschungsstrang, der sich als Mikroforschung unterrichtlichen *Lehr-Lern-Prozessen* in ihrer Beschreibung, Erklärung und Optimierung widmet. Unterrichtsprozesse werden – neben schulsystemischen und einzelschulischen Aspekten – innerhalb der Schulpädagogik insbesondere von der *Allgemeinen Didaktik* untersucht, der Wissenschaft, die sich unabhängig von spezifischen Lerninhalten mit effektiven Lehr- und Lernarrangements beschäftigt, sowie von der bereits dargestellten *Schulwirksamkeitsforschung*. Darüber hinaus beschreibt und erklärt die *Lehr-Lernpsychologie* Lernprozesse auf der Ebene des Individuums. Schließlich konkretisieren die *Fachdidaktiken* der Unterrichtsfächer das Lehren und Lernen für bestimmte Fachinhalte.

Die Analyse der Qualität von Unterricht ist in Deutschland nicht neu. Bekannt ist eine Studie von Helmke und Weinert an Münchener Hauptschulen, mit der Merkmale qualitativ hochwertigen Unterrichts herausgearbeitet wurden, die zu hohen Wirkungsqualitäten führten (vgl. Helmke/Weinert 1989). Helmke und Weinert haben vorab definiert, dass die Wirkung des Unterrichts dann von hoher Qualität ist, wenn zwei Ziele zugleich erreicht werden:

- Wenn der *Lernfortschritt* hoch ist und
- wenn die *Leistungsunterschiede* innerhalb einer Klasse beim Erreichen von insgesamt hohen Lernfortschritten nicht wachsen, sondern schrumpfen.

Sie haben die Klassen aus den von ihnen erforschten Klassen herausgegriffen, in denen dieses Doppelziel besonders gut erreicht wurde, und haben den Unterricht in diesen Klassen *(‚Optimalklassen')* besonders intensiv auf seine Merkmale hin untersucht. Auf der Grundlage dieser und weiterer, aktueller Studien lassen sich u.a. die klare Strukturierung des Unterrichts, ein hoher Anteil echter Lernzeit (*time on task*), ein kognitiv aktivierender Unterricht, der auf Problemlösung und nicht allein auf repetetives Üben zielt, Methodenvielfalt und individuelle Förderung benennen.

Besonders herausgehoben wird dabei das Merkmal der *Klassenführung* (*classroom management*): „Die internationale Forschung zeigt, dass kein anderes Merkmal so eindeutig und konsistent mit dem Leistungsniveau und dem Leistungsfortschritt von Schulklassen verknüpft ist wie die Klassenführung" (Helmke 2003: 78). Klassenführung beschreibt das Herstellen von Motivation, Konzentration und Störungsarmut und eine dadurch erhöhte aktive Lernzeit. Es geht um die Herstellung einer *optimalen Lernumgebung*, um die Lernwirksamkeit von Unterrichtsprozessen zu erhöhen. Als zentrale Voraussetzungen dafür beschrieb bereits Weinert 1996 im deutschsprachigen Raum folgende Merkmale im Hinblick auf die Lehrerrolle: Wertschätzung und emotionale Wärme, Interesse an den Schülerinnen und Schülern, Offenheit gegenüber ihren Vorschlägen, Gerechtigkeit, didaktische und fachliche Kompetenzen sowie insgesamt ein breites Handlungsrepertoire, aus dem Verhaltensweisen reflektiert, situationsangemessen und zielbewusst ausgewählt werden können. In diesem Sinne knüpft Klassenführung nicht an ein traditionelles und belastetes Begriffsverständnis von Gehorsam und Autorität an und gilt in der Unterrichtsforschung als zentrales Qualitätsmerkmal effektiven Unterrichts.

5.5.1 Unterrichtsskripts

Was aber sagen aktuelle Studien zum Unterricht in Deutschland? Und welche Qualität hat deutscher Unterricht im internationalen Vergleich? Diesen Fragen lassen sich vor allem mit der Videografie von Unterricht nachgehen. Zu den bekanntesten Videostudien gehört die vergleichend angelegte *TIMSS-Videostudie* (Stigler/Gallimore/Hiebert 2000). Mit dieser Studie wurde der Mathematikunterricht in drei Vergleichsländern, nämlich in Japan, Deutschland und den USA, aufgezeichnet, um einen systematischen *transkulturellen* Vergleich von fachbezogenen Unterrichtsprozessen zu ermöglichen und über die Erfassung von Unterrichtsskripts einen Beitrag zur Erklärung von gemessenen Leistungsunterschieden zu leisten. Erhoben wurden die Daten in 231 zufällig ausgewählten Klassen der Jahrgangsstufen 7 und 8. Die auf diese Weise gewonnenen Daten ermöglichen eine qualitative Beschreibung der typischen Verlaufsmuster des Unterrichts im zeitlichen Verlauf der Unterrichtsstunde unter Berücksichtigung der eingesetzten Lehr- und Sozialformen. Für die ausgewählten Länder ließen sich typische Verlaufsmuster herausarbeiten.

Der Vergleich von Mathematikunterricht in Japan, den USA und Deutschland brachte folgende Erkenntnisse (vgl. Baumert u.a. 1997): Der den amerikanischen und deutschen Unterrichtsinhalten vergleichbare Stoff wird in Japan *variationsreicher* und mathematisch *anspruchsvoller* in variierenden Situationen und oft wechselnden unterschiedlichen Sozialformen behandelt. Dabei erweist sich der Unterricht als *problemorientiert* und ist weniger stark auf den reinen Wissenserwerb hin ausgerichtet, wie es für die beiden Vergleichsländer anhand der Videoaufnahmen deutlich wird. Die Erarbeitung *verschiedener Lösungsmöglichkeiten* wird systematisch unterstützt und reflektiert, wodurch eine implizite Individualisierung ermöglicht wird. In diesem Zusammenhang wird den Schülerinnen und Schülern mehr Zeit zum Lernen gelassen.

In den USA und in Deutschland zielen die videografierten Unterrichtsstunden sehr viel stärker auf die Beherrschung von Verfahren und *Lösungsroutinen*, die auf einen gewünschten Lösungsweg hinauslaufen. In Deutschland wird dies vornehmlich im *fragend-entwickelnden Unterrichtsgespräch* erarbeitet, in den USA werden Begriffe oder Rechenverfahren definitorisch eingeübt und anhand von Beispielaufgaben vorgestellt; dies wird dann von den Schülerinnen und Schülern in Übungsaufgaben zumeist in Stillarbeit angewandt. In deutschen Gruppenarbeitsphasen fällt zudem auf, dass die Lehrkraft immer wieder helfend und *korrigierend* in den Gruppenarbeitsprozess eingreift. Die TIMSS-Autoren sind sich sehr wohl dessen bewusst, dass sich Unterricht zwischen Schulformen, Schulen und Klassen teils erheblich unterscheiden kann, doch scheinen diese Unterschiede im internationalen Vergleich „in erstaunlicher Weise zu schrumpfen (Baumert u.a. 1997: 225), indem der Unterricht unterschiedlichen kulturellen Skripten zu folgen scheint.

Unterrichtsskripts sind die als kulturspezifisch angesehenen *Inszenierungs- und Verlaufsmuster* der Unterrichtsführung, die aus einem mehr oder weniger geteilten Wissen über die Unterrichtsgestaltung resultieren.

Im Hinblick auf schulformspezifische Unterschiede lassen sich jedoch auch differenzierende Aussagen treffen. So konnte zum Beispiel mit dem PISA-Datenmaterial eine bekannte Einschätzung bestätigt werden: *Kognitiv aktivierender* und *selbstständigkeitsfördernder* Unterricht findet sich tendenziell stärker am Gymnasium und eine Form des Unterrichtens mit geringem kognitivem Gehalt und ausgeprägter Unterstützung an Hauptschulen.

Obgleich sich Schulformen und Einzelschulen hinsichtlich der Förderung fachlicher und überfachlicher Kompetenzen deutlich unterscheiden, vermitteln verschiedene Studien der Unterrichtsforschung folgendes generelles Bild: In deutschen Schulen findet *kaum Anwendung von Wissen auf Alltagsprobleme* im Sinne eines anwendungs- und verständnisorientierten Unterrichtens statt. Unterricht in Deutschland ist bemerkenswert *variationsarm* und Schule ist vielfach eine „Indoor-Veranstaltung", die dem Rhythmus des Stundenplans folgt (vgl. Baumert u.a. 2000: 283 ff). Die Struktur des frontalen Unterrichtskonzepts, das in bestimmten Anwendungssituationen sehr wirksam ist, lässt der Lehrkraft allerdings wenige Chancen, auf Heterogenität angemessen und individuell zu antworten.

Klieme und Rakoczy (2003) haben im Rahmen der PISA 2000-Datenanalyse für die Teilnehmerstaaten drei Profiltypen gebildet. Diese ergeben sich aus der Frage, welches der drei Unterrichtsmerkmale (Leistungsdruck, Unterstützung und Beziehungsqualität) im Profil eines Landes im Vordergrund steht: Zu den Staaten, die stark durch den Unterstützungsaspekt gekennzeichnet sind, gehören Japan, die skandinavischen Länder und die angelsächsischen Staaten. In den meisten mitteleuropäischen Staaten steht die Qualität der Lehrer-Schüler-Beziehung im Vordergrund; zugleich ist der Leistungsdruck meist relativ gering ausgeprägt. Deutschland gehört dagegen zur Gruppe der Staaten mit einem im Vergleich der drei Dimensionen relativ stark in den Vordergrund tretenden Leistungsdruck. Zu dieser Gruppe gehören außerdem Korea und einige osteuropäische Staaten.

Demzufolge zeichnet sich die Unterrichtskultur in Deutschland gegenüber den meisten angelsächsischen, nord- und westeuropäischen Staaten durch eine vergleichsweise geringe Unterstützung durch die Lehrkräfte aus, bei einem mittleren bis relativ hoch empfundenen Leistungsdruck. Zwischen den einzelnen Bundesländern finden sich diesbezüglich nur geringe Unterschiede, so dass die Unterrichtskultur über die Länder hinweg ausgesprochen homogen zu sein scheint.

5.5.2 Individualisierung und Differenzierung

Im Umgang mit unterschiedlichen Lernvoraussetzungen leistungs-, herkunfts-geschlechts- oder altersbezogener Art können ebenfalls kulturell geprägte Muster deutlich werden. Länderübergreifend erweist sich die Frage des erfolgreichen Unterrichtens in *heterogenen* Lerngruppen als zentral für den Schul- und Unterrichtsalltag, und zwar unabhängig von der Schulform. Dies kann aus deutscher Perspektive erstaunen, da das deutsche Schulsystem doch über ein umfangreiches Instrumentarium zur Homogenisierung der Schülerschaft verfügt: Dazu gehören die Möglichkeit der Zurückstellung vom Schulbesuch, Klassenwiederholungen und Überweisungen an parallele oder anschließende Schulformen.

Schulische Differenzierung
Schulische Differenzierung meint die Einteilung bzw. Zugehörigkeit von Schülerinnen und Schülern einer schulorganisatorischen Grundgesamtheit zu Lerngruppen nach multiplen Differenzierungskriterien (nach Haußer 1981).

Aus der Perspektive von Schulsystemen, die weniger stark gegliedert sind als das bundesdeutsche, sind die deutschen Sekundarschulen durchaus homogene Schulformen. So fallen die in PISA erfassten Kompetenzen der 15-Jährigen innerhalb einer Einzelschule im internationalen Vergleich bemerkenswert homogen aus: „Vergegenwärtigt man sich diesen Sachverhalt, muss die in Deutschland häufig zu hörende Klage über die zu große Leistungsheterogenität in Sekundarschulen verblüffen. Im internationalen Vergleich gibt es kaum leistungs-homogenere Sekundarschulen als in Deutschland. Dies gilt im Übrigen auch – wenngleich abgeschwächt – für Integrierte Gesamtschulen (Baumert 2001: 454).

Gleichwohl gilt, dass sich aus der deutschen Innensicht eine große Leistungsheterogenität auf den Ebenen der Schulform, der Einzelschule und auch auf der Ebene der der einzelnen Klasse zeigt: Die verschiedenen Large Scale Assessments führen deutlich vor Augen, dass die Schülerschaft in den Sekundarschulen *nicht leistungshomogen* sortiert ist. Studien wie TIMSS, PISA und IGLU zeigen erhebliche *Überlappungen in den Leistungsfähigkeiten* der einzelnen Schulformen: Die Kompetenzverteilungen leistungsmäßig benachbarter Schulformen reichen jeweils in den Kernbereich der anderen Schulformen hinein. Die hohen Überschneidungsbereiche machen deutlich, dass es die Fachleistungen der Schülerinnen und Schüler in vielen Fällen erlauben würden, beispielsweise von einer Realschule auf ein Gymnasium zu wechseln. Umgekehrt findet sich in der Schülerschaft der Gymnasien ein nennenswerter Anteil solcher Jugendlicher, deren Fachleistungen eher zum Anforderungsniveau weniger anspruchsvoller Schulformen passen.

So handelt es sich bei den deutschen Sekundarschulen um Lerngruppierungen, die hinsichtlich der Leistungsfähigkeit weitaus heterogener zusammengesetzt sind als gemeinhin angenommen. Diese Heterogenität gilt es, wie wichtige Referenz- und Nachbarländer Deutschlands zeigen, produktiv zu nutzen. Die Ursachen dieser hier nur knapp umrissenen Diskrepanz zwischen Anspruch und Realität liegen einerseits in der Leistungsentwicklung von Schülerinnen und Schülern, die bei der Entscheidung über den weiteren Bildungsgang am Ende der Primarstufe nicht abgeschlossen ist und verschiedenen sozialisatorischen Einflussbedingungen unterliegt, etwa der elterlichen Unterstützungsleistung. Darüber hinaus konnte auf der Basis vergleichender Leistungsstudien gezeigt werden, dass das beschriebene Problem insbesondere auch strukturell bedingt ist (vgl. dazu ausführlicher Kapitel 3.3.3).

5.5.3 Diagnostische Kompetenz und Benotungsunterschiede

Die Unterrichtsforschung ist zu der Erkenntnis gelangt, dass die diagnostische Sensibilität von Lehrkräften eine entscheidende Bedeutung für die Egalisierung der Schülerleistungen auf hohem Niveau hat. Diagnosekompetenz ist im Hinblick auf die affektiven Lernvoraussetzungen der Schülerinnen und Schüler besonders zentral, d.h. Lehrkräfte müssen z.B. wissen, wo und wie bei Schülerinnen und Schülern Angst vor Leistungsversagen auftritt. Diagnosekompetenz ist für einen *adaptiv* gestalteten Unterricht unabdingbar, bei dem sich Unterrichtsplanung und Unterrichtsgestaltung so an die Lernvoraussetzungen der Lernenden anpassen, dass diese positive Lernerfolge haben und optimal gefördert werden.

> **Diagnose** meint eine analytische Aussage über eine Person aufgrund von Beobachtung oder Feststellung und umfasst Ursachen, Prognosen und (pädagogische) Entscheidungen.

In einer kleineren Zusatzerhebung im Rahmen der deutschen PISA 2000-Stichprobe wurde die Diagnosekompetenz von Lehrkräften in den Blick genommen:

Die in Schulen mit Hauptschulbildungsgang im Vorfeld von PISA zur Lesekompetenz ihrer Schüler befragten Klassen- und Deutschlehrkräfte identifizierten nur 11% der Schüler unterhalb der untersten Kompetenzstufe 1 und 4% der Jugendlichen mit einem Leistungsniveau auf Kompetenzstufe 1, das immer noch unter dem festgelegten Mindeststandard liegt. Die meisten schwachen Leser bleiben damit von ihren Lehrkräften unerkannt. Die Befunde weisen wiederum darauf hin, dass in Deutschland die gezielte und frühzeitige Identifikation und damit einhergehende Förderung von schwachen Lesern zu einer erheblichen Verkleinerung der potenziellen *Risikogruppe* (mit erhöhtem Risiko der Ausbildungs- und Beschäftigungslosigkeit) am Ende der Pflichtschulzeit führen könnte. Dies erfordert, dass die diagnostische Begleitung von Leseprozessen in allen Fächern in der Lehrerausbildung berücksichtigt wird.

Die Verortung einzelner Schüler- und Klassenleistungen in den Ergebnissen überregionaler Vergleichsarbeiten kann auf der Grundlage einer deutlich vergrößerten Schüler-Bezugsgruppe zudem einen objektiveren *Referenzmaßstab* auch bei der Beurteilung von Leistung bieten. So wird zwar vorausgesetzt, dass die Vergabe von Noten und Zertifikaten nach einheitlichen Kriterien erfolgt und im Ergebnis zur Gleichwertigkeit von Abschlüssen beiträgt, doch führen die PISA-Befunde auch in diesem Bereich für Deutschland Mängel vor Augen, die mit unterschiedlichen Lebenschancen der beurteilten Schülerinnen und Schüler verbunden sind (vgl. Baumert 2003): Es gibt teils erhebliche Benotungsunterschiede zwischen den Ländern und Schulformen sowie zwischen und innerhalb der Schulen einer Schulform. Länder und Schulen derselben Schulform unterscheiden sich nachweislich in der Benotung.

Die Abstufung ist am Gymnasium am ausgeprägtesten, am unklarsten scheint sie an Integrierten Gesamtschulen zu sein. Gleichzeitig überlappen sich die mit jeder Notenstufe verbundenen Leistungsverteilungen innerhalb einer Schulform: Das gleiche Leistungsniveau wird an der einen Schule als gut bewertet; in einer anderen kann dies als schlecht mit ‚ausreichend' oder gar ‚mangelhaft' bewertet werden. Schließlich ist zu erkennen, dass Schülerinnen und Schüler mit Bestnoten in Mathematik, die Hauptschulen, Integrierte Gesamtschulen oder Realschulen besuchen, ohne Weiteres im benachbarten anspruchsvolleren Bildungsgang Erfolg haben könnten.

Bildungsstandards und darauf abzustimmende überregionale Vergleichsarbeiten sollen dazu beitragen, den Schulen über die einzelne Klasse hinaus einen entsprechenden Orientierungsrahmen anzubieten. Diese Instrumente werden im nachfolgenden Kapitel differenzierter dargestellt.

5.6 Anregungen zur Wiederholung und Reflexion

1. Was kennzeichnet den Kompetenzbegriff, wie er bei Schulleistungsstudien gebraucht wird?
2. Inwieweit verändert das Grundbildungskonzept, wie es bei PISA zugrunde gelegt wird, das Verständnis von schulischem Lernen?
3. Beschreiben Sie die Wirkung der Befunde aus Large Scale Assessments auf Reformbemühungen im Bildungswesen seit Mitte des letzten Jahrhunderts.
4. Recherchieren Sie im Internet „Orientierungsrahmen Schulqualität“ und arbeiten Sie Gemeinsamkeiten und Unterschiede dieser Modelle im Vergleich zu den in diesem Kapitel präsentierten theoretischen Modellen heraus.
5. Was weiß man über ‚guten‘ Unterricht?

6 Die entwicklungsorientierte Perspektive: Wie können Schule und Unterricht durch Evaluation entwickelt werden?

Das unerwartet schwache Abschneiden deutscher Schülerinnen und Schüler bei internationalen Leistungsvergleichen hat insbesondere seit PISA zu einer bis dahin in dieser Intensität nicht gekannten Auseinandersetzung um bildungspolitisch angemessene Reaktionen geführt. Zentrale Ziele bildungspolitischen Handelns sind die *Steigerung von Qualität* und die *Sicherung von Vergleichbarkeit* in einer sich weiter globalisierenden Welt. Der Bildungserfolg des Einzelnen soll dabei möglichst unabhängig von individuellen Herkunftsmerkmalen sein, um den wirtschaftlichen Erfolg des Landes unter optimaler Ausschöpfung der vorhandenen *Begabungspotenziale* zu gewährleisten.

Im Gefolge der PISA-Studien wurde eine Vielzahl bildungspolitischer Maßnahmen bundesländerübergreifend eingeleitet, so etwa die bessere Förderung im Vorschulbereich, die Vorverlegung des Einschulungsalters einschließlich der schulorganisatorischen Umgestaltung der Eingangsphase in der Grundschule, die Einführung ganztagsschulischer Angebote, eine Verkürzung der Abiturzeit auf 12 Jahre und Reformen der Lehrerbildung (vgl. dazu Kapitel 2.2.4). Weitere Handlungsfelder, denen entsprechende KMK-Beschlüsse zugrunde liegen, sind beispielsweise die frühzeitige Förderung von Migranten und sozial Benachteiligten in der Bundesrepublik Deutschland, die Bereitstellung von Fortbildungskonzeptionen und -materialien zur *kompetenz- bzw. standardbasierten* Unterrichtsentwicklung, Konzepte und Materialien für Deutsch als Aufgabe aller Fächer, die Aus- und Fortbildung der Lehrkräfte im Hinblick auf Verbesserung der Diagnosefähigkeit, der Umgang mit Heterogenität, individuelle Förderung und die Erarbeitung eines flexibel im Unterricht einzusetzenden *Aufgabenpools* für die Fächer Deutsch und Mathematik.

Darüber hinaus hat die Kultusministerkonferenz der Länder (KMK) neue Formen der systematischen und wissenschaftlich fundierten Beobachtung des Bildungssystems (*Bildungsmonitoring*) beschlossen, die nicht mehr allein die schulstrukturellen und inhaltlichen Vorgaben im Bildungswesen in den Blick nehmen, sondern schulische und unterrichtliche Prozesse sowie deren Wirkungen im Hinblick auf vorher festgelegte, am Ende von Lernprozessen zu erreichende so genannte *‚Bildungsstandards‘* analysieren. Die Bestandsaufnahme soll nach dem Willen der KMK in die Klärung von Ursachen festgestellter Defizite und geeignete Reformmaßnahmen münden. Dazu haben die Kultusminister der Länder im Jahr 2006 die *‚Gesamtstrategie der Kultusministerkonferenz zum Bildungsmonitoring‘* vorgelegt (KMK 2006), die folgende Verfahren und Instrumente umfasst:

- Internationale Schulleistungsuntersuchungen,
- zentrale Überprüfungen des Erreichens der Bildungsstandards in einem Ländervergleich,
- Vergleichsarbeiten in Anbindung oder Ankoppelung an die Bildungsstandards zur landesweiten oder länderübergreifenden Überprüfung der Leistungsfähigkeit aller Schulen sowie die
- gemeinsame Bildungsberichterstattung von Bund und Ländern.

An den internationalen Schulleistungsuntersuchungen (vgl. dazu Kapitel 5) werden die Länder im Zusammenwirken mit dem Bund auch zukünftig teilnehmen, um statistische Kennziffern für die regelmäßige Bildungsberichterstattung zu erhalten und um *langfristige Trends* und Entwicklungen auch im internationalen Vergleich erfassen und rechtzeitig und angemessen darauf reagieren zu können.

Nachfolgend werden zunächst die Bildungsstandards in ihrer Anlage und Intention skizziert, die einen wichtigen Bezugsmaßstab für die Durchführung und Bewertung der Befunde von Vergleichsarbeiten darstellen (Kapitel 6.1). Diese werden, ebenso wie Zentrale Abschlussprüfungen und Schulinspektionen, als Formen so genannter externer Evaluation bzw. Fremdevaluation im Anschluss differenzierter dargestellt (Kapitel 6.3), wobei zuvor dem Begriff und den unterschiedlichen Formen von Evaluation ein eigenes Kapitel gewidmet wird (Kapitel 6.2). Nach einer Skizze der Bildungsberichterstattung in Deutschland (Kapitel 6.4) schließt die Darstellung mit der Frage nach der Nutzbarmachung der auf diese Weise gewonnenen und rückgemeldeten Daten (Kapitel 6.5).

6.1 Bildungsstandards als Referenzmaßstab: Kompetenzerwartungen werden länderübergreifend gestaltet

Seit 2004 steht den Ländern mit den Bildungsstandards im Primarbereich (für die Fächer Deutsch, Mathematik) und im Sekundarbereich für den Hauptschulabschluss (Deutsch, Mathematik, Erste Fremdsprache) sowie für den Mittleren

Schulabschluss (Deutsch, Mathematik, Erste Fremdsprache, Biologie, Chemie, Physik) ein bundesweit geltender Referenzrahmen zur Verfügung (abrufbar auf den Seiten der KMK: www.kmk.org). Damit kann die Qualitätsentwicklung in den Schulen aller Länder in der Bundesrepublik Deutschland zum ersten Mal an einheitlichen Bezugsgrößen in Form von abschlussbezogenen *Regelstandards* gemessen werden. Mittlerweile wurden vom Institut zur Qualitätsentwicklung im Bildungswesen (IQB) erstmals in allen Ländern die Leistungen der Neuntklässler aller Schularten der Sekundarstufe I gemäß den Bildungsstandards der Kultusministerkonferenz in den Fächern Deutsch und Erste Fremdsprache (Englisch/Französisch) überprüft (vgl. Köller/Knigge/Tesch 2010). Der nächste sogenannte „Ländervergleich" wird im Jahr 2015 durchgeführt.

Die im deutschsprachigen Raum so bezeichneten ‚Bildungsstandards' lassen sich als verbindliche Festlegungen charakterisieren, die solche zentralen Kompetenzbereiche beschreiben, die Schülerinnen und Schüler bis zu einer bestimmten Jahrgangsstufe erworben haben sollen (im Sinne von Leistungsstandards [auch: Performance Standards]). Wurde das Bildungssystem bislang stärker Input-orientiert gesteuert (durch Lehrpläne, welche die Inhalte und Gegenstände beschreiben, die im Unterricht zu behandeln sind), stehen Bildungsstandards für eine Output-Orientierung (vgl. auch Kap. 4.3). Demnach werden nicht die Gegenstände und konkreten Inhalte festgelegt, sondern die an ihnen zu erwerbenden Fähigkeiten, Fertigkeiten und Bereitschaften (Kompetenzen).

Kompetenzen beschreiben – im Gegensatz zu einzelnen Wissens- und Könnenselementen – die Fähigkeit zur Bewältigung vielfältiger Anforderungen (vgl. Klieme u.a. 2003; vgl. zum Kompetenzbegriff auch die Kapitel 5.1 und 7.1). Dabei ist in den meisten Anwendungssituationen die Integration fachlicher, sozialer und persönlicher Fähigkeiten erforderlich. Folgende Arten von in diesem Sinne kompetenzorientierten Bildungsstandards werden u.a. unterschieden:

- *Mindeststandards:* Sie beschreiben das Minimalniveau einer Kompetenz, das alle Schülerinnen und Schüler einer Lerngruppe erreichen sollen, und bei deren Nichterreichen Maßnahmen zwingend zu ergreifen sind (seien es Fördermaßnahmen, Ausstattungsverbesserungen der Schulen oder auch Sanktionen gegen die Schulen, etwa verstärkte Aufsicht).
- *Regelstandards:* Sie beschreiben Kompetenzen, die im Durchschnitt (von der Mehrheit einer Lerngruppe) erreicht werden sollen, wobei Maßnahmen erst bei Nichterreichen in bedeutendem Umfang zu ergreifen sind.
- *Maximalstandards* bzw. Optimalstandards: Sie definieren, was die besten Schülerinnen und Schüler können sollten.

Zum Unterschied zwischen Bildungsstandards und Lehrplänen
Im Vergleich zu den Bildungsstandards werden die *herkömmlichen Lehrpläne* als *Input-Standards* bezeichnet, die zu erreichendes Wissen beschreiben. Ein weiterer zentraler Unterschied zu Lehrplänen ist die mit Standards verbundene *Kontrollabsicht*, die empirische externe Überprüfung der tatsächlichen Zielerreichung. Damit verknüpft ist die Idee, Lernprozesse vom Ergebnis her zu denken und die Aufmerksamkeit von Lehrenden und Lernenden auf langfristig angelegtes, *kumulatives* Lernen zu lenken und schulformspezifische, aber auch -übergreifende Kernaufgaben zu reflektieren.

Bildungsstandards im Sinne von Performance-Standards liegen *Kompetenz-Modelle* zugrunde, um operationalisier- und messbar zu sein. Solche Modelle definieren fach- und situationsspezifische Anforderungen in abgrenzbaren Lern- und Handlungsbereichen und beschreiben zugleich die individuellen Voraussetzungen für ein erfolgreiches Handeln in diesen Situationen; ihre Entwicklung und Testung soll in den kommenden Jahren weiter vorangetrieben werden. Zur Weiterentwicklung, Operationalisierung, Normierung und Überprüfung von Bildungsstandards wurde 2004 das *Institut zur Qualitätsentwicklung im Bildungswesen* (IQB, vgl. www.iqb.hu-berlin.de/) als wissenschaftliche Einrichtung der deutschen Bundesländer gegründet. Das IQB entwickelt Bildungsstandards und Testaufgaben, die die Bildungsstandards abbilden; die Testaufgaben werden schließlich unter Schülerinnen und Schülern getestet und normiert. Im zeitlichen Kontext des internationalen PISA-Vergleichs 2009 wurden vom IQB erstmals in allen Ländern die Leistungen von Schülerinnen und Schülern der Jahrgangsstufe 9 aller Schularten der Sekundarstufe I gemäß den Bildungsstandards der Kultusministerkonferenz in den Fächern Deutsch und Erste Fremdsprache überprüft (vgl. Köller/Knigge/Tesch 2010). Die nächste Erhebung dieser Art wird 2015 stattfinden.

Bildungsstandards sind zusammenfassend primär Leistungsstandards, sie beschreiben die Kompetenzen, die Schülerinnen und Schüler bis zu einem bestimmten Zeitpunkt ihres Bildungsganges erreicht haben sollen (verbindliche Ergebniserwartungen, outputorientiert), stellen verbindliche Kriterien für alle 16 Länder dar, können mit Hilfe von Testaufgaben operationalisiert und überprüft werden und können als Grundlage für einen kompetenzorientierten Unterricht dienen.

Die mit Bildungsstandards einhergehende veränderte *Aufgabenkultur,* mit der die eigentliche Steuerungserwartung für den Unterricht im Sinne besserer Unterrichtsqualität verknüpft wird, ist u.a. durch folgende Merkmale und Anforderungen gekennzeichnet:

- Aufgaben sind für Schüler/innen herausfordernd auf passendem Anspruchsniveau,
- sie fordern und fördern inhalts- und prozessbezogene Kompetenzen,
- sie knüpfen am Vorwissen an und bauen das strukturierte Wissen kumulativ aus,
- sie sind in sinnstiftende Kontexte eingebunden und
- sind vielfältig in den Lösungsstrategien und Darstellungsformen.

Die nationalen Bildungsstandards, die von der Kultusministerkonferenz verabschiedet wurden, sind jedoch nur als *Rahmen* für die einzelnen Bundesländer zu verstehen. Bei weiterhin geltender Bildungshoheit entstehen in den 16 Bundesländern jeweils eigene Ausgestaltungen, die entweder die äußere Form der Bildungsstandards aufnehmen (z.B. NRW oder Niedersachsen), eigene Formen verwenden (Baden-Württemberg) oder ganz auf alte Lehrplanformate zurückgreifen (Bayern).

Zur *aktuellen Kritik* an den Bildungsstandards gehören Zweifel an der grundsätzlichen Veränderung gegenüber den bisherigen Richtlinien und Lehrplänen, auch hinsichtlich der Frage, wie konkret und fassbar die Standards für die Praxis formuliert sind. Weitere Kritikpunkte beziehen sich auf die Konzentration der Standards auf kognitive Kompetenzen in ausgewählten Fächern. Soziale und personale Kompetenzen (vgl. dazu Kapitel 7.1) beispielsweise finden bislang kaum Berücksichtigung, zumal sie schwieriger zu erfassen sind. Damit rückt die Frage nach dem Allgemeinbildungsbegriff in den Mittelpunkt, der sich von dem Humboldtschen Bildungsverständis (vgl. dazu Kapitel 1.2) des Sich-Bildens der Persönlichkeit und des reflektierten Verhältnisses zu sich, zu anderen und zur Welt zu entfernen scheint.

6.2 Evaluation der Zielerreichung: Unterschiedliche Formen sind zu differenzieren

Schulen, so wird in der Qualitätsdebatte inzwischen fast widerspruchslos festgestellt, sollen stärker als in der Vergangenheit *Rechenschaft* über die Wirkung ihrer Arbeit und damit über das Ausmaß ihrer Zielerreichung (etwa im Hinblick auf Bildungsstandards) legen, indem sie sich Evaluationen unterziehen müssen. Dies gilt gerade auch vor dem Hintergrund der zunehmenden Selbstständigkeit von Schulen und dem Gebot der Sicherung von Vergleichbarkeit in einer sich ausdifferenzierenden Schullandschaft.

Dabei beschreibt der Begriff ‚*Evaluation*', der in diesem Zusammenhang der Schlüsselbegriff ist, in einer noch sehr allgemeinen und umfassenden Definition einen Prozess, in dessen Verlauf eine *Bestandsaufnahme*, eine *Analyse* und eine *Bewertung* der Arbeit z.B. einer Schule erfolgt (vgl. dazu auch Helmke 2003, S.151 ff.). Betrachtet man die Praxis der Schulevaluation, so lassen sich mit der Selbst-, der Meta- und der Fremdevaluation drei Typen von Evaluation unterscheiden.

6.2.1 Selbstevaluation als interne Evaluation

Selbstevaluation „ist ein systematischer, kontinuierlicher Lern- und Arbeitsprozess, in dem vor Ort Informationen und Daten über das Lernen, den Unterricht und die Schule gesammelt werden, um aus ihnen Erkenntnisse zu gewinnen und sie begründet zu bewerten. Dies dient der Selbstreflexion über die Arbeit, der Schulentwicklung, der Beteiligung von Betroffenen oder der Selbstkontrolle und Rechenschaft" (Eikenbusch 1997: 7). Dieses Evaluationsverständnis geht davon aus, dass eine einzelne Schule ihre Arbeit nur dann weiterentwickeln wird, wenn sie den *Entwicklungsbedarf* selbst herausfindet und die Entwicklungsrichtung *selbst* bestimmt – allenfalls durch externe Berater dabei unterstützt, z.B. durch die Vermittlung evaluativer Methoden.

Tab.: Typisierung von Evaluationsformen

Wozu?	▪ Formative Evaluation: Evaluation während Lernphasen zur Förderung ▪ Summative Evaluation: Evaluation nach Lernphasen zur abschließenden Bewertung
Wann?	▪ Prozessbezogene Evaluation ▪ Produktbezogene Evaluation
Durch wen?	▪ Selbstevaluation als interne Evaluation ▪ Metaevaluation ▪ Fremdevaluation als externe Evaluation
Wie oft?	▪ Einmalige Evaluation ▪ Mehrfache Evaluation ▪ Kontinuierliche Evaluation
Welcher Maßstab?	▪ Individuelle Norm: Vergleich mit früheren Erhebungen ▪ Soziale Norm: Vergleich mit anderen Evaluierten ▪ Kriteriale Norm: Vergleich mit einem vorher festgelegten Standard
Was?	▪ Programm-Evaluation ▪ Unterrichtsevaluation ▪ Lernstandevaluation

6.2.2 Metaevaluation

Der Selbstevaluation wird entgegengehalten, dass die der einzelnen Schule angehörigen Lehrerinnen und Lehrer, insbesondere wenn es um Wirkungsqualität geht, ihre eigene Arbeit nicht ehrlich, nicht objektiv beurteilen und daher auch nicht verändern könnten. Kempfert und Rolff merken dazu an: „Selbsteinschätzungen sind nahezu zwangsläufig einseitig und möglicherweise zu wenig selbstkritisch. Das gilt für alle Berufe, nicht nur für Lehrer. Wenn die Selbstbeobachtungen nicht durch einen fremden Blick ergänzt werden, dann wird die eigene Wahrnehmung zu selektiv" (Kempfert/Rolff 1999: 137).

Eine vorsichtige und das Entwicklungspotenzial der Einzelschule ‚schonende' Reaktion auf diesen kritischen Hinweis ist in der Ergänzung der Selbstevaluation um die Komponente der Metaevaluation zu sehen. Im Rahmen von Metaevaluation werden die Verfahren der Selbstevaluation einer *methodenkritischen Überprüfung* durch Externe unterzogen. Dies soll sicherstellen, dass die Bestandsaufnahme, Analyse und Bewertung im Verlauf der Selbstevaluation fachlichen Standards genügen. Auf diese Weise sollen Ergebnisse objektiviert und mit denen anderer Schulen vergleichbar werden.

6.2.3 Fremdevaluation als externe Evaluation

Weitergehend noch ist der Ansatz der Fremdevaluation, der Selbst- und Metaevaluation ersetzt oder der ergänzend an ihre Seite tritt. Bei der Fremdevaluation beurteilen Externe (die Schulaufsicht, die Abnehmer, Wissenschaftler u.a.) die Arbeit und die Arbeitsergebnisse einer Schule; sie geben auf der Grundlage ihrer Bestandsaufnahme und ihrer Analyse Entwicklungsempfehlungen.

So wie die Selbstevaluation sich mit dem Vorwurf der Subjektivität und des Verschleierns von Schwächen der eigenen Institution auseinandersetzen muss, so trifft die Fremdevaluation der Vorwurf, undifferenziert die unverwechselbare einzelne Schule an einem standardisierten Idealtyp zu messen und daher der Einzelschule mit ihren individuellen Problemen bei der Weiterentwicklung nicht helfen zu können.

6.3 Externe Evaluation im Fokus: Neue Instrumente sollen Schulqualität befördern

Vergleiche sind Erziehungswissenschaftlern wie Schulpraktikern seit dem Einzug des Leistungsprinzips im institutionalisierten Schulsystem vertraut, nämlich traditionell im Kontext der Erfassung und Bewertung von Schülerleistungen. Über die Bewertung der Leistung einzelner Schülerinnen und Schüler im Klassenverbund hinaus haben sich in der Folge der internationalen Schulleistungsstudien in jüngerer Zeit die Bezugssysteme von bildungsbezogenen Vergleichen deutlich erweitert und stehen im Rampenlicht erhöhter (fach-)öffentlicher Aufmerksamkeit:

- *Vergleichsarbeiten und Lernstandserhebungen* (in den Ländern gibt es teilweise weitere Bezeichnungen für diese Testform) gehen über die bereits innerhalb von Schulen praktizierten Arbeiten zwischen parallelen Klassen (so genannte *Parallelarbeiten*) hinaus. Zugleich erweitern sie die von Individuen (insbesondere Schülerinnen und Schüler) getragene Vergleichsbasis um die Institutionenebene, indem nach den Arbeitsergebnissen einzelschulischer Organisationen gefragt wird.
- *Zentrale Abschlussprüfungen* stellen einen weiteren wichtigen und traditionellen Evaluations-Strang dar, bei dem ebenfalls Externe von zentraler Stelle aus bereits seit Jahrzehnten in der Hälfte der Bundesländer und in jüngerer Zeit in fast allen Bundesländern an der Ermittlung und Bewertung schulischer Leistungen beteiligt sind.

Die an externe Evaluationsformen geknüpften Funktionen und Ziele sind vielfältig. Im deutschen Schulsystem dienen *Zentralprüfungen* im Wesentlichen der Zertifizierung eines qualifizierenden Abschlusses im Berechtigungswesen. Auf dieses Testat verlassen sich die abnehmenden Systeme (Berufsausbildung, Hochschulen, Beschäftigungswesen) und eröffnen den Inhabern dieser Zertifikate den Zugang zu ihnen. *Vergleichsarbeiten* als schullaufbahnbegleitende Evaluationsformen haben vor allem die Funktion, Informationen über erreichte Leistungsstandards bereitzustellen, um die Leistungen innerhalb der Länder und über die Ländergrenzen hinweg dichter beieinander zu halten. Die Entwicklung der Einzelschule gewinnt dadurch einen neuen, überregionalen Referenzrahmen.

Ergänzend sei an dieser Stelle auch auf die Funktion von *Schulleistungsstudien* hingewiesen, die ebenfalls eine externe Evaluationsform darstellen. Sie stärken die integrative Sicht auf das Schulsystem im Bereich der Grundlagenforschung sowie auf dem Gebiet der Bildungsplanung und Bildungspolitik, die damit über ein Instrument zur Standortbestimmung und Rechenschaftslegung durch ein Systemmonitoring (Erfassung, Überwachung und Steuerung von Prozessen mittels eines standardisierten Beobachtungssystems) verfügt.

Tab. 11: Überregionale, standardisierte Studien, Tests und Prüfungen in Deutschland und die ihnen zugeschriebenen Funktionen*

Evaluationsform	vorrangige Funktion			
	System-monitoring	Rechen-schaftslegung	Zertifizierung/ Selektion	Diagnose von Stärken/ Schwächen bezogen auf die Einzelschule
Schulleistungsstudien	x	x		
Parallelarbeiten		x	x	x
Vergleichsarbeiten	x	x	(x)**	x
Zentrale Abschlussprüfungen		x	x	

** teilweise ersetzen die Vergleichsarbeiten eine Klassenarbeit
* Quelle: in Anlehnung an van Ackeren, 2003

6.3.1 Landesweite Vergleichsarbeiten

Vor dem Hintergrund der unterdurchschnittlichen Ergebnisse aktueller Leistungsstudien und angesichts der Wahrnehmung entsprechender Maßnahmen der Qualitätssicherung und -entwicklung in wichtigen Vergleichs- und Referenzländern setzen sich bundesdeutsche Schulen derzeit mit schulübergreifenden, länderinternen bzw. mit bundesländerübergreifenden, von der KMK so genannten Vergleichsarbeiten (VERA) auseinander, die innerhalb der Bundesländer eigene Bezeichnungen haben können (z.B. zentrale Lernstandserhebungen in Nordrhein-Westfalen). Die Bestimmungsworte ‚Vergleich' und ‚Orientierung' spielen auf entsprechende Funktionen an. Dieser Typus externer Evaluation, der seine Messzeitpunkte im Verlauf des schulischen Parcours verankert, geht über die innerhalb von Schulen bereits vielfach praktizierten gemeinsamen Arbeiten von Parallelklassen hinaus. So hat sich die Kultusministerkonferenz dafür ausgesprochen, in und auch zwischen den Ländern landesweit solche Arbeiten schreiben zu lassen, die nationale Standardvorgaben berücksichtigen (vgl. Kapitel 6.1).

Dieser Testtyp versucht direkter, als es über eher auf der Systemebene verorteten Leistungsstudien möglich ist, am Unterrichtsgeschehen anzusetzen und darüber Standards in die Klassenzimmer zu transportieren sowie in umgekehrter Richtung Informationen über Defizitbereiche und Handlungsbedarfe zu erhalten. Vergleichsarbeiten gehen in diesem Sinne im Unterschied zu Arbeiten zwischen Parallelklassen über den innerschulischen Vergleich hinaus, indem mehrere bzw. alle Schulen eines Bundeslandes einbezogen werden und somit die Bezugsgröße des Vergleichs deutlich erweitert wird. Durch den *schullaufbahnbegleitenden Charakter* steht bei Vergleichsarbeiten die Diagnose von Stärken und Schwächen im Vordergrund, die aber grundsätzlich nicht als Ausgangspunkt für negative Selektionsmechanismen, sondern einer gezielten Förderung dienen sollen: „Ziel dieses Verfahrens soll es sein, eine Qualitätssicherung zu gewährleisten, sich darüber länderübergreifend auszutauschen und es den Schülerinnen und Schülern in allen Ländern der Bundesrepublik Deutschland zu ermöglichen, in allen Bildungsgängen über individuelle Förderung die gesetzten Ziele zu erreichen“ (Beschluss der 299. Kultusministerkonferenz, 17./18. Oktober 2002, Würzburg).

Zu den grundsätzlich angestrebten Effekten gehört die datengestützte intensive Diskussion in den Schulen über Konsequenzen für die pädagogische Arbeit, z.B. bezogen auf

- Strategien der Klassenzusammensetzung und Differenzierungsmaßnahmen,
- Kriterien der Notengebung und Maßnahmen der Verbesserung ihrer Güte (Entwicklung gemeinsamer Standards),
- Entwicklung von Förderkonzepten für bestimmte Schülergruppen durch verbesserte Diagnostik,
- Überarbeitung des schulinternen Rahmenplans,
- Schulprogrammentwicklung,
- Lehrerkooperation,
- Planung des Lehrereinsatzes sowie
- Überprüfung der Wirkung von Maßnahmen.

Vergleichsarbeiten werden landesweit sowohl in der Primarstufe (VERA-3) als auch in den weiterführenden Schulen (VERA-8) durchgeführt. Unklar bleibt dabei jedoch zumeist, inwieweit festgestellte Leistungsdifferenzen erklärt und somit Handlungsmöglichkeiten identifiziert werden können. Zudem wird die zentrale bzw. dezentrale Erfassung von Ergebnissen und die Frage, ob sie in Zeugnisnoten einfließen sollen und damit doch auch der Selektion dienen, in den Ländern unterschiedlich gehandhabt.

Weitere Informationen zu VERA in der Grundschule finden sich unter www.uni-landau.de/vera/. Zu VERA-8 können entsprechende Materialien unter www.iqb.hu-berlin.de/vera abgerufen werden.

6.3.2 Zentrale Abschlussprüfungen

Die Mehrheit der deutschen Länder hat auch mit der Einführung zentraler Prüfungen, insbesondere mit dem Zentralabitur, an einen internationalen Trend Anschluss gefunden (vgl. vertiefend van Ackeren 2007; Klein u.a. 2009; Kühn 2010). Für die Einführung des Zentralabiturs lassen sich unterschiedliche *Implementationszeiträume* ausmachen:

- *Nach 1945* wurde das Zentralabitur im Saarland, Bayern, in den Vorgängerstaaten des heutigen Baden-Württemberg sowie in Rheinland-Pfalz eingeführt (in Rheinland-Pfalz wurden zentrale Prüfungen nach der Besatzungszeit jedoch wieder abgeschafft). Die Implementierung der Prüfungen geschah teilweise unter dem Einfluss der französischen Besatzung aus deren eigener Schultradition heraus. Für Bayern, das amerikanisch besetzt war, lässt sich vermuten, dass die Einführung des Zentralabiturs vor dem Hintergrund einer in Bayern tradierten zentralistischen Orientierung zu verstehen ist. Hingegen wurde im britisch besetzten Niedersachsen, Nordrhein-Westfalen, Hamburg und Schleswig-Holstein kein zentral organisiertes Abitur eingeführt, obgleich es seit 1862 ein solches in England gibt. Es lässt sich spekulieren, dass das Sendungsbewusstsein der Briten offensichtlich nicht so groß war wie das der Franzosen.
- In der aus der sowjetischen Besatzungszone hervorgegangenen *DDR* setzte sich die Einheitlichkeit der Bildungsinhalte und -strukturen im sozialistischen Staat konsequenterweise fort in zentralen Abschlussprüfungen der 10. Klasse und im Abitur. Nach der *Wiedervereinigung* beider deutscher Staaten im Jahr 1990 wurden zentrale Prüfungen mit Ausnahme von Brandenburg, das diese erst 2005 wieder einführte – beibehalten.
- Im Kontext der Diskussion der schwachen Resultate deutscher Schülerinnen und Schüler bei internationalen Vergleichsuntersuchungen haben seit 2005 in den vergangenen Jahren – mit Ausnahme von Rheinland-Pfalz – alle Länder zentrale Abiturprüfungen und vielfach auch zentrale Abschlussprüfungen am Ende der Sekundarstufe I eingeführt.

Zentrale Prüfungen werden als eine wesentliche bildungspolitische *Maßnahme zur Sicherung von Qualitätsstandards* angesehen. Dies betrifft sowohl die erreichten Kompetenzen als auch die Qualität des Unterrichts, indem – so die

Erwartung – Stoffgebiete aufgrund der auch für die Lehrkräfte unbekannten Themenstellung hinreichend breit abgedeckt werden, innovative Curricula und Aufgabenformate schneller in der Breite durchgesetzt werden, die Leistungsbereitschaft von Schülerinnen und Schüler sowie der Lehrkräfte erhöht und diagnostische Kompetenzen sowie die Anwendung eines sachlichen Maßstabes bei der Korrektur und Bewertung der Leistungen eher gefördert werden könnten. Auch aus der Perspektive der die Abiturienten aufnehmenden Institutionen des Tertiärbereichs (z.B. Universitäten) kann eine zentralisierte Prüfungsorganisation zur besseren Vergleichbarkeit von Institutionen und einer stärker leistungsbasierten individuellen Selektion im Berechtigungswesen (Schulen attestieren ihren Absolventen eine öffentlich erbrachte Leistung; die abnehmenden Systeme verlassen sich auf diese Zertifikate) beitragen.

Solchen positiven Steuerungserwartungen steht die *Befürchtung unerwünschter Nebenwirkungen* gegenüber: Angenommen werden eine thematische Engführung des Unterrichts in der Erwartung bestimmter Aufgabenstellungen *(teaching to the test)*, die Förderung reproduktiven Lernens sowie die Vernachlässigung verständnisorientierter und kreativer Arbeitsformen, die kaum von zentraler Stelle mit der erforderlichen Tiefe der Aufgabenstellung abfragbar seien. Weiterhin werden fehlende Möglichkeiten angenommen, aktuelle Themen, lokale Bedingungen sowie eigene und schülerbezogene Interessen zu berücksichtigen. Auch das Außerachtlassen unterschiedlicher Bedingungen der Leistungserbringung, etwa hinsichtlich der Frage, ob ein bestimmtes Thema bereits in allen Facetten im Unterricht besprochen wurde, wird kritisch in die Diskussion eingebracht.

Bemerkenswert ist, dass sich diese Erwartungen und Befürchtungen kaum auf *empirische Forschung*, welche die Komplexität schulischer Bildungsprozesse berücksichtigt, stützen können. Eine Durchsicht der Forschungsbefunde, die insbesondere auf Reanalysen von TIMSS- und PISA-Datensätzen beruhen, zeigt tendenziell Vorteile zentraler Prüfungen für das Erreichen hoher Standards (vgl. zusammenfassend Klein u.a. 2009). Über die Studien hinweg erweist sich das Bild jedoch als inkonsistent und variiert fach- und altersgruppenspezifisch. Die Wirkungen der Prüfungsorganisation auf schulische und unterrichtliche Prozesse wurden bislang nicht differenziert analysiert.

Unterschiedliche Wirkungen von Steuerungshandeln auf der Systemebene in die Einzelschule und den Unterricht hinein werden möglicherweise auch durch die im folgenden skizzierten *unterschiedlichen organisatorischen Ausdifferenzierungen* der Prüfungen in den Ländern bedingt. Die KMK gibt zwar mit der „Vereinbarung über die Abiturprüfung der gymnasialen Oberstufe in der Sekundarstufe II“ (KMK 2007) sowie den fachspezifischen Einheitlichen Prüfungsanforderungen (EPA) in der Abiturprüfung bundesweit gültige Rahmenvorgaben vor; diese können jedoch länderspezifisch unterschiedlich ausgestaltet werden, sodass sich in der gegenwärtigen Praxis zum Teil erhebliche Differenzen in der Prüfungsgestaltung zeigen. Damit verbergen sich hinter dem vordergründig einheitlichen Etikett ‚zentrale Prüfung' verschiedene Konzepte.

Die Unterschiede der Prüfungsorganisation liegen augenscheinlich im Ausmaß der *Zentralität* des Prüfungsverfahrens. Die innerdeutsche Diskussion um das Zentralabitur ist fokussiert auf die Fragestellung, welche Instanz die Prüfungsaufgaben auswählt und stellt: der Lehrer oder das Ministerium, dezentral oder zentral organisiert. Dabei rücken relevante andere Aspekte der Prüfungsorganisation, wie z.B. die Durchführung der Prüfung oder das Korrekturverfahren, eher in den Hintergrund.

Der innerdeutsche Vergleich der Prüfungsverfahren im Zentralabitur zeigt – ungeachtet der berichteten Heterogenität – dass sich bestimmte Prüfungselemente in ihrer Ausgestaltung als weitgehend konsensfähig unter den Bundesländern erwiesen haben: Mindestens drei Viertel der Länder mit Zentralabitur prüft drei schriftliche Abiturfächer am Ende der Qualifikationsphase zu einem landeseinheitlichen Zeitpunkt unter Aufsicht der Kurslehrkraft, wobei derselbe Kurslehrer als Erstkorrektor auftritt und zur Benotung auf zentral erstellte Erwartungshorizonte und Korrekturhinweise zurückgreift. Die Ergebnisse werden den Schulen letztlich zumindest intern mit Landesvergleichswerten zurückgemeldet.

Gleichwohl überwiegen die Unterschiede. Diese zeigen sich bei – unter Standardisierungsgesichtspunkten – so zentralen Sachverhalten wie beispielsweise der Frage

- ob in allen oder nur in ausgewählten Fächern die schriftliche Abiturprüfung abgelegt wird,
- ob alle schriftlichen Prüfungen zentral erfolgen oder in Abhängigkeit von bestimmten Fächern bzw. Fächergruppen und Anforderungsniveaus (z.B. Grund- oder Leistungskursniveau),
- ob als Grundlage der Prüfungen die Einheitlichen Prüfungsanforderungen (EPA) und Lehrpläne mit oder ohne Berücksichtigung von Schwerpunkthemen dienen,
- zu welchem Zeitpunkt vor der Prüfung entsprechende Schwerpunktthemen bekannt gegeben werden,
- aus welcher Personengruppe die Zweitkorrektoren stammen (schulintern oder -extern),
- ab welcher Bewertungsdifferenz zwischen Erst- und Zweitkorrektor ein Drittkorrektor hinzugezogen wird oder

- welchen Anteil die zentralen Prüfungselemente an der Gesamtbewertung ausmachen.

Auffällig ist, dass die weitgehend konsensfähigen Prüfungselemente in den Bundesländern gemessen an einem internationalen Maßstab einen vergleichsweise nur geringen bis mittleren *Standardisierungsgrad* der zentralen Prüfungsorganisation repräsentieren. Insbesondere im angelsächsischen Raum werden die Zentralprüfungen auch in behördlich genehmigten Prüfungszentren unter Aufsicht von behördlichem Personal durchgeführt. Erstkorrekturen werden in den OECD-Ländern überwiegend von einem schulexternen Gutachter durchgeführt. Die vollständige Anonymisierung der Prüflinge im Korrekturverfahren ist beispielsweise in Ländern wie Neuseeland, Frankreich und Irland realisiert.

Die nationale und internationale Forschung ergibt derzeit keine eindeutige und abgesicherte Befundlage zu den Effekten von zentralen Abschlussprüfungsverfahren auf schulische, unterrichtliche und individuelle Arbeitsprozesse und -ergebnisse. Umso weniger existieren aussagekräftige Forschungsbefunde zu den Effekten unterschiedlicher Standardisierungsgrade bei zentralen Abschlussprüfungen.

6.3.3 Schulinspektion

Das Problem, wie Formen standardisierter Leistungsmessung über Momentaufnahmen schulischer Qualitäts*ergebnisse* hinaus zum Ausgangspunkt von Schulentwicklungs*prozessen* gemacht werden können, beschäftigt Bildungspolitik, Bildungsverwaltung und Bildungsforschung in den letzten Jahren zunehmend. Vor diesem Hintergrund ist in vielen Ländern der Bundesrepublik Deutschland mit der *Schulinspektion* in jüngerer Zeit ein weiteres Evaluationsverfahren implementiert worden, das sich an internationalen Vorbildern (insbesondere aus den Niederlanden und Großbritannien) orientiert. Schulinspektion, die in den Ländern unterschiedlich bezeichnet wird (Externe Evaluation, Fremdevaluation, Qualitätsanalyse, Schulvisitation u.a.), stellt die Qualitätsmerkmale für guten Unterricht in den Mittelpunkt ihrer Untersuchung, die durch Ergebnisse der empirischen Schulforschung abgesichert sind. Sie ist somit – über die *wirkungsorientierte* Berücksichtigung der Ergebnisse von Vergleichsarbeiten hinaus – ein *prozessbezogenes* Evaluationsinstrument (vgl. vertiefend Bos/Dedering/Holtappels 2007).

Schulinspektionen sind Fremdevaluationen, die überwiegend in der Einzelschule durchgeführt werden und *unabhängig* von der klassischen Schulaufsicht stattfinden. Ein Inspektionsteam evaluiert auf der Grundlage vielfältiger Erhebungsmethoden die einzelne Schule über mehrere Tage in regelmäßigen Intervallen im Abstand weniger Jahre hinsichtlich verschiedener Qualitätsdimensionen. Ziel ist die datengestützte systematische Einschätzung und Rückmeldung zum Stand der Schul- und Unterrichtsentwicklung der Einzelschule, auch im Sinne der Unterstützung der Schulen bei der Wahrnehmung von Eigenverantwortung. Daraus sollen einerseits Anregungen zur Weiterentwicklung gewonnen werden *(Stimulationsfunktion)*, die in verbindlichen Zielvereinbarungen zwischen Schule und Schulaufsicht festgehalten werden. Andererseits dient die Rückmeldung in Form eines Berichts der Rechenschaftslegung *(accountability)* gegenüber der Schulöffentlichkeit und der Schulaufsicht sowie der Kontrolle der adäquaten Umsetzung zentraler Steuerungsimpulse.

Die externe Evaluation in Form von Schulinspektionen gehört zum zentralen Aufgabenbereich von *‚Qualitätsagenturen'*, die in den vergangenen Jahren in den Bundesländern aufgebaut wurden. Sie sind nicht Teil der ‚klassischen' Schulaufsicht, sondern von dieser institutionell und personell unabhängig. Die Qualitätsagenturen sollen auf Landesebene systematisch zur Verbesserung der schulischen Bildung beitragen, indem sie den Anschluss an das internationale Leistungsniveau fördern und für eine bessere Vergleichbarkeit und Durchlässigkeit im Bildungswesen sorgen. Sie wollen mit ihrer Arbeit die Weiterentwicklung der Einzelschule und damit des Schulsystems eines Landes fördern – sei es, um Stärken zu wahren und auszubauen, sei es um Schwächen abzubauen. In diesem Sinne sind sie u.a. beteiligt an der

- Entwicklung und Überprüfung von Bildungsstandards für Schulen,
- Konzeption, Durchführung und Weiterentwicklung von Vergleichsarbeiten,
- Gewinnung und Auswertung von Befunden der Schul- und Unterrichtsforschung, auch im Hinblick auf Handlungskonsequenzen,
- Berichterstattung zu Entwicklungsständen im Schulwesen,
- Konzeption von Instrumenten und Verfahren der Qualitätssicherung,
- Durchführung von Modellprojekten zur Weiterentwicklung des Schulwesens und an der
- Durchführung der externen Evaluation (‚Schulinspektion') in Zusammenarbeit mit den Staatlichen Schulämtern.

Zu den zentralen Verfahren und Instrumenten der Inspektion gehören die Analyse schulischer Dokumente im Vorfeld des Schulbesuchs (z.B. Schul- und Qualitätsprogramme, schulinterne Evaluationsergebnisse), ein leitfadengestützter Schulrundgang sowie leitfadengestützte Gespräche mit Schulleitung, Lehrkräften, Schülerinnen und Schülern, Eltern, weiterem Personal und ggf. dualen Partnern und Schulträgern (dies sind natürliche oder juristische Personen, die eine Schule betreiben und für die räumlichen und sächlichen Kosten des Schulbetriebs aufkommen). Im Mittelpunkt des mehrtägigen Schulbesuchs stehen Unterrichtsbesuche, bei denen anhand standardisierter Beobachtungsbögen Qualitätsmerkmale von Unterricht eingeschätzt werden.

In der Mehrheit der Bundesländer sind so genannte *Orientierungsrahmen* als *Qualitätsmodelle* für die Schul- und Unterrichtsqualität entwickelt worden, die in systematischer Weise einen Kernbestand von Merkmalen und Kriterien guter Schule und guten Unterrichts beschreiben. Sie orientieren sich wiederum an Qualitätsmodellen der Schuleffektivitätsforschung (vgl. Kapitel 5.3). Sie dienen einerseits als Arbeitsgrundlage für die Schulinspektion und die sich anschließende Zielvereinbarung; andererseits sollen sie für die Schulen und andere Akteure schulischer Qualitätsarbeit ein verbindlicher Bezugsrahmen sein.

Die Evaluation wird mit einem *schriftlichen Bericht* abgeschlossen, der zwischen den Inspektoren und der jeweiligen Schule erörtert wird und der an die Schulaufsicht und/oder an das zuständige Ministerium geht. Leitend bei der Erstellung der Inspektionsberichte ist ein Qualitätsverständnis, das sich zum einen am unterrichtlichen *Lernprozess* – unter Berücksichtigung der jeweiligen eher regionalen und lokalen Rahmenbedingungen (z.B. Einzugsgebiet der Schule, Personalsituation, Lernvoraussetzungen der Schülerinnen und Schüler) – und zum anderen an den *Lernergebnissen* orientiert. Zum Lernprozess gehören z.B. die Bereiche Schulleitung und Schulmanagement, die Professionalität des Personals (Selbstverständnis, Kooperationen, Fortbildung u.a.), das Schulleben (Schulklima, Partizipation, Beziehungen u.a.), Ziele und Strategien der Qualitätsentwicklung (individuelle Förderung, Evaluation u.ä.) sowie die Unterrichtsqualität (vgl. dazu Kapitel 5.5). Die Inspektionsberichte geben auf dem Hintergrund ihres Qualitätsverständnisses Hinweise auf Stärken und Schwächen der besuchten Schulen, bieten selbst aber keine Beratung. Diese Berichte können einen Anstoß für *Zielvereinbarungen* bieten, die zwischen Schulaufsicht/Ministerium einerseits und inspizierter Schule andererseits geschlossen werden. Einer Zielvereinbarung liegt eine Zielformulierung zugrunde, über die eine Vereinbarung getroffen wird.

Durch das Zusammenwirken von Schulinspektion und Einzelschule – darauf setzen, wenn auch unterschiedlich ausgeprägt, die Bundesländer – soll die Leistungsfähigkeit der Schulsysteme gesteigert werden. Im Mittelpunkt stehen dabei die einzelnen Schulen als Elemente des Gesamtsystems. Der damit eingeschlagene Weg verändert die Struktur der Schulsysteme im Bereich ihrer Steuerung, tangiert die Schulstruktur selbst allerdings nicht.

Die *Analyse der Wirkungen*, welche Schulinspektionen tatsächlich entfalten können, stellt sich in Deutschland noch als Forschungsdesiderat dar. Internationale Erfahrungen zeigen, dass die Nutzung von Informationen in entscheidendem Maße durch die bereits vorhandene schulinterne *Evaluationskultur* (einschließlich z.B. Innovationsorientierung, Partizipation an Entscheidungen, Kooperation und Kommunikation) beeinflusst wird (vgl. vertiefend van Ackeren 2003).

Perspektivisch zeichnet sich für die Schulinspektion in Deutschland möglicherweise eine Entwicklung ab, die dem internationalen Trend (z.B. in England und den Niederlanden) folgt: Je besser die Selbstevaluation funktioniert, desto geringer soll die Kontrolle durch das Inspektorat sein. Externe Kontrolle wird dort gelockert, wo innerhalb einer Schule ein valides Selbstevaluations-Programm existiert und durchgeführt wird. Inspektion würde sich stärker zu einer Metaevaluation entwickeln (vgl. Kapitel 6.2.2).

6.4 Bildungsberichterstattung

Die eingangs von Kapitel 6 aufgegriffene ‚Gesamtstrategie der Kultusministerkonferenz zum Bildungsmonitoring' setzt neben der Beteiligung an internationalen Schulleistungsuntersuchungen, der Formulierung von Bildungsstandards und ihrer Überprüfung durch Vergleichsarbeiten auf eine gemeinsame Bildungsberichterstattung von Bund und Ländern. Damit ist die periodische Erfassung, Dokumentation und Publikation von Ergebnissen gemeint, die die einzelnen Bildungseinrichtungen und das Bildungssystem insgesamt erzielen. Deutschland hat sich somit auf einen Weg gemacht, in dessen Verlauf die Entwicklung des Bildungssystems auf einer breiten empirischen Basis evidenzbasiert (d.h. ausdrücklich auf der Grundlage von empirisch nachgewiesener Wirksamkeit) gesteuert werden soll.

Bildungsberichte finden sich international in vielen Ländern, so z.B. in England, in Schweden, in Frankreich und den Niederlanden ebenso wie in Kanada und in den USA. In Deutschland begann die Diskussion um eine bundesweite Berichterstattung vergleichsweise spät erst mit einer entsprechenden Empfehlung des ‚Forum Bildung', einer Empfehlung, die zunächst nur von der KMK aufgegriffen wurde und zu dem ‚Bildungsbericht für Deutschland – Erste Befunde' (2003) und dann, getragen vom Bund und den Ländern – zu dem 2006 vom ‚Konsortium Bildungsberichterstattung' vorgelegten Bericht ‚Bildung in Deutschland – ein indikatorengestützter Bericht mit einer Analyse zu Bildung und Migration', 2008 zum Schwerpunkt ‚Übergänge im Anschluss an den Sekundarbereich I' sowie 2010 zum Schwerpunkt ‚Perspektiven des Bildungswesens im demografischen Wandel' führte. Dieser Bildungsbericht für Deutschland soll, so haben es der Bund und die Länder gemeinsam vereinbart, künftig regelmäßig im Zweijahresabstand erscheinen (vgl. www.bildungsbericht.de).

Zur Durchführung der regelmäßigen Berichterstattung haben Bund und Länder einen wissenschaftlichen Beirat berufen. Mitglieder sind Expertinnen und Experten aus allen Bereichen des Bildungssystems, von der Bildung im Elementarbereich über die schulische und berufliche Bildung bis hin zu Hochschulbildung und Weiterbildung sowie der außerschulischen Jugendbildung und der Bildungsökonomie. Dadurch entsteht ein Überblick von Bildung im Lebenslauf, der bei der frühkindlichen Bildung, Betreuung und Erziehung in Tageseinrichtungen für Kinder beginnt und über die allgemein bildende Schule, die berufliche Ausbildung und die Hochschule bis hin zur Weiterbildung im Erwachsenenalter einschließlich des informellen Lernens reicht.

Die Berichte liefern präzise Daten über die Situation des Bildungswesens in Deutschland sowie über Entwicklungen im internationalen Bereich, so dass diese nationale Berichterstattung nicht selbstreferentiell bleibt, indem sie sich allein auf nationale Daten im Regionenvergleich stützt, sondern sie liefert auch international vergleichende Benchmarks (Durchschnittsbezugswerte). Die Strukturierung folgt einem bekannten Muster, das viele nationale und internationale Bildungsberichterstattungen – in Anlehnung an die theoretischen Modelle der Schulwirksamkeitsforschung (vgl. Kapitel 5.3) – aufgreifen: Zu den großen Berichtsbereichen gehören Kontext-/Input-, Prozess- und Wirkungsdimensionen, wobei inhaltliche Schwerpunkte gesetzt werden.

Hinsichtlich der Darstellung von Indikatoren in Bildungsberichten lassen sich grob drei Bezugsmaßstäbe unterscheiden:

Ipsativer bzw. selbstreferenzieller Maßstab: Die zu einem Gegenstand der Berichterstattung für eine Region mitgeteilten Befunde oder eine Gruppe derartiger Indikatoren werden mit früheren Befunden für die gleiche Region verglichen und auf dem Hintergrund dieses Vergleiches bewertet. Der ipsative Maßstab kann in der Regel für einen großen Teil referierter Gegenstandsbereiche angeboten werden, da derartige Zeitreihendaten für viele Bereiche vorliegen. (Beispiel: Entwicklung der Klassenfrequenzen im Zeitverlauf).

Sozialer bzw. vergleichsgruppenbezogener Maßstab: Die zu einem Gegenstand der Berichterstattung für eine Region mitgeteilten Indikatoren oder eine Gruppe derartiger Befunde können mit den entsprechenden Befunden anderer Regionen verglichen werden (Beispiel: Resultate der nationalen PISA-Erweiterung im Vergleich der Bundesländer).

Kriterialer Maßstab: Die zu einem Gegenstand des Indikatorensystems für eine Region mitgeteilten Befunde werden Zielsetzungen gegenübergestellt, die in Gesetzen, in Richtlinien, in Vereinbarungen oder in politischen Absichtserklärungen formuliert sind. Die mit diesem Maßstab gewählte Bezugsnorm eignet sich für die Bildungsberichterstattung besonders, weil sie auf qualitative und quantitativ erfassbare Gegenstandsbereiche gleichermaßen anwendbar ist und weil sie – mit Blick auf politische Absichtserklärungen – den Gedanken der Rechenschaftslegung, den die Politik den einzelnen Bildungseinrichtungen nahe zu bringen versucht, auf die Programmatik der Politik selbst anwendet und damit zugleich deren Glaubwürdigkeit festigen kann (Beispiel: Erreichung der von der Europäischen Kommission für alle Mitgliedstaatenformulierten Zielvorgabe, bis 2010 den Anteil der Schulabbrecher gegenüber den Werten des Jahres 2000 mindestens zu halbieren).

Neben den hier angeführten nationalen und internationalen Bildungsberichten, die darauf abzielen, Steuerungswissen zu erzeugen, zeichnet sich ab, dass sich auch die Bundesländer auf den Weg hin zu einer ihr Land betreffenden Berichterstattung begeben. Angesichts der Kompetenzverteilung im Bereich der Schulpolitik, die ja den Ländern diese Kompetenz zuweist, ist es konsequent, dass sie auf dem Weg der regelmäßigen Berichterstattung ihrer Öffentlichkeit das Wissen zur Verfügung stellen, das für eine auf Wirkungssteuerung setzende Schulentwicklung unverzichtbar ist. In der Konsequenz dieser Entwicklung liegt aber auch die Überlegung, unterhalb der Ebene der Länderberichte solche Bildungsberichte für das Gebiet der einzelnen Schulträger zu erarbeiten. Schließlich sind die Schulträger mit ihrer Zuständigkeit für die äußeren Schulangelegenheiten unmittelbar in die Gestaltung der Schulentwicklung eingebunden. Hinzu kommen zwei weitere treibende Faktoren: Parallel zur verstärkten Selbstständigkeit der Schulen bilden sich neue Formen der Zusammenarbeit zwischen Schulen einer Region heraus, einer Zusammenarbeit, die perspektivisch zur Herausbildung regionaler Bildungslandschaften führen kann. Zudem wird immer deutlicher, dass die Ausgestaltung und die Qualität regionaler Bildungsangebote mehr und mehr zu einem bedeutsamen Standortfaktor werden.

6.5 Datengeleitete Schulentwicklung: Die Rückmeldung von Daten bewirkt nicht automatisch ihre Nutzbarmachung

Je stärker Bildungspolitik und -administration Schulentwicklung von der Einzelschule her denken und von der Institution am individuellen Schulstandort ausgehend Entwicklungen vorantreiben möchten, desto differenzierter müssen die erhobenen und mitgeteilten Informationen sein, um sie aus Sicht der Bildungsakteure in Maßnahmen umsetzen zu können. Insbesondere in der Folge von TIMSS und PISA hat man den in dieser Hinsicht begrenzenden Charakter großer Schulleistungsuntersuchungen erkannt: Diese machen – bedingt durch ihren Stichproben-Charakter und das grundlegende Ziel der Generierung verallgemeinerbaren Wissens über Erziehungs- und Bildungsprozesse auf der Systemebene – kaum Aussagen über einzelne Schulen.

Die in den Bundesländern neu etablierten Vergleichsarbeiten stellen in Verlängerung der internationalen Studien Instrumente dar, die stärker an der Schul- und Unterrichtswirklichkeit anknüpfen sollen, indem sie den Schulen ihre jeweiligen Stärken und Schwächen unmittelbar widerspiegeln. Es ist zudem davon auszugehen, dass laufbahnbegleitenden Evaluationsformen einerseits und schulkarriereabschließende Lernstandserhebungen andererseits unterschiedlich zur Qualitäts- und Vergleichbarkeitssicherung sowie zu ihrer Entwicklung beitragen können: Bestandsaufnahmen zum Abschluss des schulischen Parcours haben eine summative Evaluationsfunktion, indem sie sozusagen die ‚Summe' bzw. das Ergebnis der schulischen Lernzeit erfassen, wie etwa bei zentralen Abschlussprüfungen. Demgegenüber haben laufbahnbegleitende Erhebungen eine formative Evaluationsfunktion (‚formative' = formend, prägend). Damit bieten sie die Möglichkeit, Unterrichtsprozesse zu begleiten und auf der Grundlage von Ergebnissen zu gestalten. Angenommen wird, dass Evaluationen während der Schullaufbahn Schul- und Unterrichtsentwicklung von ihrer Anlage her grundsätzlich stärker und qualitativ besser beeinflussen können. Mit diesen zentralen Diskussionspunkten sind Möglichkeiten einer verbesserten Steuerung benannt, die sich auf die eingesetzten Instrumente selbst beziehen.

6.5.1 Bestandsaufnahme: Wie nutzen Schulen rückgemeldete Daten?

Peek (2006) fasst in der Zusammenschau der für die deutsche Situation verfügbaren Studien solche Faktoren zusammen, die sich als fruchtbar für einen effektiven Umgang mit rückgemeldeten Evaluationsdaten auf Seiten der Schulen erwiesen haben.

Demnach nehmen Lehrkräfte die Ergebnisse insbesondere dann als Ausgangspunkt für Qualitätsentwicklungsüberlegungen wahr, wenn sie einen sachbezogenen Maßstab zur Verfügung stellen, d.h. wenn es eine Auskunft darüber gibt, was die Schülerinnen und Schüler können und wo sie noch Kompetenzen entwickeln müssen.

Von grundlegender Bedeutung erscheint zudem das unabdingbare Wissen über Methoden empirischer Sozialforschung, das zwar in den Interpretationsanleitungen zu den Rückmeldungen mitgeliefert wird, jedoch eine Einarbeitung erfordert. Es ist unklar, inwieweit eine Mehrheit der Kollegien die Daten tatsächlich angemessen rezipiert. Ohne dieses methodische Grundverständnis kann es nämlich zu einer Unter- oder Überschätzung von Differenzen zwischen dem eigenen Klassenwert und zentralen Vergleichswerten kommen.

Weiterhin zeigt sich, dass die Schulen kaum Gebrauch vom Angebot qualifizierter Moderatoren und Berater im Umgang mit den Daten machen; möglicherweise ist dies auf Fragen des Vertrauensschutzes zurückzuführen.

Zudem konzentriert sich das schulische Interesse insbesondere auf unmittelbare Hinweise zum aktuellen Unterrichtsgeschehen einer bestimmten Lehrkraft. Lernen wird demnach kaum als kumulativer Prozess verstanden, der sich über mehrere Jahre in einem breiten Kontext vollzieht. „Ein schulöffentlicher Umgang mit Klassenergebnissen ist dann schwierig und führt zu Abwehrreaktionen bei den betroffenen Lehrkräften, wenn eine Analyse in doppelter Hinsicht ‚Privatsache' bleibt: Privatsache, indem sich die beteiligte Lehrkraft allein mit den Ergebnissen der eigenen Klasse beschäftigt; Privatsache auch, indem die Ergebnisse allein den gerade unterrichtenden Kolleginnen und Kollegen zugeschrieben werden" (Peek 2006: 1355).

Dateninduzierte Schulentwicklung, die nicht bei oberflächlichen Betrachtungen und einfachen Erklärungen bleibt, erscheint schließlich insbesondere dort ertragreich, wo klar strukturierte Kooperationen im Kollegium bereits etabliert sind. Schul- und Unterrichtsentwicklung kann offensichtlich am besten aus den Fachkonferenzen und Fachgruppen der Schulen heraus erfolgen.

Als weitere Aspekte einer effektiven Schulkultur im Hinblick auf die Nutzbarmachung von Tests werden in der Literatur beschrieben:

- die Selbstverständlichkeit einer systematischen Prüfung der Testergebnisse,
- die Akzeptanz von Wandel und Innovation,
- ein Fokus auf hohe, aber realistische Leistungserwartungen für alle Schülerinnen und Schüler,
- die Existenz effektiver interner Kommunikationsstrukturen,
- die Weiterleitung von Aufgaben an möglichst viele Kolleginnen und Kollegen mit einem realistischen Blick für deren Kapazität im Umgang mit Daten sowie
- ein aktives Einbeziehen der Schülerinnen und Schüler in die Reflexion ihrer Ergebnisse.

Dies sind erste Hinweise auf mögliche Nutzungsstrategien. Generell findet die umfassende Einbindung von Evaluationsergebnissen, die in einem vorgelagerten Schritt zunächst noch wahrgenommen und verarbeitet werden müssen, in Entscheidungshandeln eher selten statt.

6.5.2 Perspektiven: Wie können Daten genutzt werden?

Über die unterschiedlichen Studien hinweg lassen sich Rahmenbedingungen identifizieren, die offensichtlich dazu beitragen, Entwicklungen auszulösen. Diese lassen sich überblicksartig wie folgt zusammenfassen:

- *Qualität und Zugänglichkeit der Daten* (Klarheit und Lesbarkeit der Daten, Umfang der Präsentation, die empfundene Relevanz der Informationen für den Schulalltag, die Differenziertheit der Informationen, Aktualität der Informationen, Fairness der Rückmeldungen unter Berücksichtigung von Kontextmerkmalen und Lernvoraussetzungen, Mitteilung von Vergleichsmöglichkeiten mit anderen Schulen, Zielvorgaben u.ä.),
- *Disaggregation von Daten* (Aufschlüsselung von statistischen Daten nach unterschiedliche Analyseebenen: z.B. Individual- oder Klassenebene, nach soziodemografischen Hintergrundmerkmalen, nach Partizipation an bestimmten Programmen und Interventionen, nach Fehlermuster und Lösungshäufigkeiten etc.),
- *kooperative, fragende Haltung im Umgang mit Daten* (Teilhabe an gemeinsamen Wissen, Entwicklung von Visionen u.ä.),
- *Leadership- (Führungs-)Strukturen* (z.B. durch die Schaffung von Organisationsstrukturen, in denen eine Auseinandersetzung mit Informationen stattfinden kann),
- *Zeit für die Auseinandersetzung mit Informationen* (z.B. durch die Integration der Datenanalyse in etablierte Teamstrukturen, z.B. in den Fachkonferenzen),
- *Externe Unterstützung beim Umgang mit Daten* (z.B. durch Moderatoren) sowie
- *Schulkultur/Schulklima* (offenes, nicht bedrohliches Klima, das Stärken und Erfolge herausstellt).

In dieser Weise gestaltete Rahmenbedingungen können das Stellen von Anschlussfragen und die tatsächliche Realisierung von Gebrauchsmöglichkeiten in Schulen stärken, wie sie Peek (2006: 1357-1358) konkretisiert. So kann z.B. von der einzelnen Lehrkraft, der Fachkonferenz oder dem gesamten Kollegium gefragt werden, welche Ergebnisse auffällig, unerwartet oder erklärungsbedürftig sind, welche Schwierigkeiten offensichtlich grundsätzlicher Natur oder auf einen bestimmten Bereich und Aufgabentypus bezogen sind, ob es sich um zufällige oder systematische Fehler handelt, in welchem Verhältnis die Ergebnisse zu Zeugnisnoten, Parallelarbeiten und/oder Klassenarbeiten stehen und ob die getesteten Teilleistungsbereiche und Kompetenzen im Unterricht angemessen geschult wurden.

Daran anschließend gilt es, die möglichen Ursachen für Auffälligkeiten zu benennen, z.B. im Hinblick auf Sprach-/Lesekompetenz, verwendete Lehrmaterialien, Schüler-/Gruppenzusammensetzung, Lehrerwechsel, Stoffverteilung in den vorangehenden Schuljahren, Lernmotivation, Kommunikationsstrukturen in den Fachgruppen oder Unterrichtsausfall. Am Schluss dieses systematischen Prozesses steht die Frage, wie diese Bedingungen geändert werden können, z.B. indem Kernlehrpläne bzw. Bildungsstandards stärker in den Blick genommen werden, die Aufgabenkultur verändert wird, es eine erweiterte Methodenvielfalt gibt, die Schüler-/Gruppenzusammensetzung verändert wird und/oder Fördermaßnahmen für einzelne Schüler(-gruppen) fokussiert werden.

Die Verbindung zwischen den beiden ‚Welten' der Politik und Administration (‚Systemsteuerung') einerseits und der Einzelschulen (‚Schulentwicklung') andererseits ist immer noch sehr unklar. Wir wissen bisher wenig über das Verhältnis von außerschulischen Rückmeldungen und innerschulischer Nutzung. Sicher scheint aber, dass es keinen Automatismus positiver Effekte gibt. Die Effektivität von Rückmeldungen hängt zentral von der Akzeptanz und Auseinandersetzung der Kollegien mit den Daten und ihrer Verwendung in Schulen, aber auch durch die Bildungsadministration ab.

6.5.3 Exkurs: Zur Frage der Fairness und Vertraulichkeit von Rückmeldungen

In den Überlegungen zur Qualität von Daten, die im Rahmen wissenschaftlicher Studien erhoben und den beteiligten Schulen mitgeteilt werden, wird vor allem die Frage der Mitteilung von *Rohwerten* auf der einen bzw. von so genannten *adjustierten* Daten auf der anderen Seite mit den entsprechenden Effekten diskutiert. Nicht allein aus Forschersicht wendet man sich in diesem Zusammenhang der Diskussion um die Berechnung der Schuleffektivität zu, die die Eingangsvoraussetzungen der Schülerschaft berücksichtigt und einen möglichst ‚fairen' Vergleich ermöglicht.

Rohe, d.h. nicht korrigierte Daten geben die Schülerleistungen in den durchgeführten Tests wider. Der Vergleich der Rohdaten ist jedoch bedingt aussagekräftig, da die Unterschiede in der Zusammensetzung der Schülerschaft unberücksichtigt bleiben: Eine Schule mit einer günstigen Ausgangslage, d.h. insbesondere mit leistungsstarken Schülerinnen und Schülern mit einem hohen elterlichen Anregungs- und Unterstützungspotenzial, wird es leichter haben, diese Schülerinnen und Schüler auf ein hohes Leistungsniveau zu führen, als eine Schule des gleichen Schultyps, die im sozialen Brennpunkt mit einer durchschnittlich schwierigeren Schülerklientel arbeitet. Gleichwohl kann der Lernzuwachs angesichts der Lernausgangslage der Schülerinnen und Schüler in der letzteren Schule ungleich höher sein, was sich jedoch nicht im Lernergebnis widerspiegelt.

Um diesen Sachverhalt zu verdeutlichen, kann man rohe, unbereinigte Testleistungen auch als *Bruttoleistungswerte* bezeichnen. Für einen fairen Vergleich unter Berücksichtigung der unterschiedlichen Voraussetzungen ist der Kennwert der *‚relativen Schuleffektivität'* geeigneter, der den Beitrag der einzelnen Schule am Lernerfolg beschreibt. Die Schulen sollen sich mit anderen Schulen, deren Eingangsbedingungen ähnlich sind, vergleichen können. Dies kann man erreichen, indem man der Einzelschule Referenzwerte von Schulgruppen mitteilt, die z.B. einen ähnlichen Einzugsbereich haben.

Die relative Schuleffektivität kann man zudem errechnen, nämlich als Differenz des Bruttoleistungswertes und des Leistungswertes, der angesichts der Zusammensetzung der Schülerschaft einer Schule zu erwarten wäre *(Erwartungswert)*. Bei diesem Kennwert handelt es sich um einen in der internationalen Schulforschung verbreiteten Ansatz zur Messung der Schulwirksamkeit. Die Berechnung des Erwartungswertes erfolgte bei PISA 2000 anhand eines regressionsanalytischen Modells (die Regressionsanalyse ist ein statistisches Analyseverfahren, um Beziehungen zwischen Variablen festzustellen). Dabei finden folgende Merkmale Berücksichtigung, die angesichts empirischer Befunde den unterschiedlichen kognitiven Voraussetzungen und dem differierenden sozialen Hintergrund der Schülerschaft Rechnung tragen sollen: kognitive Grundfähigkeiten der Schülerinnen und Schüler, Geschlecht der Schülerinnen und Schüler, Kindergartenbesuch, Muttersprache, höchster Schulabschluss in der Familie, berufliche Stellung des Vaters und der Mutter, familiale Unterstützung der Arbeit für die Schule, Besitz von Wohlstandsgütern und Besitz von Kulturgütern. Eine ausführliche Darstellung des Analyseverfahrens im Kontext von PISA findet sich bei Watermann und Stanat 2004.

Die Fairness von Datenrückmeldungen, die Konsequenzen für die einzelschulische Akzeptanz von Evaluationsergebnissen hat, ist auch mit der Frage der Veröffentlichung einzelschulischer Ergebnisse verbunden. Grundsätzlich sind zwei Modelle der Rückmeldung denkbar:

- Zum einen können Einzelschulen *direkt und vertraulich* über ihre Ergebnisse entsprechender überregionaler Tests, Studien etc. unterrichtet werden. Ein solches Feedback soll den Ausgangspunkt eines informationsbasierten Entscheidungshandelns vor Ort zugunsten der Qualitätsentwicklung darstellen. Es setzt auf die pädagogische Professionalität der Lehrkräfte.
- Zum anderen existiert – in der Diskussion und Praxis (bislang) weniger hierzulande als in anderen Ländern – die Idee, über die *Etablierung marktähnlicher*

Strukturen in Bildungssystemen, in denen die Veröffentlichung einzelschulischer Daten eine wesentliche Rolle spielt, in den schulischen Institutionen einen von außen gesetzten, eher indirekt wirkenden Anreiz zur Umsetzung von Maßnahmen der Qualitätsentwicklung wirksam werden zu lassen.

In England etwa können sich die Eltern bei der Wahl einer Schule an den in der Presse publizierten Ergebnissen nationaler Tests orientieren. Gute Schulen, so die These, erhalten mehr Zuspruch und mehr finanzielle Mittel, die an die Schülerzahlen gekoppelt sind. Schulen mit schlechteren Resultaten sollen so gezwungen werden, sich mit Maßnahmen der Qualitätsentwicklung auseinander zu setzen, um wieder mehr Schülerinnen und Schüler an sich binden zu können.

Die Diskussion der Datenpublikation ist in die aktuelle Debatte um Rechenschaftslegung und Transparenz eingebettet. So wird insbesondere von bildungspolitischer Seite oftmals vermutet, dass ein kontrollierendes System einen intensiveren und großflächigeren Gebrauch der Evaluationen initiiert. Schulen könnten, so die These, eher bemüht sein sich zu verbessern und zu entwickeln, als in einem System mit weniger stark ausgeprägten Qualitätskontrollen. Die Frage der Effekte eines vertraulichen bzw. eines öffentlichen Feedbacks – ob auf der Grundlage von Bruttoleistungswerten oder der Schuleffektivität – wird hierzulande in Zukunft bedeutsamer werden, zumal z.B. Sachsen bereits die einzelschulischen Ergebnisse zentraler Abschlussprüfungen im Internet zur Verfügung stellt und Nordrhein-Westfalen die Einführung von Rankings diskutiert.

Viele Wissenschaftler sind – auch gestützt durch Erfahrungen in anderen Ländern, wo z.B. schlechte Schülerinnen und Schüler vom Unterricht und den Examina ausgeschlossen werden, um in den Rankings besser abzuschneiden – wenig optimistisch, was die Wirkung externer Kontrolle durch Evaluationen im Marktmodell angeht (vgl. zusammenfassend van Ackeren 2003). Die Erwartungen gehen eher in die Richtung, dass eine vertrauliche Datenrückmeldung einschließlich einer vertraulichen externen Kontrolle und Beratung im Umgang mit Daten, z.B. über Schulinspektionen und Unterstützungssysteme, Schulentwicklungsprozesse in einem ‚Schonraum', in dem auf die professionelle Kompetenz von Lehrkräften gesetzt wird, besser initiieren kann.

6.6 Anregungen zur Wiederholung und Reflexion

1. Stellen Sie die zentralen Unterschiede zwischen Lehrplänen und Bildungsstandards dar und reflektieren Sie ihr jeweiliges Steuerungspotenzial für den Unterricht.
2. Erklären Sie die Vorrangstellung der Fremdevaluation gegenüber anderen Evaluationsformen und schätzen Sie die Bedeutung der Fremd-, Selbst- und Metaevaluation für Schulentwicklung ein.
3. Arbeiten Sie die zentralen Gemeinsamkeiten und Unterschiede zwischen Large Scale Assessments, Vergleichsarbeiten, Schulinspektionen und Zentralen Abschlussprüfungen hinsichtlich ihrer Anlage und Funktion heraus.
4. Warum ist die Nutzbarmachung von rückgemeldeten empirischen Daten für Schulen bedeutsam und wie kann die Einzelschule dazu beitragen?

7 Die schultheoretische Perspektive: Warum unterhalten entwickelte Gesellschaften institutionalisierte Bildungssysteme?

Auch wenn die Bildungsausgaben in Deutschland seit Jahren mehr oder weniger stagnieren, so werden doch für die allgemein bildenden sowie die berufsbildenden Schulen und die mehr als 12 Millionen Schülerinnen Schüler in ihnen jährlich etwa 65 Milliarden Euro öffentlich verausgabt. Fast 800.000 Lehrerinnen und Lehrer sind in Deutschlands Schulen tätig, die Kinder und Jugendlichen, die sie unterrichten, verbringen in keiner Institution so viel Zeit wie in der Schule; bis zum Mittleren Bildungsabschluss sind dies durchschnittlich etwa 10.000 Stunden (vgl. Avenarius u.a. 2003). Offensichtlich gibt es ein *staatliches Interesse an Bildungsprozessen* im gesellschaftlichen Teilsystem ‚Schule'.

Warum aber unterhalten Gesellschaften institutionalisierte Bildungssysteme mit einem derartigen Aufwand und wie verhält es sich dabei mit der Entwicklung individueller Persönlichkeit von Kindern und Jugendlichen einerseits und den gesellschaftlichen Erwartungen andererseits? – Eine Antwort auf diese Frage, die – genereller gefasst – eine Frage nach dem Verhältnis zwischen den Bildungsinstitutionen, dem Individuum und der Gesellschaft ist, versucht die *Schultheorie* zu geben. Schultheorie fragt als Teildisziplin der *Erziehungswissenschaft* danach, welche Funktionen eine Gesellschaft der Schule zuschreibt und welchem historischen Wandlungsprozess diese Zuschreibung unterliegt. Sie leistet in einem *deskriptiven* Sinne eine Bestandsaufnahme der im Verlauf der Geschichte institutionalisierter Bildung unterschiedlich gewichteter und akzentuierter Schulfunktionen mit festgelegten Zielen und Regeln. Sie fragt zudem in einem *normativen* Sinne (normativ = Normen und Regeln aufstellend) danach, wie Schule ausgestaltet sein und gegebenenfalls reformiert werden sollte.

Helmut Fend, auf dessen am Strukturfunktionalismus orientierten Ansatz im Folgenden überwiegend Bezug genommen wird, benennt mit Blick auf die hier formulierte Frage drei Funktionen absichtsvoller und gesellschaftlich kontrollierter Erziehung in der Institution Schule (vgl. Fend 1980):

- die Qualifikationsfunktion,
- die Selektions- und Allokationsfunktion sowie
- die Integrations- bzw. Legitimationsfunktion,

die nachfolgend differenzierter betrachtet werden, indem auch Rückbezüge zu den vorherigen Kapiteln hergestellt werden. Weitere Ausdifferenzeirungen, wie sie z.B. Fend 2006 und Wiechmann 2003 vorschlagen, werden in diesem einführenden Text nicht berücksichtigt.

Dabei sei darauf hingewiesen, dass die Schultheorie über die *gesellschaftliche* Funktionsbestimmung hinaus *pädagogische* Aufgaben im Zusammenspiel mit den Ansprüchen des gesellschaftlichen Gesamtsystems beschreibt, um die Wirkungen gesellschaftlicher Einflüsse auf Erziehungs- und Unterrichtsprozesse zu identifizieren und die Spezifik pädagogischen Handelns herauszuarbeiten (Sandfuchs 2001). Aus der Perspektive der Schule ergeben sich dabei zweierlei Verpflichtungen, nämlich die „Verpflichtung gegenüber den Kindern und Jugendlichen mit ihren anthropologisch-psychologischen Vorgaben beim Lernen und ihrem Recht auf individuelle Förderung sowie [die] Verpflichtung gegenüber den Inhalten der Kultur, die es um der Identität der Mitglieder einer Gesellschaft willen zu tradieren und weiterzuentwickeln gilt" (Wiater 2005: 34). Das damit einhergehende *Spannungsverhältnis*, das von Lehrkräften als belastend erlebt werden kann, lässt sich kaum auflösen, gleichwohl aber reflektieren. Zugleich eröffnet die Autonomie von Schule, etwa hinsichtlich der Ausgestaltung des Schullebens und der Schulkultur, aber auch mit Blick auf Fragen der Schulentwicklung, Gestaltungsräume in der Reaktion auf von außen gesetzte Anforderungen.

Strukturell-funktionale Systemtheorie

Der Soziologe *Talcott Parsons* stellte in seiner strukturell-funktionalen *Systemtheorie* die Frage nach den Bedingungen der Strukturbildung und Strukturerhaltung sozialer Systeme. Letztere wird vor allem durch die Institutionalisierung von Handlungsmustern und sozialen Rollen sowie die Internationalisierung (Verinnerlichung) gemeinsamer Werte und Normen der Mitglieder deines Gesellschaftssystems erreicht.

7.1 Qualifikationsfunktion: Zwischen pädagogischen und gesellschaftlichen Ansprüchen gibt es ein Spannungsverhältnis

Schulen dienen der Weitergabe der Qualifikationen, die eine Gesellschaft benötigt, um sich selbst immer wieder von Generation zu Generation zu *reproduzieren*. Dazu gehört auch, dass die nachwachsende Generation zugleich die Fähigkeit zur Unbestimmtheit und strukturellen Umformung und Wandlung *(Transformation)* erwirbt, um Entwicklungs- und Modernisierungsprozesse zu ermöglichen (vgl. Helsper 1998).

Mittlerweile hat sich der Qualifikationsbegriff zum Kompetenzbegriff weiterentwickelt (vgl. Kapitel 5.1 sowie 6.1). Während *Qualifikationen* personenunabhängige Anforderungen beschreiben und unmittelbar tätigkeitsbezogene und klar bestimmbare Kenntnisse und Fertigkeiten umfassen, um anforderungsorientiert handeln zu können, umfassen Kompetenzen zwar auch Wissen und kognitive Fähigkeiten, sind aber vom Anspruch her breiter gefasst. *Kompetenzen* umfassen die Fähigkeit der Bewältigung komplexer Anforderungen, indem in einem bestimmten Kontext psychosoziale Ressourcen (einschließlich kognitiver Fähigkeiten, Einstellungen und Verhaltensweisen) unter Berücksichtigung gesellschaftlicher Normen und Werte herangezogen und eingesetzt werden. Der Erwerb, die Entwicklung und Verwendung von Kompetenzen bezieht sich auf die gesamte Lebenszeit eines Menschen (vgl. das Konzept des *Lebenslangen Lernens*).

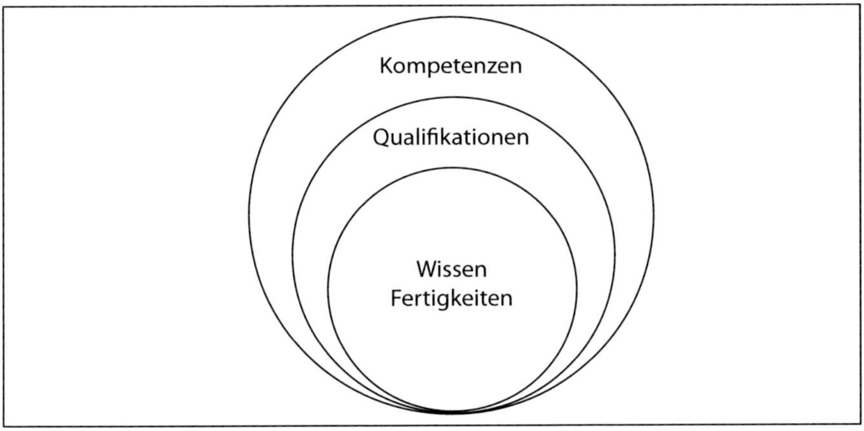

Abb. 10: Zum Zusammenhang von Wissen und Fertigkeiten, Qualifikationen und Kompetenzen

Vom Kompetenzbegriff geht beispielsweise auch die Schulleistungsstudie PISA aus. „Dabei stehen weniger abgegrenzte Lerninhalte im Vordergrund als vielmehr Kompetenzen, die von den Schülerinnen und Schülern erreicht werden sollen“ (Klieme u.a. 2003). In diesem funktionalen Sinne werden Kompetenzen als basale Kulturwerkzeuge zur verständigen und verantwortungsvollen Teilnahme am gesellschaftlichen Leben verstanden, die sich in variierenden alltäglichen und komplexen Anwendungssituationen bewähren müssen (vgl. Kapitel 5.1.3). Dieses Bildungsverständnis impliziert die Eröffnung unterschiedlicher Horizonte des *Weltverstehens*. Dies wird im Vorwort der PISA 2000-Studie wie folgt begründet:

> „Dass Lesekompetenz, mathematische Kompetenz und ein grundlegendes Verständnis naturwissenschaftlicher Kompetenzen und Prozesse im Mittelpunkt der Untersuchungen stehen, hat einen guten Grund. […] Lesekompetenz ist die Voraussetzung für das Lernen in allen Bereichen ebenso wie für politische und gesellschaftliche Teilhabe, auch und gerade im Zeitalter der modernen Kommunikationstechnologien. Nicht nur rechnen können, sondern quantitative Zusammenhänge zu verstehen und mathematische Modelle zur adäquaten Interpretation der Wirklichkeit entwickeln zu können, ist für berufliche Ausbildungen auf allen Niveaus genauso wichtig wie für das Verstehen ökonomischer und sozialer Zusammenhänge im Rahmen politischer Urteilsbildung. Ebenso ist ein grundlegendes Verständnis naturwissenschaftlicher Konzepte und Prozesse eine wichtige Voraussetzung für das Verständnis der modernen Welt“ (Baumert 2001: 13/14).

Die Breite eines so verstandenen Bildungsbegriffs schließt die Förderung fächerübergreifender Kompetenzen als komplexe Handlungskompetenzen mit ein, weshalb auch Aspekte wie *Selbstregulation, Problemlösekompetenz sowie Kommunikations- und Kooperationsfähigkeit* in den PISA-Erhebungen ausdrücklich Berücksichtigung finden.

Mit der Qualifikationsfunktion, die man mittlerweile eigentlich moderner als ‚Kompetenzvermittlungsfunktion‘ bezeichnen müsste, sind zwei Anforderungen angesprochen: Schulen sollen Kompetenzen vermitteln, die Schülerinnen und Schüler sowohl auf ihr künftiges Erwerbsleben als auch auf ihr privates und öffentliches Leben in der Gesellschaft vorbereiten. Sie sollen die Heranwachsenden befähigen, ein Leben als Bürgerinnen und Bürger sowie als Arbeitnehmer und Arbeitnehmerinnen zu führen, indem sie sich in der Welt zurechtfinden und diese mitgestalten können.

Angesichts dieser Ziele wird immer wieder darüber gestritten, inwieweit Schule diesen Ansprüchen gerecht wird (z.B. vor dem Hintergrund alarmierender Befunde bei internationalen Leistungsvergleichsstudien, vgl. Kapitel 5) bzw. diese erfüllen kann (z.B. angesichts der *Wissensexplosion* und der Schwierigkeit, auf Dauer einen verbindlichen *Bildungskanon* festzulegen). Damit verändert sich auch die Rolle von Lehrerinnen und Lehrern. Nicht mehr das umfangreiche Wissen steht im Vordergrund, sondern die Befähigung der Schülerinnen und Schüler, sich selbstständig und kontinuierlich Wissen anzueignen, dieses zu strukturieren und in bestehende Wissensnetze zu integrieren. Darüber hinaus wird gefragt, inwieweit Schule und Unterricht *Lebensweltbezüge* und *Anwendungsorientierung* trotz der Trennung von Leben und Lernen in der Schule, das zugleich Voraussetzung für konzentriertes Lernen ist (Sandfuchs 2001), überhaupt herstellen und damit für die Zukunft qualifizieren können.

Die Qualifikationsfunktion im historischen Wandel

Die Qualifikationsfunktion wurde zu unterschiedlichen Zeiten verschieden ausgefüllt und akzentuiert. So vermittelte die Volksschule bis in das letzte Drittel des 19. Jahrhunderts noch nicht einmal Basisqualifikationen, das Beschäftigungssystem hatte zu der Zeit noch kaum Qualifikationsanforderungen an die Absolventen des niederen Schulwesens. Von ihm wurde um die Mitte des 19. Jahrhunderts in Preußen erwartet, dass es den Kindern der Land- und Fabrikarbeiter, die für ungelernte Tätigkeiten der sich industrialisierten Wirtschaft vorbereitet werden mussten, elementare Kenntnisse in Rechnen und Schreiben vermittelte – alles darüber hinausgehende war nicht nur nicht erwünscht, sondern verboten. Hingegen bezogen sich die Qualifikationsanstrengungen des Staates überwiegend auf seinen Bedarf an qualifizierten Beamten, die in den ‚höheren' Schulen auf Führungsaufgaben vorbereitet wurden.

Angesichts der sich beschleunigenden und nachhaltigen Umgestaltung der wirtschaftlichen und sozialen Verhältnisse, der Arbeitsbedingungen und der Lebensumstände der *Industriellen Revolution*, die verstärkt im 19. Jahrhundert zum Übergang von der Agrar- zur Industriegesellschaft führte, wandelten sich die Qualifikationsanforderungen; zudem weitete sich das Interesse an schulisch vermittelten Qualifikationen seitens des Staates aus, der im wachsenden Maße mit seiner Schulpolitik auf die Nachfrage aus dem nicht staatlichen Teil des Beschäftigungssystems reagieren musste. Dieses gewachsene und ausgeweitete Qualifikationsinteresse führte insbesondere im auslaufenden 19. Jahrhundert zu Modernisierungsprozessen (vgl. Kapitel 1.5). Im Nationalsozialismus brach in Teilen die Bildungsbegrenzung wieder auf, indem der qualifikatorische Anspruch der Volksschule bewusst niedrig gehalten wurde (ebd.). Heute hingegen bereiten auch Schulen, die zur Ausbildungsfähigkeit führen (z.B. Hauptschulen, Realschulen, verbundene Haupt- und Realschulen…) im Sinne einer *Wissenschaftsorientierung* auf komplexe Anforderungen vor.

Unabhängig von all den Wechselfällen der neueren deutschen Geschichte des 19. und 20. Jahrhunderts behauptet die Funktion der Schule, Qualifikationen und Kompetenzen zu vermitteln, ihre Stellung als einer der Dreh- und Angelpunkte der Schulentwicklung – wenn auch mit unterschiedlichen, gelegentlich sogar konträren Folgen für die jeweilige Schulpolitik.

Kritik am ökonomischen Bildungsverständnis

Insgesamt sind die Qualifikationsanforderungen deutlich gestiegen. Aktuell haben wir – wie schon vielfach im Verlauf der vergangenen beiden Jahrhunderte – ein weiteres Mal eine Diskussion darüber, dass die Schule den Qualifikationsansprüchen der Gesellschaft nicht ausreichend nachkommt (wenn z.B. Ausbildungsbetriebe klagen, dass die Auszubildenden zu wenig qualifiziert seien). Dies beinhaltet einen Hinweis auf die wirtschaftliche Bedeutung dieses Qualifikationsanspruches. So kann festgestellt werden, dass mit einem abnehmenden Qualifikationsniveau die *Wirtschaftskraft* nachlassen und die *internationale Konkurrenzfähigkeit* im globalen Wettbewerb gefährdet sein wird.

Seit den 60er Jahren ist der Zusammenhang zwischen Bildung und Beschäftigung in den Blickpunkt von Forschung gerückt. Es wurde auf den engen Zusammenhang zwischen den in einer Gesellschaft verfügbaren Qualifikationen und der wirtschaftlichen Entwicklung hingewiesen. Qualifikationen bzw. Kompetenzen werden deshalb neben den Produktionsfaktoren ‚Arbeit' und ‚Kapital' als eigenständiger Produktionsfaktor erkannt *(Humankapital)*. Ausgaben für das Bildungssystem werden demnach ebenso wie Ausgaben für Maschinen als Investitionen betrachtet. Diese Sichtweise gewinnt im Kontext der *Globalisierung* (als zunehmender internationaler Verflechtung in allen Gesellschaftsbereichen) durch den internationalen Wettbewerb an Gewicht: In einer soliden Ausbildung der nachwachsenden Generation sehen immer mehr Staaten eine Investition in ihre zukünftige technologische und ökonomische Wettbewerbsfähigkeit. Entsprechend sorgfältig überwachen sie die Leistungsfähigkeit ihrer Schulsysteme mit dem Ziel, Bildungsprozesse langfristig zu optimieren (vgl. Baumert u.a. 1977: 17).

Trotz dieser engen aktuellen Verknüpfung des Qualifikationsbegriffes mit wirtschaftlichen Perspektiven betont die Schultheorie, dass der Begriff der Qualifikation mehr als Qualifikationen für ökonomisch direkt relevante Prozesse umfasst, sondern dass er auch die Qualifikation für eine *Teilhabe* an dem gesellschaftlichen Leben und für die persönliche Lebensführung einbezieht (z.B. Diederich/Tenorth 1997: 84 ff.). Holtappels (2003: 34) formuliert dies so:

> „Die Qualität von Schulen muss zweifellos anders bemessen und beurteilt werden als die Qualität und Effektivität im Produktionssektor. Die Schule

> praktiziert keine mechanischen Verfahren und stellt keine Produkte her, die nach Materialqualität, Handhabung, Haltbarkeit, ökologischen Kriterien oder dem Preis zu bewerten wären. [...] Die Leistung von Schule lässt sich eben nicht nach erledigten Akten, gebuchten Geschäften, vollzogenen Behandlungen oder Beratungen messen; dazu ist pädagogisches Geschehen und die Arbeit mit jungen Menschen zu vielfältig, der Prozesscharakter zu komplex."

Die Gesellschaft für deutsche Sprache hat den Begriff ‚Humankapital' sogar zum Unwort des Jahres 2004 gewählt. Das Wort degradiere nicht nur Arbeitskräfte in Betrieben, sondern Menschen überhaupt zu lediglich ökonomisch interessanten Größen, lautete die Begründung des Gremiums. Ökonomen hingegen sehen eher eine Aufwertung von Arbeitsleistungen durch den für sie positiv konnotierten Begriff.

Insgesamt bleibt das Fazit, dass es derzeit eine Renaissance der Wahrnehmung des Zusammenhangs von ökonomischer Entwicklung und Bildung gibt, indem der Output bzw. die Leistungserstellung (auch hier zeigt sich die sprachliche Ökonomisierung pädagogischer Sachverhalte) schulischer Bildungsprozesse in den Blickpunkt von Leistungsvergleichsuntersuchungen getreten ist.

7.2 Selektionsfunktion und Allokationsfunktion: Die Zuweisung von Lebenschancen ist nicht nur am Leistungsprinzip orientiert

Eine weitere zentrale Funktion der Schule ist die der Selektion, an die die Allokationsfunktion unmittelbar gekoppelt ist; beide Funktionen gehen eng mit der Qualifikationsfunktion einher. Schulen tragen dazu bei, die Heranwachsenden im Verlauf ihres Qualifikationsprozesses durch schulische Auswahlprozesse (*Selektion*) auf unterschiedliche soziale Positionen zu verteilen (*Allokation*). Die Selektionsfunktion von Schule findet in Deutschland ihren äußeren Ausdruck in der *Mehrgliedrigkeit* des Schulsystems, mit der eine frühe Entscheidung über die generelle Zulassung der Schülerinnen und Schüler zu einzelnen Bildungswegen und Institutionen verbunden ist. Die Selektion wird über die Bewertung und Benotung von individuellen Schülerleistungen vorgenommen. Lehrerinnen und Lehrer erteilen in Abhängigkeit von ihnen vorgegebenen Kriterien (Qualifikationszielen) mit Zensuren und Zeugnissen *symbolische Gratifikationen*, die in Schullaufbahnen und Schulabschlüssen mit unterschiedlichem realem Wert einmünden. Indem Schulen auf diese Weise auswählen, kanalisieren sie ‚Schülerströme' und verweisen sie auf (hierarchisch) unterschiedliche gesellschaftliche Positionen.

Die Schulen üben dabei ihre Selektionsfunktion in einer doppelten Abhängigkeit aus: zum einen nach Maßgabe der ihnen gesetzten Kriterien (Richtlinien, Lehrpläne, Bildungsstandards), zum anderen aber auch mit Blick auf das Verhältnis, das zwischen den von ihnen vergebenen Zeugnisse, die das Erreichen bestimmter Qualifikationen bestätigen, und dem Bedarf auf dem Markt für Qualifikationen, dem Arbeitsmarkt, besteht. Je nach Nachfragesituation auf dem Arbeitsmarkt werden die Leistungskriterien gelockert oder verschärft, wenngleich dies nirgends so festgeschrieben ist.

Beispiel
Zu Zeiten des Lehrermangels in den fünfziger und sechziger Jahren wurde etwa in Nordrhein-Westfalen der Zugang zu den Pädagogischen Hochschulen im Volksschullehramt für Bewerberinnen und Bewerber ohne Abitur über den Weg der Begabtensonderprüfung gelockert. In der anschließenden Überfüllungsphase wurde dieser Sonderweg der Öffnung wieder zurückgenommen. Derzeit lassen sich – angesichts partieller Mangelsituationen – wieder vorsichtige Öffnungsstrategien beobachten (Seiten-/Quereinsteiger in den Lehrberuf).

Zu der Bedeutung der hier beschriebenen *Selektionsfunktion* schreibt Fend : „Das Schulsystem wird als großes Rüttelsieb konzipiert, das zwischen den Generationen eingebaut ist und zu einer Neuverteilung der Lebenschancen führt, indem es den Zugang zu hohen oder niedrigen beruflichen Positionen und damit zu Prestige, Macht und Einkommen reguliert" (1980: 29). In Kapitel 3 wurde bereits ausführlicher dargelegt, dass diese *Zuteilung von Lebenschancen* durchaus nicht allein auf der Basis des *Leistungsprinzips* geschieht. Vielmehr zeigt sich, dass *andere Einflussgrößen*, wie die soziale Herkunft oder der Migrationshintergrund, einen starken Einfluss haben und die gezeigten Leistungen und ihre Bewertung in Selektionsprozessen überlagern.

Aber auch die *Allokationsfunktion* erweist sich heute problematischer als etwa vor 40 Jahren; das Verhältnis von Schule, Ausbildungssystem und Beschäftigungssystem ist brüchiger geworden. Qualifizierte Schulabschlüsse garantieren schon lange nicht mehr automatisch gute Berufspositionen. Gleichzeitig ist es ohne qualifizierten Bildungsabschluss kaum möglich, eine anspruchsvolle und gut dotierte Position auf dem Erwerbsarbeitsmarkt zu erreichen. Die Selektions- und Allokationsfunktion von Schule hat sich eher zugespitzt. Schließlich ist im Hinblick auf den schulischen Alltag zu berücksichtigen, dass die Vergabe schulischer Zertifikate, an die spezifische Abschlüsse und Berechtigungen (z.B. die Aufnahme eines Hochschulstudiums) verknüpft sind, *Lern-, Erziehungs- und Sozialisationsprozesse* in der Schule nachhaltig prägen.

Die Selektionsfunktion im historischen Wandel

Ähnlich wie die Qualifikationsfunktion stellen auch die schulische Selektions- und die mit ihr verbundenen Allokationsfunktion im Verlauf der Schulentwicklung eine Konstante dar. Mit dem Ende der Ständegesellschaft, das sich in Deutschland anders als in Frankreich mit seiner großen Revolution von 1789 weniger abrupt, sondern eher allmählich vollzog, übernahm die Schule in Deutschland bei der auf schulisch erbrachte Leistungen gestützten Auswahl junger Menschen (Selektion) und bei ihrer Zuweisung zu den hierarchisch gegliederten Positionen in Staat, Wirtschaft und Gesellschaft (Allokation) eine in ihrer Bedeutung wachsende Rolle. Immer weniger bestimmten die ständische Herkunft und immer mehr die individuell in Schulen erbrachten Leistungen den weiteren Lebensweg der Heranwachsenden.

Dieser Systemwechsel, der sich überall im Prozess der gesellschaftlichen Modernisierung vollzog, wurde in Preußen zuerst zu Beginn des 19. Jahrhunderts mit den Abiturreglements dadurch eingeleitet, dass eine erfolgreiche Abiturprüfung auch für die Kinder der gehobenen Stände zur Voraussetzung eines Universitätsstudiums wurde. Mit der Einführung einer gemeinsamen, vierjährigen Grundschule durch den *Weimarer Schulkompromiss* (1919) wurde diese Entwicklung weiter verstärkt: Die Weichenstellung für unterschiedliche Schulkarrieren erfolgte von da an zumindest vom Grundsatz her auf der Grundlage von in der (Grund-)Schule erbrachten schulischen Leistungen. Die damit gegebene Öffnung schulischer Karrieren für Jungen und Mädchen aller sozialer Schichten machte erstmals in der deutschen Schulgeschichte ernst mit dem Anspruch, das Erreichen gesellschaftlicher Positionen vom Erbringen schulischer Leistungen abhängig zu machen.

Es war dann die relative Erfolglosigkeit des Versuchs, soziale Herkunft und schulischen Erfolg und damit gesellschaftliche sowie berufliche Karrieren zu *entkoppeln*, die in den sechziger Jahren des letzten Jahrhunderts – gemeinsam mit der Sorge, nicht genügend Qualifikationen zu vermitteln – der *Strukturreform* des westdeutschen Bildungssystems seinen Antrieb verlieh (vgl. Kapitel 1.8). Angesichts der Einsicht in die „Illusion der Chancengleichheit" (so titelte der französische Soziologe Bourdieu) wurde ein radikaler Umbau des Bildungssystems gefordert: Die gruppenspezifische Selektion im gegliederten Schulsystem und die damit verbundene „Vererbung" sozialer Chancen von Generation zu Generation sollte in einem ungegliederten Schulsystem, in Gesamtschulen, aufgehoben, zumindest jedoch abgeschwächt werden. Der heftige Widerstand gegen diesen strukturellen Umbau erklärt sich nicht zuletzt daraus, dass die damit verbundenen Veränderungen schulischer Auslese die *Verteilung gesellschaftlicher Chancen und Privilegien* von Generation zu Generation in Frage gestellt hätte – zu Lasten der Mittel- und Oberschichten. In jüngster Zeit wird die Struktur- und die damit verbundene Selektionsfrage wieder breit diskutiert und ist mit *Umstrukturierungsprozessen* im Bildungswesen verknüpft (insbesondere in der Zusammenführung von Hauptschul- und Realschulbildungsgängen; vgl. hierzu Kapitel 2.2.4). – Selektion und Allokation, so zeigt dieser knappe Überblick, sind mit jeweils wechselndem Gewicht neben der Qualifikation ein weiteres konstantes Element der Schulentwicklung.

7.3 Integrationsfunktion und Legitimationsfunktion: Schule muss zwischen Autonomie und Heteronomie ausbalancieren

Die dritte der genannten Funktionen der Schule ist die der *Integration* bzw. – damit verknüpft – die der *Legitimation*. Schulen wirken an der Weitergabe der *Normen* und *Werte* mit, die für den Erhalt und die Fortentwicklung der jeweiligen Gesellschaft tragend sind und diese stabilisieren, indem Heranwachsende das System, in das sie hineinwachsen, grundsätzlich akzeptieren (z.B. eine demokratische Gesellschaftsordnung), dieses weiterentwickeln, aber nicht radikal umstürzen. Schule soll dabei gewährleisten, dass Schülerinnen und Schüler in die bestehende Gesellschaft ‚integriert' werden und in dem von ihr gesetzten Rahmen handeln können und wollen. Die Integration als Ausbildung einer Wertgemeinsamkeit vollzieht sich im Verlauf eines Sozialisationsprozesses.

Sozialisation meint den lebenslangen *Internalisierungsprozess* (Verinnerlichungsvorgang) gesellschaftsrelevanter kultureller Orientierungs-, Wahrnehmungs- und Handlungsmuster. Sie bezeichnet zum einen die Entwicklung der Persönlichkeit aufgrund ihrer Interaktion mit einer spezifischen, materiellen und sozialen Umwelt, zum anderen die sozialen Bindungen von Individuen, die sich im Zuge sozialisatorischer Beziehungen konstituieren. Sozialisation umfasst sowohl die absichtsvollen und planvollen Maßnahmen *(Erziehung)* als auch die unabsichtlichen Einwirkungen auf die Persönlichkeit.

Neben der Qualifikation für das Leben in der jeweiligen Gesellschaft und neben der Selektion und der mit ihr verbundenen Allokation leisten Bildungssysteme also einen Beitrag zur Integration in das gesellschaftliche Leben. Dies setzt voraus, dass die in einer Gesellschaft vorherrschenden Wert- und Bewusstseinsstrukturen von den Schülerinnen und Schülern als legitim wahrgenommen wird, dass es der Gesellschaft gelingt, ihr System gegenüber den Heranwachsenden zu legitimieren. Das Schulsystem leistet dazu auf zwei parallelen Wegen einen wichtigen Beitrag:

Zum einen über das, was es zum Gegenstand des Unterrichts macht. Dies ist festgelegt durch die Benennung von Gegenstandsbereichen, die das Schulwissen konstituieren (formalisiert in *Stundentafeln* zur Festlegung der Unterrichtsfächer und der ihnen gewidmeten Stunden) sowie durch die Inhalte, die in den einzelnen Unterrichtsfächern zu vermitteln sind (formalisiert in Richtlinien, Lehrplänen und Bildungsstandards) .

Beispiel
Eindringlich lässt sich dies am Unterrichtsfach Religion zeigen: Während in Frankreich seit der Französischen Revolution Religion nicht zum Kanon der Schulfächer gehört, war und ist Religionsunterricht in Deutschland seit eh und je (sieht man von der Schule der DDR und von den Schulen Berlins und Brandenburgs ab) ein in den Stundentafeln aufgenommenes Unterrichtsfach. In Frankreich wurde das Fach im Zuge der *Säkularisierung* (Verweltlichung) des Staates aus der Schule herausgenommen, in Preußen blieb es, als Ausdruck der engen Verbindung zwischen Staat und Religion, in der Schule fest verwurzelt.

Zum anderen erfüllt sich die Legitimationsfunktion dadurch, dass Selektion und Allokation an die individuell erbrachten schulischen Leistungen gekoppelt sind. Damit verknüpft ist der proklamierte Anspruch der *leistungsorientierten Auslese*. Auf diesem Wege ergibt sich die Legitimierung der – angesichts der Verteilung knapper Güter – von Generation zu Generation immer neu entstehenden Ungleichheit zwischen Schichten und Positionen in dieser Gesellschaft. Ungleichheit wird im ‚Idealfall' durch das Bildungssystem für den einzelnen als gerecht erlebt. Dass dies funktioniert, belegen Studien zur Selbstwahrnehmung leistungsversagender Schülerinnen und Schüler, die ihr *Scheitern als individuelle Schuldfrage* wahrnehmen (vgl. Tillmann 1989). Schülerinnen und Schüler lernen demzufolge, die Zuweisung formaler Berechtigungen auf Unterschiede in der je individuell erbrachten Leistung zurückzuführen und auch Zurückweisungen als gerecht empfinden zu können.

Die Grenzen dieser Aufgabe werden allerdings dann erreicht, wenn eine zu große Diskrepanz zwischen Leistung und Chancen in einer Gesellschaft klafft. Auf diese Weise liefert die in den Schulen alltäglich erfolgende leistungsgerechte Auswahl bzw. der proklamierte Anspruch der leistungsorientierten Auslese einen Beitrag nicht nur zur Herstellung gesellschaftlicher Ungleichheit, sondern zugleich auch zur Legitimierung der von Generation zu Generation immer neu entstehenden Ungleichheit in dieser Gesellschaft.

Die Integrations- und Legitimationsfunktion im historischen Wandel
Ebenso wie auf die Qualifikations- und Selektionsfunktion führt eine Betrachtung der Schulentwicklung immer wieder zur Integrations- und Legitimationsfunktion der Schule. So wie die preußischen Herrscher im 19. Jahrhundert ihre Schulen immer wieder in den Dienst von ‚Krone und Altar' gestellt haben, so hat auch der nationalsozialistische Staat die Schulen zur Legimitation der nationalsozialistischen Diktatur und zur nationalsozialistischen *Indoktrination* genutzt. Auch er tat dies zu Lasten der Qualifikation der Schülerinnen und Schüler. Auch die Entwicklungen in der früheren Bundesrepublik ebenso wie die in der DDR nach 1945 zeigen, dass beide Staaten mit ihren Schulsystemen die Legitimierung ihrer Gesellschaftsmodelle gegenüber ihren Heranwachsenden erreichen und sichern wollten. Das aktuell geltende Schulgesetz des Landes Berlin gibt ein gutes Beispiel dafür, wie die Schulen Deutschlands im 21. Jahrhundert ihre Legitimationsfunktion wahrnehmen sollen.

> **„§ 1 Auftrag der Schule**
> Auftrag der Schule ist es, alle wertvollen Anlagen der Schülerinnen und Schüler zur vollen Entfaltung zu bringen und ihnen ein Höchstmaß an Urteilskraft, gründliches Wissen und Können zu vermitteln. Ziel muss die Heranbildung von Persönlichkeiten sein, welche fähig sind, der Ideologie des Nationalsozialismus und allen anderen zur Gewaltherrschaft strebenden politischen Lehren entschieden entgegenzutreten sowie das staatliche und gesellschaftliche Leben auf der Grundlage der Demokratie, des Friedens, der Freiheit, der Menschenwürde, der Gleichstellung der Geschlechter und im Einklang mit Natur und Umwelt zu gestalten. Diese Persönlichkeiten müssen sich der Verantwortung gegenüber der Allgemeinheit bewusst sein, und ihre Haltung muss bestimmt werden von der Anerkennung der Gleichberechtigung aller Menschen, von der Achtung vor jeder ehrlichen Überzeugung und von der Anerkennung der Notwendigkeit einer fortschrittlichen Gestaltung der gesellschaftlichen Verhältnisse sowie einer friedlichen Verständigung der Völker. Dabei sollen die Antike, das Christentum und die für die Entwicklung zum Humanismus, zur Freiheit und zur Demokratie wesentlichen gesellschaftlichen Bewegungen ihren Platz finden. […]"

7.4 Anregungen zur Wiederholung und Reflexion

1. Arbeiten Sie jeweils die Problematik der Qualifikations-, der Selektions-/Allokations- und der Integrations-/Legitimationsfunktion heraus.
2. Welche Funktion steht aus Ihrer Sicht derzeit besonders im Vordergrund? Begründen Sie ihre Antwort.
3. Differenzieren Sie die Begriffe ‚Integration', ‚Legitimation' und ‚Sozialisation' hinsichtlich ihrer Bedeutung.

Literatur

Ackeren, I. van (2002): Von FIMS und FISS bis TIMSS und PISA. Schulleistungen in Deutschland im historischen und internationalen Vergleich. In: Die Deutsche Schule 94, H. 2: 157-175

Ackeren, I. van (2003): Evaluation, Rückmeldung und Schulentwicklung. Erfahrungen mit zentralen Tests, Prüfungen und Inspektionen in England, Frankreich und den Niederlanden. Münster: Waxmann

Ackeren, I. van (2007): Zentrale Abschlussprüfungen. Entstehung, Struktur und Steuerungsperspektiven. In: Pädagogik 59, H. 3: 12-15

Ackeren, I. van/Brauckmann, S. (2009): Internationale Diskussions-, Forschungs- und Theorieansätze zur Governance im Schulwesen. In: Altrichter, H./Maag Merki, K.: Ein neues Steuerungsmodell für das Schulwesen?. Forschungsstrategien und Ergebnisse der schulischen Governance-Forschung. Wiesbaden: VS Verlag

Albisetti, J.C./Lundgreen, P. (1991): Höhere Knabenschulen. In: Berg, C. (Hrsg.): Handbuch der deutschen Bildungsgeschichte Band IV – 1870-1980. München: C.H.Beck: 228-278

Anweiler, O. (Hrsg.) (1990): Vergleich von Bildung und Erziehung in der Bundesrepublik Deutschland und in der Deutschen Demokratischen Republik. Köln 1990

Arbeitsstab Forum Bildung (Hrsg.) (2002): Empfehlungen und Einzelergebnisse des Forum Bildung. Bonn: BMBF

Autorengruppe Bildungsberichterstattung (2008): Bildung in Deutschland 2008. Ein indikatorengestützter Bericht mit einer Analyse zu Übergängen im Anschluss an den Sekundarbereich I. Bielefeld: wbv

Autorengruppe Bildungsberichterstattung (2010): Bildung in Deutschland 2010. Ein indikatorengestützter Bericht mit einer Analyse zu Perspektiven des Bildungswesens im demographischen Wandel. Bielefeld: wbv

Baumert, J. u.a (1997): TIMSS –Mathematisch-naturwissenschaftlicher Unterricht im internationalen Vergleich. Deskriptive Befunde. Opladen: Leske+Budrich

Baumert, J. u.a. (Hrsg.) (2000): TIMSS/II. Dritte Internationale Mathematik- und Naturwissenschaftsstudie. Mathematische und naturwissenschaftliche Bildung am Ende der Schullaufbahn. Band 2, Mathematische und physikalische Kompetenzen am Ende der gymnasialen Oberstufe. Opladen: Leske+Budrich

Baumert, J. u.a. (Hrsg.) (2001): PISA 2000 – Basiskompetenzen von Schülerinnen und Schülern im internationalen Vergleich. Opladen: Les-ke+Budrich

Baumert, J. u.a. (2002): PISA 2000 – Die Länder der Bundesrepublik Deutschland im Vergleich. Opladen: Leske+Budrich

Baumert, J. u.a. (2003): PISA 2000 – Ein differenzierter Blick auf die Länder der Bundesrepublik Deutschland. Opladen: Leske+Budrich

Becker, R. (1998): Bildung und Lebenserwartung in Deutschland. Eine empirische Längsschnittuntersuchung aus der Lebensverlaufsperspektive. In: Zeitschrift für Soziologie 27, H. 2: 133-150

Bellenberg, G. (1999): Individuelle Schullaufbahnen. Eine empirische Untersuchung über Bildungsverläufe von der Einschulung bis zum Abschluß. Weinheim und München: Juventa

Bellenberg, G./Böttcher, W./Klemm, K. (2001): Stärkung der Einzelschule. Ansätze zum Management der Ressourcen Geld, Zeit und Personal. Neuwied: Luchterhand

Bellenberg, G./Klemm, K. (1998): Von der Einschulung bis zum Abitur. Zur Rekonstruktion von Schullaufbahnen in Nordrhein-Westfalen. In: Zeitschrift für Erziehungswissenschaft 1, H.4: 577-596

Bellenberg, G./Klemm, K. (2000): Scheitern im System, Scheitern des Systems? Ein etwas anderer Blick auf Schulqualität. In: Rolff, H.-G. u.a. (Hrsg.): Jahrbuch der Schulentwicklung Band 11. Weinheim: Juventa: 51-75

Berg, C. (Hrsg.) (1991): Handbuch der deutschen Bildungsgeschichte Band IV – 1870-1980. München: C.H.Beck

BIBB (Bundesinstitut für Berufsbildung) (2010): Datenreport zum Berufsbildungsbericht 2010. Bonn

Bildungskommission der Länder Berlin und Brandenburg (2003): Bildung und Schule in Berlin und Brandenburg. Berlin

Blankertz, H. (1985): Berufsbildung und Utilitarismus. Weinheim: Juventa

Block, R./Klemm, K. (1997): Lohnt sich Schule? Reinbek: Rowohlt

Blum, F.: (1997) Zahlenmäßige Anteile, Test- und Schulleistungen einzelner Gruppen von Testteilnehmern. In: Trost, G. (Hrsg.): Test für medizinische Studiengänge (TMS): Studien zur Evaluation. 21. Arbeitsbericht. Bonn: Institut für Test- und Begabungsforschung: 37-74

BMBF (2010): Grund- und Strukturdaten 2008/2009. Bonn und Berlin

BMBF (2008b): Berufsbildungsbericht 2008. Bonn und Berlin

BMFSFJ (2005): Zwölfter Kinder- und Jugendbericht. Berlin

Boldt, H. (Hrsg.) (1987): Reich und Länder – Texte zur deutschen Verfassungsgeschichte im 19. und 20. Jahrhundert. München: Dtv

Bortz, J./Döring, N. (2005): Forschungsmethoden und Evaluation für Human- und Sozialwissenschaftler, 3., überarb. Aufl., Berlin u.a.: Springer

Bos, W u.a. (Hrsg.) (2003): Erste Ergebnisse aus IGLU. Münster: Waxmann

Bos, W. u.a. (Hrsg.) (2007a): IGLU 2006. Lesekompetenzen von Grundschulkindern in Deutschland im internationalen Vergleich. Münster: Waxmann

Bos, W. u.a. (Hrsg.) (2007b): KESS 4 – Lehr- und Lernbedingungen in Hamburger Grundschulen. Münster: Waxmann

Bos, W./Dedering, K./Holtappels, H. G. (2007): Schulinspektion in Deutschland. Eine kritische Bestandsaufnahme. Quelle: Aus: Buer, J. van (Hrsg.): Qualität von Schule. Frankfurt, Main u.a.: Lang: 241-257

Böttcher, W. (1991): Soziale Auslese im Bildungswesen. In: Die Deutsche Schule 83, H. 2: 151-161

Cohen, D. (1998): Fehldiagnose Globalisierung. Frankfurt: Campus

Cortina, K. u.a. (Hrsg.) (2008): Das Bildungswesen in der Bundesrepublik Deutschland. Reinbek: Rowohlt

Dahrendorf, R. (1965): Bildung ist Bürgerrecht. Hamburg: Nannen

Diederich, J./Tenorth, H.-E. (1997): Theorie der Schule. Berlin; Cornelsen Scriptor

Dithmar, R. (Hrsg.) (1989): Schule und Unterricht im Dritten Reich. Neuwied: Luchterhand

Eikenbusch, G. (1997): Schulinterne Evaluation – Ein Weg zur gemeinsamen Schulentwicklung. In: Pädagogik 49, H. 5: 6–9

Eikenbusch, G./Leuders, T. (Hrsg.) (2004): Lehrer-Kursbuch Statistik. Alles über Daten und Zahlen im Schulalltag. Berlin: Cornelsen Scriptor

Einsiedler, W./Martschinke, S./Kammermeyer, G. (2008): Die Grundschule zwischen Heterogenität und gemeinsamer Bildung. In: Cortina, K. u.a. (Hrsg.): Das Bildungswesen in der Bundesrepublik Deutschland. Reinbek: Rowolt: 325-374

Faulstich, Peter (2008): Weiterbildung. In: Cortina, K. u.a. (Hrsg.): Das Bildungswesen in der Bundesrepublik Deutschland. Reinbek: Rowohlt: 647-682

Fend, H. (1980): Theorie der Schule. München: Urban & Schwarzenberg

Fend, H. (2006): Geschichte des Bildungswesens. Der Sonderweg im europäischen Raum. Wiesbaden: VS Verlag
Forum Bildung (2001): Lernen – ein Leben lang. Vorläufige Empfehlung und Expertenbericht. Bonn: BLK
Fricke-Finkelnburg, R. (1989): Nationalsozialismus und Schule. Amtliche Erlasse und Richtlinien 1933-1945. Opladen: Leske+Budrich
Georg, W./Kunze, A. (1981): Sozialgeschichte der Berufserziehung. München: Juventa
Goy, M./Ackeren, I. van/Schwippert, K. (2008): Ein halbes Jahrhundert internationale Schulleistungsstudien. Eine systematische Übersicht. In: Tertium Comparationis 14, H. 1: 77-107
Hansen, R./Rolff, H.-G. (1990): Abgeschwächte Auslese und verschärfter Wettbewerb – Neuere Entwicklungen in den Sekundarschulen. In: Rolff, H.-G. u.a. (Hrsg.): Jahrbuch der Schulentwicklung 6. Weinheim: Juventa: 45-79
Hartmann, M./Koop, J. (2001): Elitenselektion durch Bildung oder durch Herkunft?. In: Kölner Zeitschrift für Soziologie und Sozialpsychologie 53, H. 3: 436-466
Haußer, K. (Hrsg.) (1981): Modelle schulischer Differenzierung. München: Urban & Schwarzenberg.
Helmke, A. (2003): Unterrichtsqualität, Erfassen, Bewerten, Verbessern, Seelze: Kallmeyer
Helmke, A./Weinert, F.E. (1989): The impact of instructional quality on student cognitive and motivational development – Results of the 'Munich Study'. Pädagogiki Epistimi (Educational Research), 1: 132-141
Helsper, W. (1998): Pädagogisches Handeln in den Antinomien der Moderne. In: Krüger, H.-H./Helsper, W. (Hrsg.): Einführung in Grundbegriffe und Grundfragen der Erziehungswissenschaft. Opladen: 15-34
Herrlitz, H.-G./Hopf, W./Titze, H. (1984): Institutionalisierung des öffentlichen Schulsystem In: Baethge, M./Nevermann, K. (Hrsg.): Organisation, Recht und Ökonomie des Bildungswesen. Enzyklopädie Erziehungswissenschaft Band 5. Stuttgart: Klett-Cotta: 55-71
Herrlitz, H.-G./Hopf, W./Titze, H. (2005): Deutsche Schulgeschichte von 1800 bis zur Gegenwart. Weinheim: Juventa
Herrmann, U. (Hrsg.) (1977): Schule und Gesellschaft im 19. Jahrhundert. Weinheim: Juventa
Holtappels, H. G. (2003): Schulqualität durch Schulentwicklung und Evaluation. Konzepte, Forschungsbefunde, Instrumente. München: Luchterhand
Holtappels, H. G./Klemm, K./Rolff, H.-G. (Hrsg.) (2008): Schulentwicklung durch Gestaltungsautonomie. Münster: Waxmann
Imhäuser, K./Rolff, H.-G. (1992): Facharbeiterlücke und Akademikerschwemme? Entwicklungen in der Sekundarstufe II. In: Rolff, H.-G. u.a. (Hrsg.): Jahrbuch der Schulentwicklung Band 7. Weinheim: Juventa: 59-92
Jarass, H.D./Pieroth, B. (1992): Grundgesetz für die Bundesrepublik Deutschland – Kommentar. München: Beck Juristischer Verlag
Jeismann, K.-E./Lundgreen, P. (Hrsg.) (1987): Handbuch der deutschen Bildungsgeschichte Band III – 1800-1870. München: C.H.Beck
Kamp, N. (1988): Das Abiturreglement von 1788. Zur Diskrepanz von Schulverwaltungsanspruch und Wirklichkeit. Diss. Essen: Universität Gesamthochschule
Kemmler, L. (1975): Erfolg und Versagen in der Grundschule. Göttingen: Hogrefe
Kempfert, Guy/Rolff, Hans-Günter (1999): Pädagogische Qualitätsentwicklung. Weinheim und Basel: Beltz
Key, E. (1908): Das Jahrhundert des Kindes. Studien. Berlin: Fischer (schwedische Originalausgabe 1900)
Klein, E.D./Kühn, S.M./Ackeren, I./Block, R. (2009): Wie zentral sind zentrale Prüfungen? Abschlussprüfungen am Ende der Sekundarstufe II im nationalen und internationalen Vergleich. In: Zeitschrift für Pädagogik 55 (im Druck)

Klemm, K./Rolff, H.-G./Tillmann, K.-J. (1985): Bildung für das Jahr 2000. Reinbek: Rowohlt

Klemm, K. (2004): Strukturfragen und kein Ende. In: Holtappels, H.G. u.a. (Hrsg.): Jahrbuch der Schulentwicklung Band 13. Weinheim: Juventa: 83-96

Klemm, K. (2009): Bildungsausgaben im föderalen System – Zur Umsetzung der Beschlüsse des ‚Bildungsgipfels'. Berlin: Friedrich-Ebert-Stiftung

Klieme, E. u.a. (2003): Expertise zur Entwicklung nationaler Bildungsstandards. Berlin: BMBF

Klieme, E./Rakoczy, K. (2003): Unterrichtsqualität aus Schülerperspektive, Kulturspezifische Profile, regionale Unterschiede und Zusammenhänge mit Effekten von Unterricht. In: Deutsches PISA-Konsortium (Hrsg.): PISA 2000, Ein differenzierter Blick auf die Länder der Bundesrepublik Deutschland (334-359), Opladen: Leske + Budrich.

KMK (Hrsg.) (2006): Gesamtstrategie der Kultusministerkonferenz zum Bildungsmonitoring. Bonn: LinkLuchterhand

KMK (2010a): Schüler, Klassen, Lehrer und Absolventen der Schulen 1999 bis 2008. Bonn

KMK (2010b): Sonderpädagogische Förderung in Schulen 1999 bis 2008. Bonn

Köller, O./Baumert, J./Schnabel, K.U. (1999): Wege zur Hochschulreife: Offenheit des Systems und Sicherung vergleichbarer Standard In: Zeitschrift für Erziehungswissenschaft 2, H. 3: 305-324

Köller, O./Knigge, M./Tesch, B. (Hrsg.) (2010): Sprachliche Kompetenzen im Ländervergleich. Münster: Waxmann

Köller, O. u.a. (Hrsg.) (2004): Wege zur Hochschulreife in Baden-Württemberg. TOSCA – Eine Untersuchung an allgemein bildenden und beruflichen Gymnasien. Opladen: Leske+Budrich

Konsortium Bildungsberichterstattung (2003): Bildungsberichterstattung für Deutschland. Erste Befunde. Opladen: Leske+Budrich

Konsortium Bildungsberichterstattung (2006): Bildung in Deutschland – Ein indikatorengestützter Bericht mit einer Analyse zu Bildung und Migration. Bielefeld: wbv

Kraul, M. (1991): Höhere Mädchenschulen. In: Berg, C. (Hrsg.): Handbuch der deutschen Bildungsgeschichte Band IV – 1870-1980. München: C.H.Beck: 279-313

Kühn, S.M. (2010): Steuerung und Innovation durch Abschlussprüfungen? Wiesbaden: VS Verlag

Kullmann, H. (2010): Lehrerkooperation. Ausprägung und Wirkungen am Beispiel des naturwissenschaftlichen Unterrichts an Gymnasien. Münster: Waxmann

Landesinstitut für Schulentwicklung – Baden-Württemberg (2007): Bildungsberichterstattung 2007 – Bildung in Baden-Württemberg. Stuttgart

Langewiesche, D./Tenorth, H.-E. (Hrsg.) (1989): Handbuch der deutschen Bildungsgeschichte Band V – 1918-1945. München: C.H.Beck 1989

Lehmann, R./Peek, R. (1997): Aspekte der Lernausgangslage von Schülerinnen und Schülern der fünften Klassen an Hamburger Schulen. Hamburg

Leschinsky, A./Roeder, P.M. (1976): Schule im historischen Prozess. Stuttgart: Klett

Luehrig, H. (1973): Wirtschaftsriese, Bildungszwerg. Der Diskussionshintergrund zum Bildungsgesamtplan 1973. Analysen des OECD-Reports. Reinbek: Rowohlt

Mayntz, R. (Hrsg.) (1968): Bürokratische Organisation. Köln und Berlin: Kiepenhauer & Witsch

Menze, C. (1975): Die Bildungsreform Wilhelm von Humboldts. Hannover: Schroedel

Michael, B./Schepp, H.-H. (1993): Die Schule in Staat und Gesellschaft. Dokumente zur deutschen Schulgeschichte im 19. und 20. Jahrhundert. Göttingen und Zürich: Hansen-Schmidt

Mintzberg, H. (1992): Die Mintzberg-Struktur – Organisationen effektiver gestalten. Landsberg: Moderne Industrie

Nyssen, F. (1974): Das Sozialisationskonzept der Stiehlschen Regulative und sein historischer Hintergrund. Zur historisch-materialistischen Analyse der Schulpolitikin den fünfziger und sechziger Jahren des 19. Jahrhunderts. In: Nyssen, F./Waldeyer, H. (Hrsg.): Schule und Staat im 18. und 19. Jahrhundert. Frankfurt: Suhrkamp: 292-322

OECD (2001): Lernen für das Leben, Erste Ergebnisse der internationalen Schulleistungsstudie PISA 2000. Paris: OECD Publications

OECD (2007): PISA 2006. Schulleistungen im internationalen Vergleich. Paris

OECD (2010): Bildung auf einen Blick. OECD-Indikatoren 2010. Paris

Oelkers, J. (2005): Reformpädagogik. Eine kritische Dogmengeschichte. Weinheim: Juventa

Pätzold, G. (1989): Handwerkliche, industrielle und schulische Berufserziehung. In: Langewiesche, D./Tenorth, H.-E. (Hrsg.): Handbuch der deutschen Bildungsgeschichte Band V – 1918-1945. München: C.H.Beck: 259-288

Peek, R. (2006): Dateninduzierte Schulentwicklung. In: Buchen, H./Rolff, H.-G.: Professionswissen Schulleitung. Weinheim: Beltz: 1343-1366

Picht, G. (1964): Die deutsche Bildungskatastrophe. Freiburg: Dt. Tachenbuch Verlag

Prenzel, M. u.a. (Hrsg.) (2004): PISA 2003 – Der Bildungsstand der Jugendlichen in Deutschland. Münster: Waxmann 2004

Prenzel, M. u.a. (Hrsg.) (2005): PISA 2003 – Der zweite Vergleich der Länder in Deutschland. Münster: Waxmann

Prenzel, M. u.a. (Hrsg.) (2007): PISA 06. Die Ergebnisse der dritten internationalen Vergleichsstudie. Münster: Waxmann

Prenzel, M. u.a. (Hrsg.) (2008): PISA 06 in Deutschland. Die Kompetenzen der Jugendlichen im dritten Ländervergleich. Münster: Waxmann

Preuß, O. (1970): Soziale Herkunft und die Ungleichheit der Bildungschancen. Weinheim: Beltz

Reble, A. (1967 und 1975): Zur Geschichte der Höheren Schule. Bände 1 und 2. Bad Heilbrunn: Klinkhardt

Rösner, E. (2004): Vortrag am 1. September 2004 anlässlich des 25-jährigen Bestehens der Max-Brauer-Schule als Gesamtschule in Hamburg. Online unter: www.ggg-nrw.de/Struktur/Roesner.2004-09-01.MBS25.pdf [28.03. 2009]

Rolff, H.-G. (1992): Die Schule als besondere soziale Organisation – Eine komparative Analyse. In: Zeitschrift für Sozialisationsforschung und Erziehungssoziologie 4, H. 12: 306-324

Roßbach, H.-G. (2008): Vorschulische Erziehung. In: Cortina, K. u.a. (Hrsg.): Das Bildungswesen in der Bundesrepublik Deutschland. Reinbek: Rowohlt: 283-323

Sandfuchs, U. (2001): Was Schule leistet. Reflexionen und Anmerkungen zu Funktionen und Aufgaben der Schule. Weinheim und München: Juventa

Scheerens, J./Bosker, Roel J. (1997): The foundation of educational effectiveness. Oxford u.a.: Pergamon

Scheibe, W. (Hrsg.) (1974): Zur Geschichte der Volksschule – Band 2. Bad Heilbrunn: Klinkhardt

Schultze, W./Riemenschneider, L. (1967): Eine vergleichende Studie über die Ergebnisse des Mathematikunterrichts in zwölf Ländern. Frankfurt a.M.: Mitteilungen und Nachrichten des DIPF, Nr. 46/47: 1-34

Schwippert, K./Bos, W./Lankes, E.-M. (2003): Heterogenität und Chancengleichheit am Ende der vierten Jahrgangsstufe im internationalen Vergleich. In: Bos, W. u.a. (Hrsg.): Erste Ergebnisse aus IGLU. Schülerleistungen am Ende der vierten Jahrgangsstufe im internationalen Vergleich. Münster: Waxmann, S. 265–302

Statistisches Bundesamt (2006): Bevölkerung Deutschlands bis 2050. 11. koordinierte Bevölkerungsvorausberechnung. Wiesbaden

Statistisches Bundesamt (2010a): Hochschulen auf einen Blick – Ausgabe 2010. Wiesbaden

Statistisches Bundesamt (2010b): Bildungsstand der Bevölkerung – Ausgabe 2010. Wiesbaden

Statistisches Bundesamt (2010c): Bildungsausgaben. Budget für Bildung, Forschung und Wissenschaft 2007/08. Wiesbaden

Steinert, B./Klieme, E./Maag Merki, K. (2006): Lehrerkooperation in der Schule. Konzeption, Erfassung, Ergebnisse. In: Zeitschrift für Pädagogik 52, H. 2: 185-204

Stigler, J. W./Gallimore, R./Hiebert, J. (2000): Using video surveys to compare classrooms and teaching across cultures: Examples and lessons from the TIMSS Video studies. Educational Psychologist 35, 2: 87-100

Stufflebeam, D. L. (1967): The use and abuse of evaluation in Title III. In: Theory Into Practice, 6: 126-133

Tillmann, K.-J. (1989): Der Beitrag des Symbolischen Interaktionismus zu einer Theorie der Schule. In: Tillmann, K.-J.: Sozialisationstheorien: Eine Einführung in den Zusammenhang von Gesellschaft, Institution und Subjektwerdung. Reinbek: Rowohlt: 139-153

Tornieporth, G. (1979): Studien zur Frauenbildung. Weinheim: Beltz

Watermann, R./Baumert, J. (2000): Mathematische und naturwissenschaftliche Grundbildung beim Übergang von der Schule in den Beruf. In: Baumert, J. u.a.: Dritte internationale Mathematik- und Naturwissenschaftsstudie. Bd. 1, Opladen: Leske+Budrich

Watermann, R./Stanat, P. (2004): Schulrückmeldungen in PISA 2000: Sozialnorm- und kriteriumsorientierte Rückmeldeverfahren. In: Kohler, B./Schrader, F.-W. (Hrsg.): Ergebnisrückmeldung und Rezeption. Von der externen Evaluation zur Entwicklung von Schule und Unterricht. In: Empirische Pädagogik 18, H. 1, Themenheft, Landau: Verlag Empirische Pädagogik: 40-61

Weinstock, H. (1955): Realer Humanismus. Eine Ausschau nach Möglichkeiten seiner Verwirklichung. Heidelberg: Quelle & Meyer

Wenzel, F. (1974): Sicherung von Massenloyalität und Qualifikation der Arbeitskraft als Aufgabe der Volksschule. In: Nyssen, F./Waldeyer, H. (Hrsg.): Schule und Staat im 18. und 19. Jahrhundert. Zur Sozialgeschichte der Schule in Deutschland. Frankfurt: Suhrkamp: 323-386

Wiater, W. (2005): Theorie der Schule. In: Apel, H.J./Sacher, W. (Hrsg.): Studienbuch Schulpädagogik. Bad Heilbrunn: Klinkhardt: 29-49

Wiechmann, J. (2003): Schulen sind Institutionen der Gesellschaft. In: Wiechmann, J.: Schulpädagogik. Baltmannsweiler: Schneider Verlag Hohengehren: 7-24

Wilhelm, T. (1979): Georg Kerschensteiner (1854-1932). In: Scheuerl, H.: Klassiker der Pädagogik. Band 2, München: C.H. Beck

Zweig, S.: Die Schule im vorigen Jahrhundert. In: Michels, V.: Unterbrochene Schulstunde. Frankfurt: 32-41